László Kákosy

Zauberei im alten Ägypten

László Kákosy

Zauberei im alten Ägypten

Koehler & Amelang · Leipzig

Titel der ungarischen Originalausgabe:
Varázslás az ókori Egyiptomban
Akadémiai Kiadó, Budapest

Aus dem Ungarischen übersetzt von Eszter Szóbel und Ildikó Derzsi

Deutsche Bearbeitung von Renate Messing

Kákosy, László:
Zauberei im alten Ägypten/László Kákosy. (Übers. aus d. Ungar. von Eszter Szóbel und Ildikó Derzsi). — Koehler & Amelang, Leipzig, 1989. —
267 S., 33 Abb.
ISBN 3-7338-0062-1

ISBN 3-7338-0062-1

Gemeinschaftsausgabe des Akadémiai Kiadó, Budapest, und des Verlages Koehler & Amelang, Leipzig, 1989
Lizenz-Nr. 295/275/3170/89 · LSV 0225
Printed in Hungary
Gesamtherstellung: Akadémiai Kiadó és Nyomda Vállalat, Budapest
698 416 4
01480

Vorwort

Die Besucher der ägyptischen Ausstellungen werden in den Museen von einem eigenartigen Bild empfangen. Die überwiegende Zahl der Gegenstände steht nicht mit der realen Welt, mit dem alltäglichen Leben im Zusammenhang, sondern gibt uns Auskunft über die religiösen Vorstellungen der Ägypter. Unter den Ausstellungsstücken stellen die magischen Amulette eine wichtige Gruppe dar, die in den größeren Museen eine ganze Reihe von Vitrinen einnehmen und mit ihren bizarren Formen oft wie ein schwer lösbares Rätsel auf den Betrachter wirken.

Wenn man Ägypten durchreist, stößt man inmitten der fast unerschöpflichen Menge der Kunstdenkmäler nur vereinzelt auf die Überreste von Städten, auf die Grundmauern von Häusern. Sie waren aus weniger dauerhaftem Material gebaut, die Tempel und die Gräber aber blieben erhalten. Wir können uns vom Leben Ägyptens in erster Linie aufgrund der Darstellungen in den Gräbern und der dort gefundenen Gegenstände eine Vorstellung machen, denn zum Glück bewahren gerade die Wandbilder viele kleine Begebenheiten des irdischen Daseins.

Die Magie war im alten Ägypten nicht Gaukelei ungebildeter Leute wie heute, sie war ein sehr bedeutender Teil der Religion, des geistigen, ja auch des politischen Lebens. Die ägyptische Kultur und die Entwicklung des Denkens erschließen sich im ganzen nur dann, die Kunstdenkmäler sprechen nur dann zu uns, wenn wir auch diesen, für den heutigen Menschen ungewöhnlichen und fremdartigen Faktor berücksichtigen.

Der Erforscher der ägyptischen Magie darf sich heute mit der phänomenologischen, nur die äußeren Erscheinungsformen analysierenden, Methode nicht mehr begnügen, sondern er muß die anstehenden Fragen auch im historischen Kontext untersuchen. Deshalb ist es unerläßlich, die Entwicklung der Magie im Wandel der Zeiten sowie ihren gesellschaftlichen Hintergrund aufzuzeigen.

Dieses Buch möchte eine kurze Einführung in die ägyptische Religion geben und anschließend die wichtigsten Aspekte der Zauberei darstellen. Die Erörterung weiterer verwandter Gebiete (Traumdeutung, Astrologie, Anfänge der Alchemie) würden jedoch den Rahmen des vorliegenden Werkes sprengen.

Mein Ziel ist es, mit der Besprechung möglichst vieler Originalzeugnisse dem Leser dieses fremdartig anmutende Gebiet der ägyptischen Kultur zu erschließen, über das noch heute viele falsche Vorstellungen existieren.

I. Die ägyptische Religion

Die Götter

Im Altertum bewunderten die das Niltal besuchenden Fremden die Sehenswürdigkeiten vielleicht noch mehr als die heutigen Touristen. Ägypten mit seinen monumentalen Bauten war schon zu Zeiten der Griechen und Römer ein Land von Denkmälern längst vergangener Jahrhunderte. Die Pyramiden, die Tempelbezirke von der Größe einer Stadt wie in Theben, der „Stadt mit hundert Toren", die Säulen und Hallen, deren schwindelerregende Monumentalität für die Griechen, die nach übersehbarer Harmonie strebten, überwältigend und zugleich fremdartig waren, sie alle verkündeten nicht nur den Reichtum der königlichen Bauherren, sondern weckten auch das Interesse für die Götter, denen diese Heiligtümer geweiht waren.

Die besonderen Naturgegebenheiten, die von den griechischen Sitten abweichende Lebensweise der Bewohner Ägyptens, ihre merkwürdig anmutenden Gewohnheiten wirkten auf die fremden Besucher nicht mit der gleichen Nachhaltigkeit wie die ägyptische Religion. Während der Herrschaft der Ptolemäer und später der Römer waren sich die ägyptischen Priester der Anziehungskraft ihrer Tempel sehr wohl bewußt, sie nutzten deren Attraktivität systematisch aus und bemühten sich, den Touristen außergewöhnliche Erlebnisse zu bieten und damit immer mehr Interessenten in ihre Städte zu locken.

In Memphis (Mennofer) konnten die Fremden zum Beispiel den Apisstier bewundern. Strabon, der in den ersten Jahren der römischen Herrschaft Ägypten bereiste, schreibt darüber folgendes: „Vor dem Heiligtum (d. h. dem Tempel des Apis) erstreckt sich ein Hof, in dem es ein anderes Heiligtum gibt, welches der Mutter des Stieres gehört. In diesen Hof wird der Apisstier zu einem bestimmten Zeitpunkt hineingelassen, vor allem, um ihn den Fremden zu zeigen. Obwohl sie ihn durch das Fenster im Heiligtum sehen können, wollen sie ihn auch draußen betrachten. Nachdem er eine Weile im Hof herumgesprungen ist, wird er wieder in seine Behausung zurückgeführt."[1]

Als der römische Senator Lucius Memmius im Jahre 112 v. Chr. Ägypten besuchte, wollten ihm seine Gastgeber unter anderem mit der Vorführung der heiligen Krokodile einen Gefallen erweisen, und ein Beamter schrieb damals auf einem heute noch teilweise erhaltenen Papyrus in griechischer Sprache an einen Kollegen:

„Er soll eine prachtvolle Aufnahme finden, und du sollst dafür sorgen, daß die Unterkünfte für ihn an den betreffenden Orten fertig stehen und die dortigen Hafenplätze ... in Ordnung sind. An den Hafenplätzen sollen ihm folgende Geschenke angeboten werden: die Einrichtung der Unterkunft, die dem Petesuchos und den Krokodilen gebührenden guten Bissen, (alles), was zur Besichtigung des Labyrinths nötig ist, ...die Opfergaben... Du sollst übrigens für alles bestens sorgen, damit dieser Mann zufrieden ist, und lege viel Eifer an den Tag!"

(Pap. Tebtynis 33) Reisende hatten auch die Gelegenheit, einen Zauberer zu treffen, und wenn es ihnen gelang, sein Vertrauen zu gewinnen, so konnten sie geheimnisvolle Praktiken von ihm erlernen.

All das erweckte gegenüber der ägyptischen Religion sehr zwiespältige Gefühle bei Griechen und Römern, und wir begegnen in der antiken Literatur den widersprüchlichsten Wertungen. Einige schrieben mit Ehrfurcht über die Religion der Ägypter und sahen in ihr den Ursprung ihrer eigenen Religion. Das früheste Beispiel dafür ist in der griechischen Literatur Herodot, der aufgrund einiger gemeinsamer Züge die griechischen Götter von den ägyptischen herleiten wollte. Andere Autoren sprechen viel über die geheimnisvolle alte Weisheit der Ägypter und über die asketische Lebensweise der Priester.

Andere Schriftsteller, und zwar sowohl heidnische wie christliche, überhäuften die Ägypter wegen ihrer Götter mit beißendem Spott. Eine der schärfsten Satiren stammt von Juvenal, der wahrscheinlich anhand eigener Erfahrungen die ägyptische Religion folgendermaßen charakterisiert:

„Wer, mein bithynischer Freund Volusius, kennte die Fratzen
Nicht, die das tolle Aegypten verehrt? wie hier Krokodile
Man anbetet und dort den von Schlangen gesättigten Ibis?
Von Meerkatzen erglänzt aus Gold manch heiliges Standbild,
Wo von magischen Saiten ertönt der gespaltene Memnon,
Theben in Schutt daliegt mit den hundert zertrümmerten Toren.

Katzen verehrt man hier in ganzen Gemeinden, ein
Flußfisch
Oder ein Hund gilt dort als Gott, doch nirgends Diana.
Gottlos heißt, wer an Zwiebeln und Lauch sich vergreift
und hineinbeißt.
O, du heiliges Volk, dem so in den Gärten die Götter
wachsen!"[2]

(Übersetzt von W. Herzberg)

Diese zwiespältige Bewertung der ägyptischen Religion beschränkt sich nicht auf das Altertum, sie erschwert auch noch heute das sachgemäße Begreifen dieser eigentümlichen Erscheinungsform menschlichen Denkens, welche jedoch immerhin auch auf die europäische Kultur einen nicht zu leugnenden Einfluß ausübte. Wer sich damit beschäftigt, dem fallen zuerst die grotesken und unverständlichen Eigenarten auf, der historische Hintergrund der ägyptischen Religion hingegen wird ihm erst später deutlich, und nur langsam begreift er die philosophischen Gedankengänge der Ägypter, die eine wichtige Stufe der geistigen Entwicklung der Menschheit darstellen.

Die antiken Autoren, die über das Niltal schrieben, kannten die Sprache der Ägypter und ihre Schriften nicht oder nur oberflächlich, und so gelang es ihnen nicht, in die Ideenwelt der ägyptischen Religion und Philosophie einzudringen, wo sich die primitivsten Vorstellungen aus uralten Zeiten mit diffizilsten Gedankengängen monotheistischer und auch skeptischer Tendenzen vermischten.

Eine oft vorkommende Gruppe der ägyptischen Götter sind die Personifizierungen einzelner Erscheinungen und

Elemente der Natur. Von diesen *Naturgöttern* ist die Sonne am wichtigsten, sie erscheint unter verschiedenen Namen und in verschiedenen Gestalten. Die Morgensonne ist der heilige Skarabäus (Cheper oder Cheperer)[3], die Mittagssonne der falkenköpfige Re, und die Abendsonne ist Atum. Die nächtliche Sonne hat einen Widderkopf (Abb. 1). Der Sonnengott fährt mit einer Barke täglich durch das Himmelsgewölbe, sein Schiff trägt den Namen „Barke der Millionen“. Jeder Ägypter hoffte, nach seinem Tode in die Barke des Gottes einsteigen zu dürfen, die nachts das Totenreich durchquerte. Pharao Echnaton (die Aussprache des Namens lautete nach einigen Forschern Achanjati) verbot im 14. Jahrhundert v. Chr. die Verehrung aller anderen Götter und erklärte die Sonne unter dem Namen Aton (= Sonnenscheibe) für den einzigen Gott, der mit seinen Strahlen den Menschen das Leben spendet.

Wir finden bei den Ägyptern eine besondere, aber angesichts der Naturgegebenheiten leicht erklärbare Auffassung über den Himmel und die Erde. Andere Völker stellen sich den Himmel im allgemeinen männlich und die Erde weiblich vor („Mutter Erde“), da die Pflanzen durch die Wirkung des vom Himmel kommenden Regens aus der Erde hervorsprießen. In Ägypten dagegen dachte man sich den Himmel (Nut) als Frau, die sich über den auf seinem Rücken liegenden Erdgott (Geb) beugt. Der Regen war in Ägypten auch im Altertum eine seltene Erscheinung, in den südlichen Gebieten gab es manchmal jahrelang keinen Niederschlag, der Boden wurde statt dessen vom Nilwasser fruchtbar gemacht. Herodot spricht von einem Wunder, als es in Theben (ägyptisch: Waset) regnete. Deshalb konnte der Himmel auch nicht als fruchtbringend angesehen werden, der Gedanke der Zeugung wurde mit dem Fluß und der Erde verbunden.

Der Nil bzw. das Wasser der Überschwemmung war durch eine dicke Männergestalt (Hapi) personifiziert. Seine weiblichen Brüste weisen auf einen Hermaphroditencharakter hin. Von den Göttern stehen noch der krokodilgestaltige Sobek (griechisch Suchos) und Osiris mit der Nilflut in engem Zusammenhang.

Der Gott der Luft ist Schu, ein seine Arme emporhebender Mann. Die drei Hauptteile der Welt wurden also von den Ägyptern in Menschengestalt dargestellt. Der Luftgott stützt mit seinen Armen den Himmel, der übrigens nicht nur als Frauengestalt (Abb. 2), sondern manchmal auch als Kuh dargestellt wird.

Ein bedeutender Faktor der ägyptischen Religion ist der Glaube an das ewige Leben nach dem Tode. Er spielt eine viel größere Rolle als in der Religion anderer Völker des Altertums. In Mesopotamien, in der hebräischen Literatur und bei den Griechen ist das Land der Toten ein trostloses, dunkles Schattenreich, vor dem auch Gilgamesch erschrickt, und dem die Seelen in der Unterwelt aufsuchenden Odysseus sagt Achilleus bitter, er wäre lieber Tagelöhner auf der Erde als der Herrscher der Toten.[4] Die Ägypter legten aber Wert darauf, sich schon zu Lebzeiten ein mit allem Notwendigen ausgestattetes Grab zu erbauen, um nicht nur für ihre Seele, sondern auch für den einbalsamierten Körper das ewige Leben zu sichern. Unter den Göttern des Jenseits steht Osiris (Usir) an erster Stelle, er galt als Herrscher des Totenreiches und als Richter der Toten. In den Darstellungen erscheint Osiris als Mumie. Er trägt die beiderseits mit Federn geschmückte Atef-Krone auf dem

Kopf, in seiner Hand hält er Krummstab und Geißel bzw. Wedel.[5] Die im Jenseits ankommenden Toten müssen vor Osiris erscheinen, vor ihm findet das Totengericht statt, das über das Schicksal eines jeden Verstorbenen entscheidet. Entweder erhält er das ewige Leben oder ihn verschlingt ein schon im Gerichtssaal wartendes Ungeheuer (die sogenannte Totenfresserin), welches den Kopf eines Krokodils, den Körper eines Löwen und das Hinterteil eines Nilpferdes hat (Totenbuch, Kap. 125).[6]

Die Schwester des Osiris und gleichzeitig seine Gemahlin ist die Göttin Isis, ihr Kind ist der in der Gestalt eines Falken oder eines am Daumen lutschenden Knaben dargestellte Horus. Nach dem Mythos[7] war Osiris einst König Ägyptens, er machte die Ägypter und auch andere Völker mit den Segnungen der Zivilisation bekannt. Sein böser Bruder Seth wollte aber die Königsherrschaft an sich reißen, er stiftete eine Verschwörung gegen Osiris an und ermordete ihn hinterlistig. Isis suchte ihren Brudergemahl und fand schließlich den Leichnam in der phönizischen Stadt Byblos, wohin ihn das Meer gespült hatte. Osiris bewahrte seine Zeugungsfähigkeit auch nach dem Tode, und Isis empfing so ihren Sohn Horus, den sie unter vielen Gefahren im Sumpfgebiet des Nildeltas vor Seth verborgen großzog.

Osiris hatte also ursprünglich die Züge eines Kulturheros an sich, der durch seinen Tod Beschützer der Toten und Herrscher des Jenseits wurde. Nach dem Glauben der Ägypter wird jeder Tote — ohne seine eigene Persönlichkeit zu verlieren — zu Osiris, weshalb die Verstorbenen in den Grabaufschriften als „Osiris N. N.“ bezeichnet werden.

Die Gestalt des Osiris wurde mit der Zeit immer differenzierter, sein Wesen immer vielseitiger. Der Nil entspringt aus seinem Körper, nach anderen Texten ist er mit ihm sogar identisch. Man sah ihn zudem im Sternbild des Orion, und auch der Mond ist eine seiner Erscheinungsformen. In den Abbildungen in Gräbern des Neuen Reiches sind große Kornähren zu sehen, die nach den Inschriften für den „Körper des Osiris" gehalten wurden.[8]

Die treue Gefährtin des Osiris ist Isis. Ihr Verdienst ist es vor allem, daß ihr Sohn Horus nach vielen Kämpfen endlich den Thron seines Vaters erlangte und daß es Seth nicht gelang, ihn zu besiegen. Die Göttin besaß große Zauberkräfte. Durch Zauber gelang es ihr sogar, den geheimsten Namen des Re zu erfahren. Isis und Horus kommen in den Zaubersprüchen oft vor, sie erscheinen ständig in der spezifischen Mythologie der ägyptischen Magie. Die Verehrung der Isis und des Sarapis, einer späteren Form des Osiris, war während der hellenistischen und römischen Zeit in weiten Teilen Europas (vor allem in Italien) verbreitet, und zahlreiche Denkmäler dieses ägyptischen Kultes kamen auch in Ungarn zum Vorschein, zum Beispiel das Iseum in Savaria (Szombathely) und die prächtige Kanne aus Egyed. Das besterhaltene Iseum in Europa befindet sich in Pompeji.

Zum Kreis um Osiris gehört auch der schakal- oder hundsköpfige Anubis, der Balsamierer der Toten. Er war im Totengericht bei der Wägung der Herzen anwesend. Als eine Totengottheit kann bis zu einem gewissen Grade auch Hathor betrachtet werden, die man oft mit Isis identifizierte. Sie wurde als eine Frau mit Kuhgehörn oder als Kuh abgebildet. Hathor war es, die die Toten am westlichen

Ufer Thebens, am Eingang des Gebirges empfing. Auch eine aus sieben Hathoren bestehende Gruppe von Göttinnen ist bekannt. Sie erscheinen nach der Geburt eines jeden Kindes und sagen seine Zukunft voraus.

Der Gott Sokar wurde ursprünglich vor allem auf dem Gebiet des Friedhofes von Memphis verehrt. Er war ein falkengestaltiger Gott, später verschmolz er nach und nach mit Osiris und Ptah, dem Hauptgott von Memphis.

Die Funktionen der Götter der irdischen Welt und des Totenreiches sind nicht streng voneinander getrennt, trotzdem ermöglicht der außerordentliche Reichtum der religiösen Literatur die Bestimmung der wichtigsten Charakterzüge der verschiedenen Gottheiten.

Der Glaube an das Jenseits spielte im Alten Reich zur Zeit der Pyramidenerbauer noch eine ganz andere Rolle im geistigen Leben des Landes als später. Die Erlangung einer höheren Existenzform nach dem Tod war zu jener Zeit nach der offiziellen Theologie ausschließlich das Vorrecht des Königs, dem es die über Zauberkraft verfügenden Pyramidentexte ermöglichten, auch im Totenreich Herrscher zu sein und über das Schicksal seiner Untertanen bestimmen zu können.[9] Ein Teil der Bevölkerung, *rechit* genannt, hatte nach der offiziellen Religion der Pyramidenzeit keinen Zutritt zum Jenseits (vgl. etwa Pyr. 876, 1726). Zur Zeit der 5. und 6. Dynastie durften nur der König und in einigen Fällen die Königinnen[10] die Pyramidentexte an die Wände ihrer Gräber schreiben lassen. (Die am Ende der 6. Dynastie in einigen Privatgräbern erscheinenden kurzen Abschnitte aus den Pyramidentexten wurden offensichtlich ohne die Erlaubnis des Königs angebracht.) Den vornehmen Würdenträgern gab der König die Genehmigung, für sich in der Nähe der Pyramide ein Grab zu errichten und so auch im Tode bei ihrem Herrn zu bleiben. Die offizielle Religion gestand nur einem Teil des Volkes das Weiterleben im Jenseits zu.

Diese Lehre von den Privilegien des Königs nach dem Tod war lange eine wirksame geistige Waffe und eine der wichtigsten Stützen der Staatsordnung des Alten Reiches. Das zeigte sich dann vor allem bei den Ereignissen nach dem Sturz des Alten Reiches. Damals brachte eine revolutionäre Periode entscheidende Wandlungen im Jenseitsglauben: Nun durfte jeder in sein Grab oder auf seinen Sarg die das Weiterleben nach dem Tode sichernden Zaubersprüche der Pyramidentexte aufschreiben lassen. Diese Texte und die aus den Gräbern ans Tageslicht gekommenen Amulette in Form von Kronen zeigen, daß sich nach den neuen religiösen Bräuchen damals jedermann das Recht auf die Königswürde im Jenseits sichern wollte.

Diese „Demokratisierung" des Jenseitsglaubens und die weite Verbreitung der Totentexte (Sargtexte, dann seit dem Neuen Reich das Totenbuch) führten zum Anwachsen der Magie in diesem Bereich der Religion.

Die Seelenvorstellungen

Die Auffassung der Ägypter wich grundlegend von der späteren, sich auf die Seele beziehenden Lehre des Christentums ab. Es ist sehr charakteristisch, daß die koptische Literatur nach dem Sieg des Christentums ein griechisches Lehnwort *(psyche)* für die Seele benutzt, da von den früheren ägyptischen Wörtern, die als „Seele" übersetzt werden können, keines dem Seelenbegriff der neuen Religion genau entsprach.

Im Ägypten des Altertums war der Seelenbegriff sehr differenziert. Nach ägyptischer Auffassung besitzt der Körper diverse geistige Substanzen, die wegen ihrer unterschiedlichen Verhaltensweisen, Formen und Funktionen nicht zusammengefaßt und nicht mit einem einzigen Namen bezeichnet werden können. Eine dieser Substanzen ist der *Ka*, dessen genaue Bestimmung in der religionsgeschichtlichen Literatur seit dem letzten Jahrhundert umstritten ist.[11] Unserer Meinung nach ist der geistige „Doppelgänger" des Menschen die treffendste Bezeichnung dafür. In den Abbildungen unterscheidet den *Ka* und den wirklichen Menschen nur das Hieroglyphenzeichen, welches der *Ka* auf seinem Kopf trägt: es sind zwei in den Ellbogen geknickte, emporgehaltene Arme. Der *Ka* ist zur gleichen Zeit geboren wie der Mensch selbst, nach den Tempelabbildungen erschafft der Widdergott Chnum beide gleichzeitig auf seiner Töpferscheibe. Der *Ka* ist unsterblich, und er sichert dem Menschen auch nach seinem Tode die für das ewige Fortbestehen notwendige Lebenskraft.

Während die gewöhnlichen Menschen in der Regel nur über einen *Ka* verfügen, können die Götter auch mehrere *Kas* haben. Die Theologie kannte 14 *Kas* des Sonnengottes. Diese *Kas* personifizieren die verschiedenen Eigenschaften der Gottheit und einzelne Äußerungen ihrer Macht (Kraft, Nahrung, Ansehen, Zauberkraft usw.).[12] Der *Ka* ist auch eine solche erhaltende Kraft des Lebens, auf die nicht einmal die Götter verzichten können. In der Endphase der ägyptischen Kultur begannen die ursprünglichen *Ka*-Vorstellungen mit dem Begriff des Schicksals zu verschmelzen.

Eine andere Form der Seele, der *Ba,* weist auf deren Aufstieg in den Himmel hin. Anfangs trat der *Ba* gänzlich in Vogelgestalt auf, später wurde er als Vogel mit Menschenkopf und menschlichen Armen dargestellt. Sein göttliches Wesen zeigt die Form des Bartes an, den im allgemeinen nur die Götter tragen. Der Seelenvogel kann frei fliegen oder leuchtet am Himmel wie ein Stern, manchmal zeigen ihn die Abbildungen auf den Bäumen neben dem Grab sitzend, er kann aber auch die Mumie in der Tiefe der Grabkammer besuchen. Der Plural des Wortes *(Bau)* bedeutet „Macht", der *Ba* ist also eigentlich ein Kraftbegriff. Die Zaubertexte werden manchmal *Bau Re* („Macht des Re") genannt, wobei offensichtlich zum Ausdruck kommt, daß die betreffende Schrift die vom Sonnengott ausgestrahlte Kraft enthält und mit deren Hilfe wirkt. Das Wort *Ba* kann auch die Erscheinungsform einzelner Götter bedeuten. In Texten, wo es um das Verhältnis verschiedener Götter zueinander, um ihre Identifizierung geht, lesen wir oft, daß der Gott A der *Ba* des Gottes B ist. Der Phönix, der märchenhafte Sonnenvogel, kann zum Beispiel als „die Seele des Re" auftreten.[13] Re besaß neben seinen 14 *Kas* auch 7 *Bas.*[14] Der *Ba* kann die sich in den verschiedenen Erscheinungen der Natur offenbarende Kraft sein[15], er kann aber auch, wie zum Beispiel im Kapitel 163 des Totenbuches[16], in Gestalt von fürchterlichen dämonischen Wesen mit wilden Gesichtern auftreten. Die nach ihrer Ansicht von Dämonen besessenen Menschen behandelten die Ägypter auch so, als ob sie unter der Macht des *Ba* stünden. Diese Leute durften die Tempel nicht betreten.[17]

Eine abstraktere Seelenform ist der *Ach*. In der Hieroglyphenschrift ist es ein Vogel, der aber ursprünglich mit dem Seelenvogel nichts zu tun hat. Nach seiner Etymologie personifizierte er die Glanzfähigkeit der Seele. In einigen religiösen Texten bezeichnet der *Ach* eine besondere Gruppe der Toten, nämlich diejenigen Verklärten, die durch die Mumifizierung, die regelmäßige Durchführung der Rituale und die ständige Darbringung der Opfer am Grab die günstigste Form des ewigen Lebens erhielten, „sie wurden selig". Man trennte sie streng von der Gruppe der gewöhnlichen Toten.

Die Bedeutung des Wortes *Ach* wandelt sich schon seit dem Alten Reich, erweitert sich und konkretisiert sich in gewisser Weise.[18] Seit jener Zeit bezeichnet es zudem die Gespenster und die bösen Geister. Auch in die koptische Sprache gelangte das Wort in der Form *ich* mit der Bedeutung „Dämon"; der Ausdruck *pharper ich* („Erschließer des Geistes", d. h. Beschwörer) ist eine der Bezeichnungen des Zauberers.

Der Begriff *Achom* zeigt, daß die Toten zu göttlichen Wesen wurden. Das Hieroglyphenzeichen für diese Form der Seele ist ein hockender Falke. Nach der Mitte des 1. Jahrtausends v. Chr. galt der Falke als Inkarnation aller Seelenformen, und auch der Tote konnte sich nach dem älteren Glauben der Ägypter in einen Falken verwandeln.[19]

Der Schatten der Toten *(Schut)* erscheint im Totenbuch und in Darstellungen in Gräbern als eine schwarze, silhouettenartige Gestalt. Er wurde auch nach dem Tod als untrennbarer Teil der menschlichen Persönlichkeit betrachtet, und in den Totentexten begegnet man öfters der Angst, daß der Schatten im Jenseits vernichtet werden könnte. Dies bedeutete für die Ägypter offensichtlich den endgültigen Tod. Im Kapitel 125 des Totenbuches trägt zum Beispiel ein fürchterlicher Richter im Jenseits den Namen „Verschlinger der Schatten".[20]

Die Toten und die verschiedenen Seelenformen haben in der Magie eine große Bedeutung, denn lange war der Glauben allgemein verbreitet, daß bestimmte Ziele mit ihrer Hilfe erreichbar sind.

Kosmogonie und Kosmologie

Die Götter, die die Welt erhalten, spielten einst auch bei der Schöpfung des Alls eine bedeutende Rolle. Der Uranfang ist eine zentrale Frage des ägyptischen Denkens, der Ausgangspunkt des sich stets verändernden Seins des Alls wurde *sep tepi* genannt, was „das erste Mal" bedeutet. Der vorangehende Zustand war das Urchaos, welches eigentlich noch nicht zur Weltschöpfung gehört. Anfangs befand sich alles unter den Fluten des Urwassers *(Nun)*. „(Noch) entstand nicht der Himmel, entstand nicht die Erde, wurden nicht der Boden und die Würmer an jenem Ort erschaffen."[21]

Das Wasser als Urstoff ist keine singuläre Vorstellung allein der ägyptischen Religion. Sie erscheint auch im babylonischen Schöpfungsmythos *(Enuma elisch)*, sie ist in der Bibel im Buch der Genesis zu finden, und auch Thales, der erste große Repräsentant der ionischen Naturphilosophie, führte die Weltentstehung auf das Wasser zurück. Da Thales nach antiker Überlieferung auch Ägypten besuchte[22], ist es möglich, daß er unter dem Einfluß der ägyptischen Lehren zu dieser Ansicht gelangte.

Eine der Lehren, die die Stadt Hermopolis (Chemenu) als den Ausgangspunkt der Schöpfung betrachtete, personifizierte die negativen Eigenschaften des Urchaos in vier aus männlichen und weiblichen Mitgliedern bestehenden Götterpaaren. Die Paare trugen folgende Namen: Dunkelheit, Urwasser, Unendlichkeit und Verborgenheit. In der aus acht Mitgliedern bestehenden Göttergruppe hatten die Männer Froschköpfe, die Frauen Schlangenköpfe, was in der ägyptischen Tiersymbolik auf ihren urgöttlichen Charakter hinweist.

Am Anfang der Schöpfung erschien eine Lotusblume aus den Wellen des Urwassers, in ihrem Kelch saß der junge Sonnengott. Als er seine Augen öffnete, erleuchtete das Licht zum ersten Mal die Dunkelheit des Urchaos.

Die ägyptischen Theologen bemühten sich, den Vorgang der Weltschöpfung systematisch darzustellen, und so faßten sie die bedeutendsten Götter in eine aus neun Mitgliedern bestehende Gruppe zusammen, die sogenannte Neunheit von Heliopolis (Iunu). Das erste Mitglied ist der Schöpfergott, der hier mit dem Namen Atum (oder Tum) erscheint. Aus ihm entstand das Götterpaar Schu und Tefnut, die Luft und die Feuchtigkeit(?). Von diesen stammen die Erde und der Himmel, Geb und Nut, ab. Die Kinder von Geb und Nut sind die Helden des Osirismythos: Osiris (das Überschwemmungswasser), Isis (als Verkörperung des Königsthrons), Seth (die Dürre) und Nephthys („die Herrin des Hauses").

Die Mitglieder des Osiriskreises spielen nicht nur hier in der Urgeschichte der Welt eine Rolle, sondern auch in den Mythen vom *Goldenen Zeitalter*.[23] Die Zeit unmittelbar nach der Schöpfung galt bei den Ägyptern — wie auch in der Mythologie vieler anderer Völker — als die glücklichste Epoche der Menschheit. Damals war die Welt noch einfach und überschaubar, und die Götter wohnten mit den Menschen zusammen. Es war das wunderbare Zeitalter des Friedens und des Reichtums, alle waren gleich, es gab keine Unterschiede und keinen Streit.

Dem paradiesischen Zustand des Goldenen Zeitalters bereitete die erste Sünde ein Ende. Die Menschen stifteten eine Verschwörung an gegen ihren gütigen König, den greisen Sonnengott Re. Dieser wollte daraufhin aus Zorn die Menschheit vernichten und schickte eine blutdürstige Löwengöttin gegen sie aus. Später erbarmte er sich jedoch und überlistete die unbändige Göttin. Er ließ Bier mit roter Farbe vermischen und goß es auf die Felder. Die Göttin glaubte, das Getränk sei Blut, sie kostete es, betrank sich und fand dann die Menschen nicht mehr.[24]

Die erste Sünde bedeutete eine Wende im Schicksal der Welt, sie besiegelte das traurige Los der Menschheit. Die Einheit des Alls löste sich auf, Himmel und Erde, Menschen und Götter trennten sich voneinander. Der Sonnengott wollte nicht mehr unter den Menschen wohnen und verließ die Erde auf dem Rücken der Himmelskuh. Nach dem Untergang des Goldenen Zeitalters wurden die Menschen sterblich, und der Sonnengott schuf nach seinem Aufstieg in den Himmel die verschiedenen Bereiche der Unterwelt.[25]

Nach anderen Versionen fand das Goldene Zeitalter

nicht plötzlich, sondern stufenweise ein Ende, und die einzelnen Götter bezeichnen jeweils eine Stufe dieses Niederganges.

Die Herrschaft des Osiris gehört noch zum Goldenen Zeitalter. Der Mythos spricht aber auch von einer primitiven, barbarischen Lebensform, aus der Osiris die Menschheit herausführte. Es gab also neben der Vorstellung der Dekadenz auch den Gedanken einer Evolution.

Die geordnete Welt, hinter der die endlose Dunkelheit beginnt[26], bleibt stets vom Chaos bedroht. Jeder Abend und jede Nacht bedeuten eine Krise und können Unheil bringen. Auf die untergehende Sonne wartet im westlichen Horizont eine riesige Schlange: Apophis. Ihr lähmender Blick hält die Barke des Sonnengottes an[27] und verschlingt auch das Wasser, auf dem die Sonnenbarke fährt. Hier helfen nur die Zaubersprüche und die riesige Kraft des Seth. In einer anderen Region der Unterwelt saugt Apophis erneut das Wasser aus dem Fluß, und die Sonnenbarke kann nur mit Hilfe der Zaubermacht der Isis weiterfahren.[28]

All das verbindet sich im Bewußtsein der Ägypter mit der Furcht vor einer kosmischen Katastrophe.[29] Die düstere Wahrsagung des Schöpfergottes Atum führte im Kapitel 175 des Totenbuches dem Leser das Bild des Weltuntergangs vor Augen, wonach das Urchaos wieder ausbricht und alles von den Fluten des Urwassers überschwemmt wird. „Ich werde alles vernichten, was ich geschaffen habe, und die Erde kehrt ins Urwasser zurück, in die Flut, wie es am Anfang war. Ich allein bleibe zurück mit Osiris, nachdem ich eine andere Gestalt annehmen werde ..." Der Weltuntergang trifft also auch die Götter, und nach dieser „Götterdämmerung" bleiben nur der Schöpfergott Atum und der Totengott zurück.

Die das Weltall bedrohenden Gefahren gehören zu den beliebten Themen der Zaubertexte, wie wir noch sehen werden, denn die Magier drohen den Göttern oft mit der Zerstörung des Kosmos.

Die Existenz der Götter ist mit der Existenz der Welt verbunden, und nach dem Weltuntergang kommt auch das Ende der meisten Götter. Obwohl die ägyptische Weisheitsliteratur viel über die Götter als die Herren der Ewigkeit spricht, sind doch auch sie in ihrer Existenz gefährdet.

In der Geschichte vom Kampf zwischen Horus und Seth zitiert Osiris die düstere Wahrsagung des Gottes Ptah, als er dem unfähigen und korrupten Gericht der Götter eine Nachricht sendet:

„‚Nach den Göttern wird auch die ganze Menschheit dort ruhen, wo du bist.' Das sagte er mir."[30]

Die Götter werden also auch ins Totenreich, in das Land des Osiris, gelangen. Ihre Verletzbarkeit, der Umstand, daß auch sie in Gefahr geraten können, ist ein wichtiges Element der ägyptischen Magie. Der Zauberer kann den Göttern drohen, er kann sich darauf berufen, daß er ihnen auch schaden kann.

Stets hat die Priesterschaft — unter Beibehaltung des Polytheismus — zu einer bestimmten Zeit einen bestimmten Gott besonders hervorgehoben, Amon-Re oder Ptah, Osiris oder Isis, und einem solchen Gott wurden dann wesentliche Eigenschaften und Funktionen anderer Gottheiten zugeschrieben, er wurde so zu einem allumfassenden, zu einem universalen Gott erweitert. Dieser Henotheismus, der zu allen Zeiten der ägyptischen Geschichte nachgewiesen werden kann, darf jedoch keinesfalls mit dem Monotheismus der Amarnazeit verwechselt werden. Der Henotheismus richtet sich nicht gegen den Kult der anderen Götter, er leugnet nicht ihre Existenz, ungeachtet dessen, daß in einigen Hymnen die anderen Götter lediglich als die Erscheinungsformen des jeweils hervorgehobenen einen Gottes betrachtet werden. Auch in Zaubertexten finden wir Äußerungen solcher Art, wenn der Zauberer die allgegenwärtige Macht einer Gottheit für seine eigenen Ziele in Anspruch nehmen will.

Abstrakte Begriffe, die Anfänge der Philosophie

Viele ägyptische Götter, besonders diejenigen, die in direkter oder indirekter Beziehung zum Osiris-Mythos stehen, sind menschengestaltig und auch mit menschlichen Schwächen behaftet, ihr Verhältnis zueinander erinnert an das nur aus der Ferne erhaben wirkende, in Wirklichkeit aber von Zwistigkeiten erfüllte Leben der Götterwelt des Olymp. Daran ändert auch der Umstand nichts, daß einige von ihnen wie zum Beispiel Horus und Seth in Tiergestalt auftreten — ihr Verhalten ist absolut menschlich.

Dieser Geist ist aber für den Glauben der Ägypter nicht charakteristisch, und wenn wir das Wesen beider Religionen vergleichen, zeigen sich grundlegende Abweichungen gegenüber der griechischen Religion.

Zum Beispiel ist das Verhältnis der ägyptischen Götter zum Schicksal völlig anders. Nach dem Glauben Homers kann auch Zeus nichts gegen das Schicksal tun.[31] Über die menschlichen Götter der griechischen Mythologie herrscht das Schicksal, und es hat, besonders im hellenistischen Zeitalter, für die breite Masse der Gläubigen eine viel größere Bedeutung als die traditionellen Götter. Nach Meinung der Ägypter hingegen lenken die über universelle Macht verfügenden Götter auch das Schicksal *(Schai)*. Die Götter können die vom Schicksal bestimmte Lebenszeit verlängern. Wir erfahren auch von einem Gott Schai und anderen Personifikationen des Schicksals.[32] Es war eine der Voraussetzungen für die weite Verbreitung der ägyptischen Religion in der griechisch-römischen Welt, daß die Gläubigen die Götter des Niltals — und in erster Linie die Göttin Isis — als die Herren über das Schicksal betrachteten und von ihnen Rettung aus den Fesseln dieses im voraus bestimmten Schicksals erhofften. Im Isishymnus von Kyme äußert sich die Göttin über sich selbst folgendermaßen:

„Ich besiege das Schicksal,
das Schicksal hört auf mich."[33]

Bei der Analyse der Zaubertexte werden wir eine Stelle finden, wo der Zauberer auch mit der Vernichtung der Personifikationen des Schicksals drohen kann.

Die wichtigste Rolle bei der Bewahrung der Ordnung in der Welt spielt die Göttin der Wahrheit *(Maat)*.[34] Sie ist gleichermaßen die Hüterin des irdischen Rechts und der kosmischen Harmonie. Der Wesir trägt als höchster Richter eine Kette mit dem Bildnis der Göttin Maat um den Hals, er ist Priester der Maat. Wir sehen Maat auch in der Barke des Re. Der ungestörte Lauf der Sonne ist der

Maat zu verdanken. Es ist ein oft vorkommendes Bild in den Opferszenen, daß der König eine Statuette der Maat einem Gott darbringt. Maat ist in der Götterwelt hauptsächlich mit Re verbunden, die mythologische Systematisierung machte sie zur Tochter des Sonnengottes. Daneben ist sie auch im Totenreich des Osiris anwesend und trägt den Titel „Herrscherin des Westens" (das heißt des Jenseits). Manchmal wird von zwei Göttinnen namens Maat gesprochen, und die Halle des Jenseitsgerichts wird im Kapitel 125 des Totenbuches als „Halle der zwei Wahrheiten" bezeichnet. Maat ist als eine sitzende Frauengestalt dargestellt, die eine Straußenfeder auf dem Kopf trägt.

Die Göttin Maat tritt manchmal auch als die Gemahlin des Thot auf, der als Gott der Weisheit gilt.[35] Es ist kein Zufall, daß diese zwei Gottheiten ein Paar bilden, da auch Thot zu den abstrakten Gestalten im ägyptischen Pantheon gehört. Er spielt eine wichtige Rolle bei der Schöpfung der Welt, und zwar in erster Linie als planendes Prinzip. Thot gilt ferner als das Herz oder die Zunge des Re.[36] Er verkörpert also einerseits den Geist, der die Weltschöpfung lenkt, denn nach Ansicht der Ägypter ist das Herz das Zentrum des Denkens, und andererseits identifiziert er sich als die Zunge des Sonnengottes mit dem Schöpferwort. Das Wesen des Thot ist — ähnlich wie das des Osiris — sehr vielfältig. Thot kann in mehreren Erscheinungsformen auftreten. Er wird als Ibis, als Mensch mit Ibiskopf oder als Pavian abgebildet. In der Theologie wurde er ebenso wie Osiris oder der Gott Chons mit dem Mond identifiziert. Vielfältig sind auch die Funktionen des Thot. Vor allem war er zuständig für die

Kunst des Schreibens und die Wissenschaft. Er wird bezeichnet als der „Fürst der Bücher" und „der Herr der Gottesworte" (d. h. der Hieroglyphenschrift).[37] Man betrachtete Thot als den Erfinder der Schrift.[38] Als Gott der Weisheit kann er auch Arzt sein. Und schließlich ist Thot — ebenso wie Isis — eng mit der Zauberei verbunden. Sein Zauberbuch ist die Ursache für die Tragödie eines der Helden eines interessanten literarischen Werkes aus der Ptolemäerzeit, des Setnaromans. Thot ist „gelehrt in der Magie"[39], der „Ibis, der ausgezeichnete Zauberkraft besitzt".[40]

Das Schöpferwort kann in verschiedenen Zusammenhängen erscheinen. Im Text der sogenannten „Theologie von Memphis"[41] tritt Ptah, der Hauptgott von Memphis, als Schöpfer auf, der den in seinem Herzen entstandenen Gedanken ausspricht und damit die Welt erschafft. Dieses Werk ist in einer gegen Ende des 8. Jahrhunderts v. Chr. zur Zeit des Königs Schabaka entstandenen Kopie überliefert. Wenngleich die vorliegende Komposition in der Spätzeit geschaffen wurde, so gehen doch wenigstens einige Passagen des Textes zweifellos auf das Alte Reich zurück. In ägyptischen Texten tritt die älteste Formulierung eines Gedankens auf, der später in der Logos-Lehre der griechischen Philosophie bis hin zu den berühmten Einleitungsworten des Johannes-Evangeliums „Im Anfang war das Wort ..." weiterlebt.[42]

Das Wort und der Gedanke als schöpferische Prinzipien erscheinen unter den Namen *Hu* („Ausspruch") und *Sia* („Erkenntnis") als Gottheiten in den religiösen Texten. Nach Aussage eines Pyramidentextes sitzt Sia zur Rechten des Re und verwaltet das Gottesbuch.[43] Hu und Sia tauchen auch in der Sonnenbarke auf.[44] Meistens treten sie aber in der Gesellschaft des Schöpfergottes Atum auf. „Wer sind diese uralten Götter? Hu und Sia sind es, die täglich neben meinem Vater Atum sind."[45]

Neben dem Begriff des *logos* war in Ägypten also auch der *nus* der griechischen Philosophie bekannt. Wie aus dem bisherigen, sich nur auf einige ausgewählte Elemente der ägyptischen Religion beschränkenden Überblick deutlich geworden ist, entstanden in Ägypten keine in sich geschlossenen philosophischen Systeme, die Philosophie wurde nicht zur selbständigen „weltlichen" Wissenschaft, sondern sie blieb stets im Rahmen der Religion, und ihre Terminologie entlehnte sie von der Mythologie. Das ist aber kein Grund, die Existenz philosophischen Denkens in Ägypten zu bestreiten. Die im Altertum geschriebenen Biographien von Philosophen gehen offenbar nicht ganz fehl, wenn sie davon sprechen, daß Thales, Pythagoras, Demokrit, Platon, Eudoxos und andere von den Priestern Ägyptens lernten.[46]

Obwohl nach Herodot die Ägypter von allen Völkern am frömmsten waren, so fordern doch einige literarische Werke wie zum Beispiel das „Gespräch des Lebensmüden mit seiner Seele" oder die Harfnerlieder den Leser zum Genuß des irdischen Lebens auf und verneinen im wesentlichen das Leben nach dem Tod. In den ägyptischen Vorstellungen von der Weltschöpfung finden sich sowohl materialistische als auch idealistische Elemente. Die Erschaffung durch das Wort enthält die Idee der *creatio ex nihilo* („Schöpfung aus dem Nichts"). Es gibt auch Übergangslösungen. So heißt es in der Schöpfungsgeschichte der Genesis, daß die Welt durch Gottes Wort entstand, daneben ist aber das Wasser als Urform der Materie vorhanden.

Wir schließen die Reihe der Götter ab mit einer Personifikation, die schon zum Hauptthema des Buches führt. Im Totentempel des Königs Sahure (5. Dynastie) steht neben Thot ein menschengestaltiger Gott. Es ist Heka, der „Zauber“.[47] Er ist der erste in der Reihe der dort dargestellten Götter. Die Zauberkraft gesellt sich also zur Weisheit, und ihre Anwesenheit neben Thot beweist, daß sie den großen Göttern ebenbürtig war. Es ist die älteste — leider beschädigte — Darstellung des Gottes Heka (Abb. 3).

Wenn wir den Platz des Zaubers in der ägyptischen Götterwelt und die Einstellung der Ägypter zum Zauber näher untersuchen, so stoßen wir auf interessante Widersprüche. Dabei handelt es sich nicht um unterschiedliche theologische Auffassungen, sondern um eine Diskussion, die den Rang der Götter und die Bewertung der Zauberei überhaupt betrifft, was auch unter philosophischen Gesichtspunkten aufschlußreich ist. Die Religionsgeschichte ist heute weitgehend der Meinung, daß sich im Anfangsstadium der religiösen Entwicklung zunächst der Glaube an unpersönliche Kräfte (*Mana, Orenda* usw.) herausbildete, persönliche und konkrete Göttergestalten hingegen erst später auftraten. Es scheint, daß auch die Ägypter schon über diese Problematik nachdachten, was allerdings im Rahmen ihres mythischen Weltbildes geschah, wenn sie die Frage erörterten, ob den Göttern Priorität zukomme oder dem Zauber. Die Diskussion darüber nahm an Schärfe zu, als das Alte Reich untergegangen war und eine tiefgehende Krise auch auf geistigem

Gebiet ausbrach. In einem Sargtext protestiert Schu — mit dem sich der Tote hier identifiziert — entschieden dagegen, daß er für einen Gott von minderem Rang gehalten wird als der Zauber: „Ich höre nicht auf Heka! Ich entstand früher. Mein Kleid ist der Hauch des Lebens. Er kam nach mir aus dem Mund Atums.“[48] Der Zauber ist also nach Atum und Schu entstanden. Ein anderer Text trifft die entgegengesetzte Aussage, wenn es heißt, daß der Zauber unmittelbar nach dem Urgott entstanden sei und das Werk der Schöpfung vollbracht habe: „Ich bin jener, der die göttliche Neunheit belebt, ich bin jener, der, wenn er will, handelt, der Vater der Götter ... Mir gehörte alles, bevor ihr entstandet, ihr Götter, die ihr, mir folgend, herabgekommen wart. Ich bin der Zauber.“[49] Aus dem großen Monolog des Heka, von dem hier nur die wichtigste Passage zitiert ist, geht hervor, daß der Zauber von einer bestimmten philosophischen Richtung als eine Naturkraft und als der Schöpfer aller Dinge angesehen wurde. Die Feststellung, er habe die Götterneunheit belebt, bedeutet auch, daß die Existenz Atums von der Macht Hekas abhängt. Daß er auch als Erbe Atums bezeichnet wird, ist offenbar ein Zugeständnis an die Priesterschaft von Heliopolis, doch ändert das nichts daran, daß der Zauber von vielen Ägyptern für eine vor den Göttern entstandene schöpferische Kraft gehalten wurde. In einem Text erscheint er als der „Älteste des heiligen Platzes des Uranfangs“.[50]

Wir treffen Heka auch in der Barke des Sonnengottes an, und wir haben gesehen, daß Zauber unentbehrlich war, um auf diese Weise die Fahrt der Sonnenbarke gegen alle Gefahren zu sichern.

Auch für die Toten und ebenso für die Götter war der Zauber unverzichtbar. In einem Pyramidentext erscheint auf primitive, ja barbarische Weise der Wunsch des toten Königs, sich die Zauberkraft der Götter zu verschaffen. Der König verschlingt die Götter, um sich auf kannibalische Art deren magische Macht unmittelbar aus den Körpern zu verschaffen.[51] Der Tote kann durch die Zaubertexte selbst magische Macht erlangen und so das Weltall beherrschen: „Der Himmel stöhnt, die Erde zittert vor N. N."[52]

Wer Zauberkraft besaß, fürchtete sich natürlich vor ihrem Verlust, darum entstanden auch Zaubersprüche, deren Aufgabe es war, den Toten gegen den Raub seiner Zauberkraft im Jenseits zu schützen.[53] Der Tote konnte übrigens diese Gefahr auch dadurch vermeiden, daß er einen Zauberspruch verwendete, der seine Identität mit Heka bewirkte.[54]

Aufgrund unserer heutigen Kenntnisse können wir annehmen, daß Heka vor allem in den frühen Epochen der ägyptischen Geschichte als Gott verehrt wurde. Wir kennen seine Tempel aus verschiedenen Zeiten,[55] doch nimmt Heka — trotz seiner zunehmenden Popularität — in der Theologie der Spätzeit keinen bedeutenden Platz mehr ein. Möglicherweise haben die Priester infolge der immer mehr überhandnehmenden Zauberpraktiken verdeutlichen wollen, daß der Zauber zwar einen prominenten Platz im Pantheon besitzt, doch seine Macht bei weitem nicht so uneingeschränkt ist wie die der großen Götter.

Diese Feststellung basiert natürlich nur auf dem allgemeinen Eindruck, den die späte religiöse Literatur vermittelt, denn einige Texte, in denen Heka vorkommt, unterstreichen nichtsdestoweniger die Bedeutung des Zaubers auch zu jener Zeit, und im Tempel von Esna wird er sogar König der Götter genannt.[56] Die Veränderung seines Wesens erkennt man am deutlichsten daran, daß der Zauber in der Spätzeit — ähnlich wie Harpokrates und Nefertem — zu einem kindlichen Gott wurde. In Memphis erscheint Heka als Sohn des Ptah und der Löwengöttin Sachmet.[57] Die meisten Zeugnisse zur Verehrung des Heka finden sich jedoch im Tempel von Esna, dessen Inschriften aus ptolemäischer und vor allem römischer Zeit stammen. Dort ist er das Kind der Menhit und des widdergestaltigen Gottes Chnum. Heka trägt die Jugendlocke der Kinder und wird bei Festen von den Priestern in einer goldenen Sänfte getragen.[58] Seine Verbindung mit dem Königtum verdankt er wahrscheinlich der Ähnlichkeit mit Harpokrates. Einer der Texte in Esna spricht davon[59], daß Heka als der älteste Sohn des Chnum seinen Thron dem irdischen König überträgt. Wir treffen auch eine abstrakte Auffassung in Esna an, wonach Heka identisch ist mit der Lebenskraft der Pflanzen.[60]

Die Zauberkraft kommt nicht nur als Personifikation in Gestalt einer Gottheit, sondern auch als abstrakter Begriff in der ägyptischen Literatur vor, ja in den meisten Fällen ihrer Erwähnung kann sie nur in diesem Sinne interpretiert werden.

Es ist kennzeichnend für den unsicheren Platz der Zauberei innerhalb des ägyptischen Weltbildes, daß der König Cheti in der Lehre, die er für seinen Sohn Merikare verfaßte, den Zauber als das Geschenk des Sonnengottes darstellt, welches er der Menschheit gab, um ihr Leben zu erleichtern.

„Er schuf die Zauberei für sie als Waffe, um den Schlag der Ereignisse fern zu halten."[61] Hier ist der Zauber keine Gottheit und auch keine gegen die Götter gerichtete sündhafte Handlung, sondern ein von den Göttern stammendes Wissen, mit dessen Hilfe sich der Mensch dem Schicksal entgegenstellen kann.

Die Anschauungen über den Zauber sind also in der Ersten Zwischenzeit ambivalent, sie werden von Unsicherheit gekennzeichnet. Andererseits versuchte man gegen Ende dieser Periode, aus der auch die Lehre für Merikare stammt, die Rolle des Zaubers und seinen Platz innerhalb der Religion ganz anders zu bestimmen. Als sich die politische Lage stabilisierte, verfolgte die Staatsmacht das Ziel, das Prestige der Götter und der alten Religion wiederherzustellen, was zugleich die Zurückdrängung Hekas bedeutete. In den Weisheitslehren ist der Zauber nun kein Gott mehr, sondern nur noch eine Gabe der Götter.

II. Wesen und Erscheinungsformen der Zauberei in Ägypten

Zauberei und Religion

Hinsichtlich der Entstehung der Zauberei und ihres Verhältnisses zur Religion in frühen Gesellschaften sind die Ethnologen und die Religionshistoriker bei ihren Forschungen bisher nicht zu überzeugenden Ergebnissen gelangt. Die verschiedenen religionsgeschichtlichen Schulen betrachteten jeweils ein anderes Phänomen der Religion als das primäre. Beispielsweise hielt E. B. Tylor den Animismus und nicht die Magie für die erste Stufe der Religion. Traumerlebnisse, so meinte er, hätten zur Herausbildung des Seelenglaubens geführt. In den schriftlosen Kulturen war der Glaube verbreitet, daß nicht nur der Mensch eine Seele habe, sondern auch die Pflanzen, Tiere und verschiedene leblose Gegenstände. Daraus sind dann die Dämonen und später die Götter entstanden, und hier sei auch der Ursprung der Magie zu suchen, wie Tylor und seine Nachfolger annahmen.

Die Forschungen von J. H. King, R. R. Marett und anderen ließen Zweifel an der Richtigkeit der animistischen Theorie aufkommen. Es stellte sich heraus, daß der Glaube an die bereits erwähnten unpersönlichen Kräfte (in Melanesien *Mana,* bei den Irokesen *Orenda* usw.) in der

Religion zahlreicher schriftloser Kulturen von größter Bedeutung ist. In einem solchen von unpersönlichen Kräften geprägten Weltbild spielt die Magie als eine Tätigkeit, die diese Kräfte beeinflussen kann, eine wichtige Rolle. In der wissenschaftlichen Forschung kam nun die Theorie auf, daß die Zauberei früher entstanden sei als der Seelenglaube, der Glaube an Götter und die gesamte Mythologie. Die Zauberei, so hieß es, gehöre zur ältesten Schicht der Religion (präanimistische Magie).

Die Wiener Schule (Pater W. Schmidt), die die Theorie des Urmonotheismus vertrat, hielt die Magie für ein Symptom der Auflösung und des Verfalls eines am Anfang der religiösen Entwicklung der Menschheit stehenden Monotheismus, der sich jedoch nicht beweisen läßt.

Immer wieder versuchte die Wissenschaft, von verschiedenen Erscheinungsformen der Religion in schriftlosen Kulturen der Gegenwart oder der jüngeren Vergangenheit Rückschlüsse zu ziehen auf die religiösen Vorstellungen der Menschen in vor- und frühgeschichtlicher Zeit. Aufgrund archäologischer Funde sind der Glaube an das Weiterleben nach dem Tode (seit dem Mittleren Paläolithikum) und der Jagdzauber (in der Höhlenkunst des Jungpaläolithikums) als die ältesten Ausdrucksformen von Religion nachweisbar. Einige Religionshistoriker suchten vor allem nach den psychologischen Motiven der Zauberei. Zu ihnen gehörte auch der Ungar Karl Marót, der in den Reflexhandlungen, welche in einem halbbewußten, „sublogischen", Zustand verrichtet wurden, den Ursprung der Magie sah. Die Erinnerung an einen Feind kann zum Beispiel unwillkürlich aggressive Bewegungen, die Stechen oder Schlagen nachahmen, verursachen, und diesen wird dann später auch eine reale Wirkung zugeschrieben. Derartige Vorgänge können ein bedeutender Faktor bei der Entstehung der magischen Riten gewesen sein, aber das Zauberwesen auf höherer Stufe und dessen komplizierte Verfahren und geistige Voraussetzungen erklärt die Theorie von Karl Marót ebensowenig wie diejenige von Lévy-Bruhl über das angebliche „prälogische“ Denken der Menschen in den schriftlosen Kulturen.

Allzusehr vereinfacht ist offenbar die Annahme von J. G. Frazer, das menschliche Denken habe sich von der Magie über die Religion zur Wissenschaft entwickelt. Religion und Magie — in entwickelteren Gesellschaften auch die Wissenschaft — existierten vielmehr lange nebeneinander.

Eine neuerdings veröffentlichte Abhandlung sieht den Ausgangspunkt der Zauberei im animistischen Weltbild. In diesem Weltbild wird die Wirkung übernatürlicher Kräfte angenommen (*Mana* usw.), und die magischen Riten hätten den Zweck, ein angemessenes Gleichgewicht dieser Kräfte sicherzustellen. Mit der genannten Veröffentlichung werden jedoch lediglich ältere Theorien miteinander verschmolzen, auch wenn diese dabei einer Kritik unterzogen werden.[62]

Die Zauberei ist ein wichtiger Faktor im Leben schriftloser Gesellschaften. Ihre Entwicklung und ihre Erscheinungsformen sind im Zusammenhang mit der jeweiligen Wirtschaftsweise zu sehen. Jäger sind bestrebt, durch symbolisches Erlegen der Tiere den Erfolg der Jagd im voraus magisch zu sichern. Bäuerliche Gesellschaften hingegen erhoffen sich reiche Ernte und Nachkommenschaft durch Regenzauber und Fruchtbarkeitsriten.

Auf einer höheren Stufe der gesellschaftlichen und religiösen Entwicklung ändert sich das Verhältnis zur Zauberei, es erfolgt deren allmähliche Trennung von der Religion, ja in einigen Fällen wird die Zauberei sogar verfolgt und bestraft. Die Trennungslinie zwischen Magie und Religion, Gebet und Zauberspruch, Liturgie und Zauberpraktik, religiösem und magischem Ritus kann allerdings nicht immer scharf gezogen werden, denn die dogmatischen Religionen weisen stets auch Elemente magischen Ursprungs auf. Die meisten Zauberer waren zugleich Priester.

Im alten Ägypten befanden sich Religion und Zauberei nicht im Widerspruch zueinander — von der „schwarzen" Magie und den Drohungen der Zauberer gegen die Götter abgesehen. Doch ist die Magie als ein Teilgebiet der Religion und als eine spezifische, wichtige Gattung der Literatur religiösen Charakters abgrenzbar.

Ganz allgemein kann man sagen, daß das Gebet eine Bitte darstellt, der Zauberspruch dagegen Zwang ausüben soll. Dieser magische Zwang soll auf Naturkräfte, Dämonen und sogar auf Götter wirken. Der Betende kann auf die Erfüllung seiner Bitte nur hoffen, der Zauberer verlangt die Erfüllung seiner Forderung, und er glaubt daran, daß er durch seine magische Macht und durch die zwingende Wirksamkeit der Zaubersprüche selbst gegen den Widerstand der Götter sein Ziel erreichen kann. Zu den wichtigsten Faktoren der Magie gehört der Glaube an Gegenstände, die wirksame Kräfte enthalten, wie zum Beispiel Amulette oder Reliquien.

Die Zauberei war ursprünglich *Praxis,* später werden dann — ausgehend von bestimmten Einzelfällen — falsche

Analogie- und Kausalverhältnisse abstrahiert. Die durch die Magie angenommenen Zusammenhänge sind aber falsch und existieren nur in der Phantasie des Zauberers. Der Zauberer will nun aufgrund dieser falschen Kausalzusammenhänge und vermeintlichen Analogieverhältnisse mit Hilfe seiner Zaubersprüche wirksame Handlungen vornehmen, und sein magisches Weltbild verleitet ihn schließlich zu dem Wahn, er könne sich zum Herrn des Weltalls erheben und auch die Götter in seinen Dienst zwingen. Die Magie entwickelt sich ständig weiter und vergrößert unaufhörlich ihr Repertoire, sie wird durch immer neue Motive und Methoden bereichert. Die vermeintlichen Möglichkeiten der Zauberei sind unbegrenzt, die Anzahl und Wirkungen der Analogien und fiktiven Kausalitäten sind scheinbar ohne Ende.

Wenn man die Entwicklung einer Religion wie im Falle Ägyptens über eine lange Zeit hinweg verfolgen kann, so ergibt sich die Möglichkeit, den Wandel der Methoden der Magie bis in die Details hinein zu beobachten. Die Grundgedanken und Hauptziele bleiben dabei allerdings konstant, und später werden wir sehen, daß noch lange nach dem Sieg des Christentums weiterhin heidnische Zauberpraktiken existierten. Die Magie als eine spezifische Form einer falschen Ideenwelt besitzt trotz aller Veränderungen in den Einzelheiten konstante Grundprinzipien, die auch in den hochentwickelten Gesellschaften der Neuzeit noch auftauchen und sich neben den Naturwissenschaften und im Widerspruch zu deren Erkenntnissen als Aberglaube artikulieren.

Die verschiedenen Erscheinungsformen und Verfahrensweisen der Zauberei können nach bestimmten Gesichtspunkten gegliedert werden. J. G. Frazer unterscheidet zwei Arten der Magie, die sogenannte homöopathische (nachahmende) und die Translationsmagie.[63] Beide beruhen eigentlich auf der „Sympathie", mit der wir uns später noch beschäftigen werden.

Der nachahmende Zauber beruht auf Analogiehandlungen. Durch die Ausführung bestimmter Handlungen soll aus der Ferne eine analoge Wirkung auf bestimmte Personen oder Sachen erreicht werden. Dazu gehört die noch heute praktizierte Methode, von einem Menschen ein Wachsbild anzufertigen und dieses dann zu durchbohren und zu verbrennen, um den Tod des Betreffenden zu verursachen.

Für die Translationsmagie bleibt alles, was jemals zusammengehörte, auch späterhin unauflöslich in Verbindung miteinander. Abergläubische Menschen achten deshalb ebenso wie die Angehörigen schriftloser Kulturen sorgfältig darauf, daß ihre Nägel, Haare, Zähne und Kleidungsstücke auf keinen Fall in die Hände ihrer Feinde gelangen, da diese ihnen im Besitz solcher Gegenstände leicht Schaden zufügen können. Die Vernichtung oder Beschädigung von Körperteilen bzw. des Zubehörs einer Person soll auch deren Gesundheit und gesamte physische Existenz in Mitleidenschaft ziehen.

Bei der Behandlung der ägyptischen Zauberei werden wir zahlreiche Verfahren kennenlernen, von denen ein Teil direkt oder indirekt entweder auf der homöopathischen oder auf der Translationsmagie beruht.

In Stammesgesellschaften erwartete man vom Zauberer, daß er seine Fähigkeiten in den Dienst der ganzen Gemeinschaft stellt, was ihm dann oftmals eine besondere

Machtstellung verschafft. Natürlich spielen in der Zauberei daneben auch private Motive und egoistische Zwecke eine Rolle.

Die Herausbildung des Staates und noch mehr die Erfindung der Schrift bewirkten in der Magie auch und besonders in Ägypten einen bedeutenden Wandel. Die Zauberei spaltete sich gewissermaßen in zwei Teile. Der Besitz schriftlich fixierter Zauberformeln wurde im dritten Jahrtausend zeitweilig das Vorrecht der Könige (Pyramidentexte), daneben behauptete sich aber auch eine volkstümliche Form der Zauberei, deren Vertreter nicht unter der Kontrolle des königlichen Hofes standen, sondern in den Dörfern tätig waren, wo die Bauern und Hirten sich von ihnen Rat und Hilfe im Unglück erhofften.

Die Kultur Ägyptens war eine charakteristische Buchkultur. Die schriftliche Fixierung eines Zauberspruches oder eines Rituals steigerte dessen Wirksamkeit in den Augen der Ägypter ganz erheblich, zumal der Beruf des Schreibers großes Ansehen genoß und zu höchsten Ämtern führen konnte.

Der Schrift wurde eine geheimnisvolle Wirkungskraft zugeschrieben. Man glaubte zum Beispiel, daß diejenigen Hieroglyphen, die Lebewesen darstellen, selbst lebendig werden können, und darum sollten diese schon im voraus unschädlich gemacht werden. Diese interessante Form der Schriftmagie, die Zeichenverstümmelung, ist am besten in den Pyramidentexten des Alten Reiches und in den Sargtexten während der Epoche nach dem Alten Reich wahrnehmbar.[64] Hieroglyphen, welche Schlangen oder Löwen darstellen, wurden oft in zwei Teile zerschnitten eingemeißelt (Abb. 4), bei Darstellungen von Menschen in der Hieroglyphenschrift erschienen nur der Kopf und die Umrisse des Oberkörpers. Dieses Verfahren sollte die durch die Schriftzeichen gefährlich gewordenen Tiere und Menschen vom Grab fernhalten und so der Sicherheit der Toten dienen. Später machte manchmal ein Messer die Zeichnung feindlicher Wesen unschädlich. Diese Art der Magie wurde hauptsächlich in religiösen Inschriften verwendet, in den profanen Texten treffen wir sie selten an.

Die meisten Informationen über die Magie im Altertum verdanken wir den Zaubertexten. Auch die Hochachtung vor uralten heiligen Texten trug wesentlich zur Verbreitung magischer Vorstellungen bei, auch wenn diese Texte ursprünglich nichts mit Zauberei zu tun hatten. Mitunter waren auch die Grenzen zwischen Magie und Wissenschaft fließend, und die Magie wurde schließlich zu einer Pseudowissenschaft.

Bevor wir zur ausführlichen Behandlung des ägyptischen Materials kommen, müssen noch einige Worte über die Terminologie vorausgeschickt werden. Das Wort „Magie" bedeutete ursprünglich die Wissenschaft der persischen Priester, der Magier. Einige Forscher versuchen die Magie und die Zauberei[65] voneinander zu trennen, und zwar in der Weise, daß die Magie durch positive Ziele und nützliche, gottgefällige Verfahren charakterisiert wird, während die Zauberei verbotene Praktiken, Verwünschungen usw. anwendet und negativen Zielen dient. Die sich mit dieser Problematik beschäftigende wissenschaftliche Literatur macht eine solche Unterscheidung allerdings nicht, sondern gebraucht meist beide Bezeichnungen als Synonyme. Auch der Ausdruck „schwarze Magie" zeigt, wie unbegründet eine Trennung von Magie und Zauberei ist.

In der Antike wurden besonders von den neuplatonischen Philosophen die Termini *theurgia* und *goēteia* verwendet, wobei *theurgia* diejenige Form der Zauberei bedeutete, die mit der Religion vereinbar ist, sich nicht gegen die Götter richtet und positive Ziele verfolgt. Der Begriff *goēteia* dagegen entspricht der „schwarzen Magie“, die für verbrecherisch gehalten und vom Staat verfolgt wurde.

Die Quellen der ägyptischen Zauberei und ihre Vertreter

Das Wort „Zauberer“ *(hekai)* bildeten die Ägypter von dem Wort „Zauber, Zauberkraft“ *(heka)*. Der Zauberer wird aber auch noch *sau* und *schenu* genannt. Wir besitzen keine Angaben über die Zahl der Zauberer im Verhältnis zur Bevölkerung einer Stadt oder eines Dorfes, und über ihre soziale Herkunft wissen wir wenig. Wir können annehmen, daß diejenigen Zauberer, die keine Priester waren, zu den unteren Bevölkerungsschichten gehörten. Ihre Aufgaben waren mit dem Leben des Alltags engstens verbunden, meist sollten sie vor gefährlichen Tieren Schutz bieten. Aufgrund seines Amtes wurde dem König besondere Zauberkraft zugeschrieben. Die Mehrheit der Zauberer aber bekleidete priesterliche Ämter.

Von den Hohenpriestern stand Chaemwese, der Sohn Ramses' II., im Ruf eines großen Zauberers; über ihn werden wir später noch sprechen. Es gab eine gesonderte Gruppe der Priester, die Schriftrollen haltenden Vorlesepriester *(heriheb)*, von denen sich viele mit der Zauberei beschäftigten. In einem Tempel waren mehrere Vorlesepriester tätig, ihnen wurden aber auch beim Totenkult wichtige Aufgaben zuteil. Sie rezitierten bei den verschiedenen Zeremonien die vorgeschriebenen Texte. Die Vorlesepriester sind meistens mit Papyrusrollen abgebildet, sie trugen eine schräglaufende, breite Schärpe über der Brust. Als Kenner der heiligen Schriften konnten sie auch die Zaubersprüche leicht verstehen. Sie sind die Hauptheldem der Zaubergeschichten des Papyrus Westcar, die mit ihren Wundern den König in Erstaunen setzten.

Über das Äußere der Zauberer im römischen Ägypten berichten Apuleius und Lukian. Im „Goldenen Esel" (Metamorphosen)[66] kommt ein ägyptischer Zauberer namens Zatchlas vor, der einen Toten für eine kurze Zeit wiederbelebt. Apuleius beschreibt ihn als einen kahlköpfigen Mann, der einen Leinenkittel und Schuhe aus Palmblättern trägt. Einer der Helden in Lukians „Lügenfreund" trifft in Ägypten einen Zauberer.[67] Die satirische Beschreibung spricht von einem kahlköpfigen Mann mit spindeldürren Beinen, Adlernase und wulstigen Lippen, der nachdenklich umhergeht und ebenfalls einen Leinenmantel trägt. Der rasierte Kopf und der Leinenmantel sind Kennzeichen der ägyptischen Priester der Spätzeit. Apuleius und Lukian sahen offenbar Priester, die im Ruf von Zauberern standen. Apuleius war wahrscheinlich in die Isismysterien eingeweiht, und Lukian bekleidete in Ägypten ein Amt.

Priester wurden auch im Mittelalter oft der Zauberei verdächtigt. Über Papst Sylvester II. (999—1003) gab es wegen seiner Kenntnisse in den Wissenschaften viele Wundergeschichten, und auch Albertus Magnus wurde für einen Zauberer gehalten.

Die ägyptischen Priester erlernten die Zauberei in den Tempeln und entnahmen sie den Schriften der in den sogenannten „Lebenshäusern“ untergebrachten Bibliotheken. Der Katalog der Tempelbibliothek von Edfu zählt zahlreiche Arbeiten auf, die Zaubertexte enthielten. Ihrem Titel nach konnten zum Beispiel „Die Niederschlagung des Seth“ oder die Schrift über „Die Beseitigung des bösen Blicks“ durchaus Zauberbücher gewesen sein.[68] Die Tempelbibliotheken und das „Lebenshaus“, welches dem Unterricht und der Pflege der Wissenschaften diente, waren in der Spätzeit nur wenigen Personen zugänglich, und dennoch wurden die Zaubertexte gerade in jener Zeit immer weiteren Kreisen bekannt. Offenbar konnte man magische Papyri für Geld erwerben.

Den ägyptischen Priestern stand noch eine große Zahl von Zaubertexten zur Verfügung, wir kennen heute nur einen Bruchteil dieses einst riesigen Materials. Nach der Christianisierung des Landes wurden die alten Schriften systematisch vernichtet, und von diesen wurden natürlich die Zauberschriften für die gefährlichsten gehalten.

Von den erhalten gebliebenen Quellen zur Magie sind die Papyri die wichtigsten. Es sind zum Teil medizinische Texte, es gibt aber auch solche, die ausschließlich Zaubersprüche enthalten. Wir können hier den Papyrus Ebers, den Londoner Papyrus und die unter dem Titel „Zaubersprüche für Mutter und Kind“ zitierte Schrift erwähnen.[69] Die Mehrzahl der Zauberpapyri ist *hieratisch* geschrieben, aus römischer Zeit kennen wir Papyri, die in *demotischer* Schrift verfaßt wurden (Londoner und Leidener demotischer Papyrus).[70]

Die hieroglyphischen, in Stein gemeißelten Zaubersprüche der Pyramidentexte tauchen zuerst in der Pyramide des Unas, des letzten Königs der 5. Dynastie, auf. Sie sollten die Macht und das Wohlergehen des Herrschers im Jenseits sichern. Auch die sogenannte Metternichstele, eine aus dem 4. Jahrhundert v. Chr. stammende Sammlung von Zaubersprüchen, enthält hieroglyphische Texte.[71]

Zur Geschichte der ägyptischen Zauberei gehören auch die umfangreichen magischen Texte in griechischer Sprache, die zur Römerzeit in Ägypten geschrieben wurden. Einige enthalten auch koptische Passagen. Der berühmteste dieser Texte ist der große Pariser Zauberpapyrus.[72] Auch im koptischen Schrifttum gibt es viele Zaubertexte, manche von ihnen enthalten auffällig zahlreiche mythologische Elemente aus dem alten Ägypten.

Es kommt bei den Ägyptern und auch bei anderen Völkern des Altertums oft vor, daß literarische und religiöse Texte, die das Thema Magie kaum oder gar nicht berühren, später als Zaubersprüche benutzt werden. Das Kapitel 175 des Totenbuches,[73] über das bereits im Zusammenhang mit den Weltuntergangsvorstellungen gesprochen wurde, erscheint in einem Papyrus der Spätzeit als Zauberspruch, der der Vernichtung von Feinden dient. Zwei Teile dieses Totenbuchkapitels gelangten deshalb in einen magischen Text des 4. Jahrhunderts v. Chr., weil es mehrmals um die Demütigung und die Bestrafung des Seth geht. Wie Osiris und Horus über Seth triumphierten, so soll auch der Pharao über seine Feinde triumphieren. Obwohl Osiris dem Mordanschlag des Seth zum Opfer gefallen war, konnten er und sein Sohn Horus am Ende doch den Sieg über Seth erringen. Bezeichnenderweise gelangte derjenige Teil des Kapitels 175 des Totenbuches, in dem von der

Bestrafung der Söhne der Nut, also auch des Osiris, die Rede ist, nicht in diesen Zaubertext. Die Götter störten nämlich mit ihrem Zwist den Frieden der Urzeit, und darum traf die Strafe des Schöpfergottes auch den unschuldigen Osiris.

Der aus den Königsgräbern bekannte Mythos von der Himmelskuh[74], der über den Aufstand der Menschen gegen Re und über die Entrückung des Sonnengottes in den Himmel berichtet, wurde gleichfalls für einen wirkungsvollen Zauber gehalten, welcher auch gegen Schlangen dienen konnte. Im Schlußabschnitt heißt es, daß jeder, der dieses Werk rezitiert, im Jenseits zum Leben erweckt und mehr gefürchtet wird als die Lebenden auf der Erde. Bei Königen ist dies ja ein verständlicher Wunsch!

Auch einige Werke der mesopotamischen epischen Literatur wie zum Beispiel die Adapa-Geschichte wurden als Zaubertexte benutzt.[75] Manchmal fanden berühmte literarische Werke wegen ihres Alters und der Hochschätzung, die man ihnen entgegenbrachte, Anwendung in der Magie. Beim Zaubern benützte man auch die Epen Homers,[76] und um Vergil, der im Ruf eines großen Zauberers stand, bildete sich im mittelalterlichen Europa ein ganzer Legendenkreis heraus. Apuleius wurde wegen Zauberei angeklagt, und seine Verteidigungsrede, mit der er seine Freisprechung erreichte, ist eine interessante Abhandlung über die Zauberei des Altertums.

Innerhalb der Buchkulturen ist das Anwachsen der Zaubertexte unvermeidlich, wie sich im alten Ägypten und in Mesopotamien zeigt. Aus den einzelnen Passagen der alten magischen Sprüche konnte man auch neue Zaubertexte verfassen.

Die Auffindung der Zauberbücher und ihre Verfasser

Der Verfasser eines nur zum Teil erhaltenen demotischen Papyrus schreibt, als er in sein Dorf heimkehrte, habe eine Sonnenfinsternis den Tod des Pharaos Psammetich verkündet. Da er Priester war, eilte er in die Balsamierungshalle, wo der Leichnam des Königs ruhte, und trauerte um den Verschiedenen. Er verbrachte dort siebzig Tage, in denen er eine Papyrusrolle abschrieb, das sogenannte „Buch vom Atmen", das auf der Mumie des Königs lag. Diese Schrift, von der zahlreiche Exemplare aus Gräbern bekannt sind, übergab er dem neuen König. Ihr Wert wurde dadurch erhöht, daß sie auf dem Leichnam eines großen Herrschers gelegen hatte, um den Toten zu schützen.[77] Wir wissen auch, wer für den Verfasser des „Buches vom Atmen" gehalten wurde: Thot selbst, der Gott der Weisheit.[78]

Die Verfasser der Zaubertexte, die über Menschen und Naturkräfte, ja sogar über die Götter Macht haben, können keine alltäglichen Menschen gewesen sein, sondern sie galten als Götter oder als Weise, die zu Göttern geworden waren. Der geheimnisvolle Charakter der Zauberschriften konnte noch dadurch gesteigert werden, daß man ihren Verfasser verschwieg und behauptete, sie seien vor langer Zeit oder auch erst kürzlich an einem heiligen Ort gefunden worden. Das Kapitel 167 des Totenbuches, in dem es um das heilige *udjat*-Auge geht, hat angeblich der Hohepriester Chaemwese, der ein Sohn Ramses' II. war und als Zauberer galt, auf einem Gefäß in der Nekropole von Memphis unter dem Kopf einer Mumie gefunden.[79]

Der Text der Metternichstele, von der es heißt, sie stamme aus dem Tempel oder Grab des heiligen Tieres des Sonnengottes, des Mnevis-Stieres (Osiris-Mnevis), wurde von einem Priester oder einer Priesterin erneuert.[80] Es sind noch weitere Legenden dieser Art in der religiösen Literatur bekannt, doch ist es angesichts der eindeutig unterägyptischen Prägung des Textes nicht unwahrscheinlich, daß die Metternichstele tatsächlich in einem Tempel des Mnevis aufgestellt war. Die Gräber der Tiere standen in höchstem Ansehen, und der schon mehrmals erwähnte Chaemwese wählte wahrscheinlich das Grabmal der heiligen Apisstiere zu seiner Ruhestätte.

Handelte es sich um ein Zauberbuch, so hielt man es auch für möglich, daß es geradewegs vom Himmel gefallen war. In einem Londoner medizinischen Papyrus, der ebenfalls viele Zaubersprüche enthält, lesen wir zum Beispiel über ein Rezept folgendes: „Dieser Schutzzauber wurde, herabgekommen im Hof des Tempels von Koptos, durch den Vorlesepriester dieses Tempels in der Nacht gefunden als das Geheimnis dieser Göttin (Isis), während die Erde in Dunkelheit war. Der Mond beleuchtete dieses Buch auf dem ganzen Weg, während es als Wunder zur Majestät des Königs von Ober- und Unterägypten, Cheops, getragen wurde.“[81]

Das Ansehen eines Zaubertextes wuchs, wenn es von ihm hieß: „Dieses Buch wurde in der alten Bibliothek des Tempels gefunden.“[82]

Göttliche Urheberschaft wurde für einen Ritualtext aus Memphis in Anspruch genommen, den angeblich der „Allherr“ selbst verfaßte, als er seine Glieder reinigte.[83] Den thebanischen Priestern brachte ein Falke in der Urzeit ein heiliges Buch.[84] Am häufigsten wird jedoch Thot als der Verfasser oder Abschreiber heiliger Schriften genannt. So galt er auch als Autor mehrerer Kapitel des Totenbuches. Über das für den günstigen Ausgang des Totengerichts so wichtige Kapitel 30 B lesen wir folgendes: „Dieser Spruch wurde durch den Königssohn Djedefhor (oder Hordjedef) in Hermopolis gefunden unter den Füßen der Majestät dieses Gottes (Thot), geschrieben auf einen oberägyptischen *bia*-Steinblock mit der Schrift des Gottes selbst in der Zeit seiner Majestät, des gerechtfertigten Mykerinos, des Königs von Ober- und Unterägypten. (Er fand ihn,) als er sich anschickte, die Kontrolle in den Tempeln vorzunehmen."[85]

So galt also Thot als Verfasser oder Schreiber des Textes, während der weise Königssohn als der Entdecker angesehen wurde. Ein anderer großer Gelehrter des Alten Reiches war Imhotep, der Erbauer der Djoser-Pyramide. Er wurde wegen seiner Weisheit und seiner ärztlichen Kunst seit der Mitte des 1. Jahrtausends v. Chr. als Gott oder Halbgott verehrt und erscheint zudem in einem demotischen Zauberbuch als Verfasser von magischen Sprüchen.[86] Die wirklichen Verfasser der Zaubertexte waren offenbar überwiegend Priester, die ihre Namen aber lieber verschwiegen, um nicht das geheimnisvolle Dunkel zu erhellen, das für die Verbreitung dieser Schriften so günstig war.

Die Zauberei und die Götter

Nach dem Glauben der Ägypter mußten selbst die Götter die allgegenwärtige Zauberkraft zu ihrem Schutz vor Feinden in Anspruch nehmen. Auch in der Sonnenbarke ist der Gott Heka anwesend, und der Sonnengott benötigt jeden Abend die Zauberkraft des Seth. Re ist einer der am meisten auf die Zaubersprüche angewiesenen Götter, denn ohne Seth ist er gegen Apophis machtlos. Doch auch Harpokrates ist von verschiedenen Gefahren bedroht und braucht den Zauber zu seinem Schutz.[87]

Die Götter sind also nicht nur Erfinder der Zaubersprüche, sondern sie wenden sie auch an. Ähnliches können wir auch beim König beobachten. Kraft seines Amtes gehört er zu den Göttern, sein Körper wird von Krone und Zepter magisch geschützt, doch braucht er außerdem noch Zaubersprüche und Riten einerseits zu seinem eigenen Schutz und anderseits zum Angriff gegen seine Feinde.

Magische Praktiken zum Schutz des Staates und die staatsfeindliche Magie

Die Magie hatte in Ägypten auch eine wichtige politische Funktion. Im Interesse der Sicherheit des Königs und des Landes sollten die Feinde Ägyptens vernichtet werden, und dabei wurden verschiedene Mittel angewendet. Man versuchte, mit solchen magischen Praktiken in Theben und Memphis während des 18. Jahrhunderts v. Chr. die Bewohner und insbesondere die Anführer feindlich gesinnter Nachbarländer zu vernichten. In Theben wurden ihre Namen auf Tongefäße geschrieben, die anschließend zerbrochen wurden.[88] Nach den Gesetzen des Analogiezaubers sollten die Träger der Namen ebenso zugrunde gehen wie die Tongefäße. Namentlich genannt sind in diesen „Ächtungstexten“ die Herrscher von Nubien,

Libyen und Palästina mit ihren Verbündeten, aber auch die Namen von Ägyptern tauchen auf. Der König wandte also gegen rebellische Untertanen im eigenen Lande ebenfalls die Waffe des Fluches an. Es wirkt grotesk, was man alles durch das Zerbrechen der Tongefäße ächten und vernichten wollte: nicht nur die Feinde selbst, sondern auch alle bösen Worte, alle bösen Pläne, alle bösen Gegenstände und alle bösen Träume.

In Saqqāra, wo sich der Friedhof von Memphis befand, sah das Verfahren etwas anders aus, doch das Ziel war dasselbe wie in Theben. Hier symbolisierten nicht Gefäße die zu vernichtenden Personen und Kräfte, sondern roh geformte Tonfiguren, deren Gesichtszüge und Gliedmaßen meist nicht genauer erkennbar sind, doch läßt sich immerhin feststellen, daß es sich um Gefangene mit nach hinten gebundenen Armen handelt (Abb. 5). Die im Friedhof vergrabenen Statuen sollten den baldigen Tod derjenigen verursachen, deren Namen sie trugen. Betrachten wir ein Beispiel aus den Texten, wo der Name eines nubischen Fürsten angegeben ist:

„Der Fürst von Schaat (in Nubien), Aktui, den Rehai dem Setikechi gebar, und alle Erschlagenen, die mit ihm sind.“[89]

Die Schreibweise und der Inhalt des Textes dienen gleichermaßen dem Ziel der Verfluchung, denn nach dem Namen des Fürsten, seiner Mutter (Rehai) und seines Vaters (Setikechi) steht das auf einen toten Mann hinweisende Schriftzeichen. Die „Erschlagenen“ sind die Untertanen des Fürsten, die auf magische Weise durch die Kraft des Wortes, der Schrift und des Ritus besiegt werden sollen, noch bevor ihr Verderben realiter besiegelt ist.

Aus der Umgebung von Memphis gibt es übrigens schon aus der Zeit des Alten Reiches ähnliche Zeugnisse magischer Verfluchungspraktiken (im Friedhof vergrabene Statuetten[90], Hinweise auf die Zeremonie des Zerbrechens von roten Töpfen in den Pyramidentexten).

Es erregte großes Aufsehen, als die unter Leitung von J. Vercoutter arbeitende französische Expedition bei Mirgissa in Nubien während der Grabungssaison 1962/63 auf neue Ächtungstexte mit Verfluchungsformeln stieß. Tausende von kleineren und größeren Tonscherben kamen dort ans Tageslicht, und die darauf erhaltenen Texte sind denen von Theben und Memphis sehr ähnlich. In einigen Fällen konnten fehlende Passagen der alten Ächtungstexte mit Hilfe der neuen aus Mirgissa ergänzt werden.[91]

Auch drei Kalksteinstatuetten von Gefangenen wurden von den Archäologen in Mirgissa freigelegt, zwei davon sind gut erhalten geblieben. Ihre Gesichter sind wesentlich besser gearbeitet als die der Gefangenenfiguren von Memphis. Außerdem sind sie mit ähnlichen Texten wie die Töpfe versehen.

Nicht weit vom Fundort der Tonscherben mit den Ächtungstexten entfernt wurde ein einzelner Schädel ausgegraben, unter dem eine zerbrochene Schale lag. Daneben befanden sich die Scherben eines absichtlich zerschlagenen Gefäßes mit einer Inschrift, was auf die Funktion dieses gesamten Fundes hinweist. Ein in der Nähe deponiertes Messer aus Kieselstein diente offenbar als Mordwaffe. Der Schädel sollte die solchermaßen verfluchten Feinde in den Tod reißen, deren Namen wurden vermutlich unter Rezitierung von Zaubersprüchen beim Zerschlagen der Gefäße verlesen.

Offenbar wurde diesen Zeremonien im 18. Jahrhunder v. Chr. eine große Bedeutung beigemessen. Der Fund voı Mirgissa zeigt, daß die Auseinandersetzungen von der Ägyptern an der damaligen Südgrenze nicht nur mit militärischen, sondern auch mit magischen Mitteln geführt wurden. Es ist anzunehmen, daß die Tonscherben und Statuetten, die sich gegen dieselben Völkerschaften richteten wie die Ächtungstexte von Theben und Memphis, im Landesinneren mit Inschriften versehen wurden. Die Zauberei ist auch nach dem Mittleren Reich von den Ägyptern oft gegen äußere Feinde eingesetzt worden.

Ein berühmter Zauberer des Altertums war Pharao Nektanebos, mit dessen Leben wir uns noch ausführlich beschäftigen werden. Nach dem Bericht des Alexanderromans verwendete er magische Mittel gegen seine Feinde. Seine Zaubersprüche erreichten das, wofür andere Krieg führten, so sagt die Legende.

Nektanebos brauchte keine Armee und kein Kriegsgerät, er verwendete nur ein kleines Becken und Wachs. Er zog sich in die geheimen Säle seines Palastes zurück und führte seine Zauberei im verborgenen aus. Der König füllte das Becken mit Wasser und fertigte aus dem Wachs kleine Schiffe und Menschen an. Dann ließ er die Schiffe vom Stapel, zog ein Priestergewand an, und mit einem Zauberstab aus Ebenholz in der Hand rief er die Götter, die Geister der Luft und unterirdische Dämonen herbei. Durch die Wirkung der Zaubersprüche wurden die Wachsfiguren lebendig und versanken zusammen mit den Schiffen.

Die Zerstörung der kleinen Zauberschiffe bewirkte dann das Versinken der herannahenden feindlichen Flotte.[92]

Ein Zauberpapyrus aus dem 4. Jahrhundert v. Chr. verfolgte das Ziel, Feinde zu lähmen, was symbolisch als Versiegelung bezeichnet wird:

„Die Münder sind versiegelt, die Lippen sind versiegelt, die Arme sind versiegelt, die Beine sind versiegelt." Der Text erwähnt die Siegel von Thot, Horus, einer Göttin „groß an Zauberkraft" sowie des Oberarztes (offenbar des Oberzauberers) von Ober- und Unterägypten. Es ist jedoch durchaus möglich, daß es sich eigentlich nur um ein einziges von den Göttern angefertigtes Siegel handelt, das die Zauberer gebrauchten. Wir haben auch Informationen darüber, wie der Zauberspruch verwendet wurde:

„Sage diese Worte über die Statue des Aufständischen, die aus Wachs oder Ton gefertigt wurde, und über einem Papyrusblatt, auf welchem mit (frischer) Farbe sein Name, der Name seines Vaters, der Name seiner Mutter (aufgeschrieben wurde) . . . versiegele alle seine Glieder mit jenem Siegel, auf welchem dieses Bild ist. Es ist wirklich gut, es wurde millionenfach (erprobt)."[93] Das auf dem Siegel befindliche Bild beschreibt der Text nicht.

Es kam oft vor, daß die magischen Statuetten vernichtet wurden. Diese Zeremonie teilt uns am ausführlichsten ein gleichfalls aus dem 4. Jahrhundert v. Chr. stammender Text mit, der in einzelnen Passagen allerdings bis ins 12. Jahrhundert zurückgeführt werden kann. Das ursprüngliche Ziel dieser Schrift war zweifellos die Verteidigung des Sonnengottes gegen den fürchterlichen Dämon der Finsternis, die Apophisschlange. Später tritt der Pharao an die Stelle des Sonnengottes, und die Riten dienen nun auch seiner Sicherheit. Die langen Beschwörungen werden manchmal von Anweisungen für die Priester unterbrochen, die die magischen Rituale verrichten: „*Dieser Zauberspruch soll über dem auf einem neuen Papyrus mit grüner Farbe gezeichneten Apophis gesprochen werden. Lege ihn in einen Behälter, auf dem sein Name geschrieben steht. Fessele ihn, binde ihn zusammen und wirf ihn* täglich *ins Feuer. Tritt ihn mit dem linken Fuß und spucke jeden Tag viermal darauf. Sage, wenn du ihn ins Feuer wirfst:* ‚Gerechtfertigt (siegreich) ist Re dir gegenüber, Apophis *(viermal)*! Gerechtfertigt *(siegreich)* ist Horus seinen Feinden gegenüber *(viermal)*! Gerechtfertigt *(siegreich)* ist der Pharao (Leben, Heil und Gesundheit!) seinen Feinden gegenüber *(viermal)*!‘

Schreibe ferner die Namen aller derjenigen Bauern und Bäuerinnen hinein, vor denen sich dein Herz fürchtet, zusammen mit allen Feinden des Pharaos (Leben, Heil und Gesundheit!), seien sie lebendig oder tot...hierher, ins Innere des Behälters. Man soll sie aus Wachs anfertigen lassen und ins Feuer legen nach dem Namen des Apophis...“[94]

Die Feinde des Pharaos werden hier zu Gefährten des Apophis, die Grenze zwischen Mythos und Realität erscheint in eigenartiger Weise verschwommen. Das Heil der Götter und des Königs sind für die Ägypter in hellenistischer Zeit so eng miteinander verbunden, daß es Gefahren für den Herrscher und das ganze Land mit sich bringt, wenn zum Beispiel die vorgeschriebenen Rituale für Osiris im Bezirk von *Dunaui* nicht verrichtet werden. Ägypten muß dann im Elend versinken, die Nilflut bleibt aus, es herrscht Gesetzlosigkeit und das Land verläßt seinen Herrn. Furchtbare Götter und Dämonen ziehen durch Ägypten und schleppen die Menschen fort. Darum soll der Feind des Gottes aus Wachs geformt oder seine Gestalt auf einem neuen Papyrus gezeichnet oder aber aus Holz geschnitzt und dann geköpft werden, sonst erheben sich die Bewohner der Wüste gegen Ägypten, es wird Krieg und Aufstand im ganzen Land geben, man wird sich gegen den König in seinem Palast auflehnen, und Ägypten bleibt ohne Verteidiger.[95]

In einer unterirdischen Kammer des Tempels von Elkab befand sich ein Bild der Göttin Nechbet mit sieben Schutzgeistern des Königs. Die Darstellung stammt aus dem 7. Jahrhundert v. Chr.[96]

Die Priester betonten verständlicherweise, wie wichtig es sei, den König mit Hilfe der Magie zu schützen, erwarteten sie doch als Lohn dafür das Wohlwollen und die Freigebigkeit des Herrschers.

Nicht nur in den Tempeln, sondern auch im Königspalast wurden gefährliche Zauberbücher aufbewahrt, die vor Unbefugten geschützt werden sollten, weil sich sonst für den Herrscher verhängnisvolle Konsequenzen hätten ergeben können. Die Prozeßakten über die Haremsverschwörung gegen Ramses III. (1194—1163 v. Chr.) zeigen deutlich die Furcht vor den Kräften der Magie. Die absichtlich unklaren Formulierungen der Akten verschleiern den Verlauf des Attentates. Es ist wahrscheinlich, daß der König der Verschwörung zum Opfer fiel, seine Widersacher konnten aber ihren eigenen Kandidaten nicht auf den Thron bringen, und so büßten die meisten von ihnen mit dem Tode.

Aus den Papyri Lee und Rollin wissen wir, daß die Verschwörer auch wegen Anwendung schwarzer Magie angeklagt wurden. Die zwei Schriften lassen das ohnehin trostlose Bild der allgemeinen Lage zu jener Zeit noch düsterer erscheinen. Auch andere Quellen berichten über die Korruption und tiefgreifende Verfallserscheinungen gegen Ende des Neuen Reiches. Wir erfahren aus dem Papyrus Lee, daß Penhuibin, der Inspektor der Viehherden war und zu den Verschwörern gehörte, mit Hilfe eines Mittäters, der vielleicht der Bibliothekar des Pharaos war, zu einem Zauberbuch aus der Bibliothek des Königs kam, das ihm „Furchtbarkeit und Ansehen" sicherte. Er verfertigte Figuren aus Wachs, die nach der magischen Bannung der Wächter in den Palast eingeschmuggelt werden sollten. Das Gericht befand seine Schuld für so schwerwiegend, daß der Angeklagte — auf Anordnung der Götter, wie es hieß — mit dem Tod bestraft wurde. Der Papyrus Rollin spricht auch über die Herstellung von Götterfiguren aus Wachs, die „zur Entkräftigung der Glieder der Menschen" dienten. Es waren offenbar Figuren mit lähmender Wirkung, die den Tod herbeiführen sollten. Sie wurden bei der Untersuchung aufgefunden, und während des Verhörs wurde ihre Funktion enthüllt.[97]

Die Zeremonien des Tempels von Esna waren komplizierter als die magischen Praktiken früherer Zeiten. Um Feinde zu vernichten, schrieb man deren Namen auf Papyrusblätter und legte diese vier Fischen ins Maul. Die Namen des Apophis und des gleichfalls negativ gewerteten Gottes Baba schrieb man ebenso auf den Papyrus. Die Fische, die dadurch mit den Feinden identifiziert wurden, legte man nun in die vier Himmelsrichtungen aus und warf sie anschließend ins Feuer.[98]

Der Fisch galt im spätzeitlichen Ägypten als unrein, er

wurde als Feind des Osiris betrachtet. Einige Fischarten wurden jedoch religiös verehrt.

Es gab in Ägypten also zahlreiche magische Praktiken und Zeremonien, die der Sicherheit des Staates dienen sowie die Person des Königs und das Land schützen sollten. Diese Form der Zauberei sah man als legitim an, und hierauf bezieht sich auch derjenige Teil der Lehre für Merikare, der die Magie als eine Gabe der Götter bezeichnet.

Heilzauber

Die individuell praktizierte Magie konnte zahlreichen Zielen dienen, doch sind in der verwirrenden Vielzahl der Zaubertexte einige konstante Gruppen mit festumrissener Zweckbestimmung deutlich zu erkennen. Im folgenden werden die verschiedenen Arten der privat praktizierten Magie unter dem Gesichtspunkt ihres jeweiligen Verwertungszweckes behandelt.

Die Erforscher der ägyptischen Medizin sind in einer glücklichen Lage, können sie doch — wenigstens was das 2. Jahrtausend v. Chr. betrifft — auf ein sehr reichhaltiges Textmaterial zurückgreifen, und sie vermögen ein recht genaues Bild zu vermitteln vom Niveau der damaligen Heilkunde. Die ägyptischen Ärzte erfreuten sich im Altertum eines guten Rufes. Die Spezialisierung der Medizin begann schon im 3. Jahrtausend v. Chr., und für die Behandlung der verschiedenen Krankheiten gab es Fachärzte.

Im ersten Moment ist es schwer zu verstehen, wie primitiv anmutende Beschwörungen und Zaubersprüche in die medizinischen Papyri gelangen konnten, welche detaillierte anatomische Kenntnisse zeigen, manchmal überraschend genaue Diagnosen geben und Rezepte von minuziöser Exaktheit enthalten. Die Erklärung liegt in den Vorstellungen, die sich die Ägypter von den Gründen der Krankheiten machten. Unter den natürlichen Ursachen kommen äußere Einwirkungen wie etwa Verletzungen oder im Inneren des Körpers als Parasiten lebende Würmer vor. Eine Krankheit kann aber auch von der Luft stammen.[99] Damit konnte allerdings nicht der Ursprung aller Krankheiten geklärt werden, man dachte bei vielen Leiden an übernatürliche Kräfte und Einwirkungen, zum Beispiel an Zauberei. Die zahlreichen Dämonen und bösen Geister konnten nicht nur im Jenseits Schaden anrichten, sie machten auch den Lebenden viel zu schaffen. Die Dämonen der Göttin Sachmet (Abb. 6) verbreiteten Epidemien, und besonders gefährlich waren die Totengeister, mit denen wir uns später noch beschäftigen werden. Auch die Götter konnten Krankheiten schicken, wenn sie gekränkt worden waren.

Die aus der überirdischen Welt stammenden Krankheiten konnten nicht allein mit Arzneien geheilt werden, man brauchte andere, wirksamere Waffen. Es fällt auf, daß es in den Rezepten zur Behandlung von Wunden und Knochenbrüchen kaum Zaubersprüche gibt. Das ist verständlich, denn hier lag ja ganz offenkundig eine irdische Ursache der Krankheit vor, und in einem solchen Falle halfen nur konkrete Heilverfahren.

Die Ärzte kamen oft aus der Priesterschaft. Am Hof Echnatons war zum Beispiel einer der Oberärzte zugleich der Hohepriester des Sonnengottes Aton („erster Diener des Aton").[100] Die Ärzte waren auch häufig Priester der Sachmet, der die Verbreitung von Epidemien zugeschrieben wurde, denn als deren Priester mußten sie sich doch am besten auf den Umgang mit der Göttin verstehen. Ein königlicher Oberarzt war zugleich Hoherpriester der Sachmet und Zauberer. Die Vorlesepriester, die in der Zauberei besonders bewandert waren, beschäftigten sich auch mit der Heilung von Kranken.

Heilung und Zauberei können also in Ägypten nicht voneinander getrennt werden. Als der Perserkönig Darius die medizinische Schule von Sais wiederherstellen ließ[101], sprach die Inschrift von einem „Lebenshaus", das heißt von jener Institution, die mit den Tempeln in enger Verbindung stand und wo auch die magischen Schriften aufbewahrt wurden.

Bei den Griechen wurde die Heilkunde zu einer selbständigen, säkularisierten Wissenschaft, später aber gelangten in ganz Europa immer mehr magische Elemente in die Medizin, und es ist noch bei Paracelsus schwer, eine Grenze zwischen ärztlicher Wissenschaft und Zauberei zu ziehen.

Die ältesten in der Heilung verwendeten Zaubersprüche kennen wir aus Ägypten. Der berühmte medizinische Papyrus Ebers wird von einem feierlichen, aber stellenweise dunklen Zauberspruch eingeleitet:

„Der Anfang vom Spruch für das Auflegen eines Heilmittels auf irgendeine Körperstelle des Mannes.

Ich bin herausgekommen aus Heliopolis zusammen mit den Großen des großen Hauses, den Herren des Schutzes, den Herrschern der Ewigkeit. Und auch bin ich herausgekommen aus Sais zusammen mit der Mutter der Götter

(Neith). Sie haben mir ihren Schutz gegeben. Es sind mir (zu eigen) Sprüche, die der Allherr gemacht hat, um zu beseitigen die Einwirkung eines Gottes, einer Göttin, eines Toten, einer Toten — beliebig fortzusetzen — die sind in diesem meinen Kopf, in diesen meinen Nacken(wirbeln), in diesen meinen Schultern, in diesem meinem Fleisch, in diesen meinen Körperteilen; (und) um zu bestrafen den Verleumder, den Obersten derer, die eintreten lassen Störung in dieses mein Fleisch, Dumpfheit in diese meine Körperteile, als etwas, das eintritt in dieses mein Fleisch, in diesen meinen Kopf, in diese meine Schultern, in meinen Körper, in diese meine Körperteile.

Ich gehöre dem Re. Er sagt: Ich bin es, der ihn (den Kranken) schützen wird vor seinen Feinden; sein Führer ist Thot; er veranlaßt, daß die Schrift redet; er macht die Sammelhandschriften; er gibt nützliche Kenntnis den Sachkundigen, den Ärzten, die in seinem Gefolge sind, um (von Krankheit) zu lösen den (Kranken), von dem ein Gott will, daß er (der Arzt) ihn am Leben erhält. Ich bin einer, von dem ein Gott will, daß er am Leben erhält.

Werde gesprochen während des Auflegens eines Heilmittels auf irgendeine Körperstelle des Mannes, die krank ist. Wirklich vorzüglich, millionenmal (erprobt).“[102]

(Übersetzt von H. von Deines, H. Grapow und W. Westendorf)

Der hier mit kursiven Buchstaben gesetzte Teil ist im Originaltext mit roter Tinte geschrieben. Diese Form der Hervorhebung war auch in anderen Papyri üblich. Der ursprüngliche Sinn der Worte „beliebig fortzusetzen“ ist ungefähr wie „die Kunst des Mundes“. Es ist ein Fachterminus der Zaubersprüche, der bedeutet, daß die betreffende Aufzählung bzw. der ganze Text beliebig oder anderen Texten entsprechend fortgesetzt werden kann. Seine Bedeutung war später „Fortsetzung, Zauberspruch". Den Text soll hier der Arzt sprechen, der sich dabei mit seinem Patienten gewissermaßen identifiziert.

Der „Verleumder" ist der Anführer der bösen Geister, welche die Krankheiten verursachen, sein Name bedeutet interessanterweise dasselbe wie der des Teufels im Griechischen (Diabolos- „Verleumder").[103] Dieser Zauberspruch konnte bei vielen Heilmethoden angewendet werden, er stellt den Arzt und den Kranken gleichermaßen unter den Schutz des Re. Der vom Allherrn stammende Text sollte für die Heilung der von Dämonen oder übelwollenden Gottheiten verursachten Leiden besonders wirksam sein.

In den medizinischen Papyri können die Zaubersprüche vor oder nach den Rezepten stehen, ein andermal begleiten sie die Tätigkeit des Arztes, oder sie wurden über den einzelnen Arzneien rezitiert, um damit deren Wirkung zu verstärken.

Im Papyrus Ebers finden wir zum Beispiel folgende Anweisung: *„Ein anderes (Heilmittel) für die Blindheit.* Die Augen eines Schweines, nimm Flüssigkeit davon, echte schwarze Augenschminke, eine Portion, roter Ocker, eine Portion, Gärungsprodukt des Honigs, eine Portion; es werde fein zerrieben und zu einer Masse gemacht; es werde ins Ohr des Menschen gegossen, damit er sofort gesund wird. Tue das und du wirst (das Ergebnis) sehen. Es ist wirklich gut. *Sage es als Zauber:* ‚Ich brachte es und legte es hierher. Die schreckliche Qual erhält eine Entschädigung! (zweimal)'"[104] Der Anfang des Rezeptes kann wahrscheinlich so erklärt werden, daß man den Saft der zerdrückten

Schweineaugen mit den anderen Ingredienzien zusammenrühren sollte. Dieser kurze Zauberspruch ist darum so interessant, weil er beweist, daß das Vorhandensein mythologischer Elemente in der Magie nicht unbedingt notwendig war.

Ein andermal wird das Rezept zwar nicht von einem Zauberspruch begleitet, die Wirksamkeit der Arznei wird aber dadurch garantiert, daß es sich hierbei nicht um eine menschliche Erfindung handelt, sondern daß es von den Göttern stammt. Es gibt Rezepte, die Tefnut beziehungsweise Isis, Geb oder Nut für Re herstellten, und noch größeres Ansehen besaßen jene zwei Mittel, die Re beziehungsweise Schu für sich selbst herstellten.[105]

Manche Krankheiten galten als ausgesprochen dämonisch wie zum Beispiel *nesit,* die durch männliche (Nesi) und weibliche (Nesit) Geister verkörpert wurde. Auf einem Papyrus der Chester-Beatty-Sammlung ist folgende Beschwörung gegen die *nesit* zu lesen:

„*Das Buch der Vertreibung von Nesi und Nesit.* Zurück! Falle auf dein Gesicht! Du wirst nicht im Himmel sein, du wirst nicht auf der Erde sein, du bist der, der nicht in der Unterwelt ist, nicht in der Flut ist, nicht in den Seienden ist, nicht im Gott und nicht in der Göttin ist. Komme nicht gegen N., den Sohn von N. N., noch lasse dich auf ihn nieder, übe deine Gewohnheiten nicht ihm gegenüber. Hüte dich davor, daß du seinen Arm frißt, (hüte dich) vor N., dem Sohn von N. N.!“[106]

In die Zaubertexte konnten die Namen eines jeden Kranken und seiner Mutter eingesetzt werden.

Der Dämon kann sich überall aufhalten und sich sogar in Göttern verkörpern.

Ein Zaubertext ganz anderen Charakters konnte ebenfalls gegen diese Krankheit geeignet sein:

„*Ein anderer Spruch.* O jene vier Geister, ihr, die ihr über Osiris wacht! Was die Wachen betrifft, die ihr über Osiris haltet, haltet sie ähnlich auch über N., den Sohn von N. N., um nicht zuzulassen, daß ihn irgendein Toter, irgendeine Tote niederschlagen kann oder irgendein Widersacher, irgendeine Widersacherin, die in irgendeinem Glied von N., dem Sohn von N. N., sind . . .!“[107]

Dieser und besonders der vorhergehende Zauberspruch zeigen sehr gut den komplizierten, oft dunklen Stil der magischen Texte, der ihren geheimnisvollen Charakter mit Absicht verstärken sollte. Die über dem toten Osiris wachenden Geister sollten alle bösen Wesen fernhalten. So ist es zu verstehen, daß der Zauberer den Schutz des Kranken vor den in seinen Körper eingedrungenen Totengeistern ihnen anvertraute. Die meisten Gefahren lauerten auf die jungen Mütter und ihre Kinder. Die Totengeister schlichen sich nachts in die Häuser ein, um die Neugeborenen an sich zu reißen. Für den Schutz von Mutter und Kind wurde ein besonderer Zauberpapyrus angefertigt, in dem die Angst der Mutter um ihr Kind dramatisch zum Ausdruck kommt:

„Laufe aus, der du in der Dunkelheit kommst, du, der hineinschleicht, dessen Nase hinten ist, das Gesicht gewendet, dem es nicht gelingt, wofür er gekommen ist! Laufe aus (Tote), die du in der Dunkelheit kommst, du, die hineinschleicht, deren Nase hinten ist, das Gesicht umgekehrt, der es nicht gelingt, wofür sie gekommen ist! Bist du vielleicht gekommen, um mein Kind zu küssen? Ich erlaube dir nicht, es zu küssen! Bist du vielleicht gekommen, um mein Kind zu beruhigen? Ich erlaube dir nicht, es zu beruhigen! Bist du vielleicht gekommen, um ihm zu schaden? Ich erlaube dir nicht, ihm zu schaden! Bist du vielleicht gekommen, um es fortzuholen? Ich erlaube dir nicht, es von mir fortzuholen! Ich habe sein Schutzmittel gegen dich bereitet, aus der Pflanze *afai,* deren Kraft groß ist, aus dem Knoblauch, der dir schadet, aus Honig, der den Menschen süß ist, bitter aber für jene, die ‚dort drüben sind', aus dem Schmutz des Fisches *abdju* . . ., aus dem Rücken des Fisches *aha* . . .“[108]

Die Worte „die dort drüben sind“ beziehen sich auf die Toten im Jenseits. Die Zaubersprüche und die Amulette beseitigen nicht die Furcht der Mutter. Sie wendet sich in demselben Text (vso. 2, 7 ff.) mit flehentlichen Gebeten an die aufgehende und die untergehende Sonne, sie bittet um deren Hilfe, wenn sie den zum Raub des Kindes nahenden Toten sieht. Der Sonnengott wurde in Ägypten als der Beschützer der Armen und der Verfolgten betrachtet, darum vertraute ihm auch die Mutter des Kleinkindes.

Dämonen und Tote

Auffällig ist in den medizinischen und magischen Texten sowie in der Totenliteratur der Ägypter die Furcht vor Dämonen und Gespenstern. Über diese gilt es nun ausführlicher zu sprechen, wurden sie doch als die Erzfeinde der Lebenden wie der Verstorbenen angesehen.

Die Grenze zwischen Dämonen und Göttern ist in Ägypten ähnlich wie auch in anderen Religionen des Altertums oftmals fließend gewesen. Neuplatonische Philosophen haben dann später die verschiedenartigen Vorstellungen über Dämonen systematisiert und eine regelrechte Dämonenlehre erarbeitet. Die Dämonen galten als Vermittler zwischen der Welt der Menschen und der Welt der Götter. Im allgemeinen nimmt der Dämonenglaube in der Spätphase einer Kultur zu, wenn die offizielle Religion mit ihren heiligen Schriften immer mehr von Elementen des Volksglaubens überwuchert wird und die Theologen und Philosophen beginnen, diese volkstümlichen Vorstellungen zu interpretieren und zu systematisieren. Dieser Vorgang ist in Mesopotamien ebenso wie in der jüdischen Religion, bei den Griechen und Römern und auch in anderen Kulturen zu beobachten.

Ein anderer Faktor, der den Dämonenglauben wesentlich begünstigte, ist die zunehmend transzendentale Auffassung der großen Gottheiten gewesen, die sie von der Welt mehr und mehr entfernte und sie in unerreichbaren himmlischen Sphären lokalisierte. Die Dämonen stellen sich als Folge dieser Entwicklung nicht nur zwischen Götter und Menschen, sondern sie haben außerdem oftmals stellvertretend die Rolle der großen Gottheiten übernommen.

Die Anzahl der Dämonen wuchs auch in Ägypten immer mehr an. Der Ägyptologie ist es bisher nicht gelungen, den Charakter eines jeden zu klären. Zuerst lesen wir über die Dämonen in den Pyramidentexten. In einem Kapitel tauchen sie in Gestalt von Affen auf, die den Kopf des Toten abschneiden, ein andermal ist es ein fürchterlicher Stier, der mit seinen Hörnern dem Toten die Wege in allen vier Himmelsrichtungen versperrt.[109]

Die schrecklichen Gestalten der Dämonen erscheinen

auch an vielen Stellen des Totenbuches, und in Vignetten zu Kapitel 125 sehen wir sie zahlreich versammelt als die Mitgleder des Totengerichts, dessen Vorsitz Osiris hat (Abb. 7). Die Mehrzahl von ihnen hat Tierköpfe, es gibt zähnefletschende Krokodile sowie Schlangen, und Affen schauen dem Toten ins Antlitz. Schon ihre Namen sind unheimlich: Der Tote soll manche von ihnen mit den Namen „Breitgängiger", „Feuerumarmender", „Schattenverschluckender", „Wildgesicht", „Feuerauge" oder eben „Flamme" nennen.[110] Es sind 42 Totenrichter, die den 42 Gauen Ägyptens entsprechen, und der auf das Urteil wartende Tote soll vor jedem von ihnen leugnen, eine Sünde begangen zu haben.

In den Kapiteln 144 — 146 des Totenbuches begegnen wir noch furchtbareren Wesen, die mit Messern bewaffnet sind und die Tore des Jenseits bewachen (Abb. 8). Die Tore öffnen sich für den Toten nur dann, wenn er die Namen der Wächter und der Tore nennen kann und beweist, daß er die vorgeschriebenen Reinigungszeremonien verrichtet hat.[111]

In den verschiedenen Papyri der Totenliteratur begegnen wir mumienartigen Wesen mit Tierköpfen, aus denen Schlangen hervorkommen. Manche von diesen Dämonen haben auch mehrere Köpfe, andere wurden mit einer Flamme oder einem Gefäß anstelle des Kopfes dargestellt.[112]

In den religiösen Texten können die Dämonen und die Götter mitunter nur aufgrund ihrer Namen und ihres Äußeren unterschieden werden; daneben sind aber auch Gruppenbezeichnungen bekannt. Dazu gehören die „Götterboten",[113] bei denen wir uns an die ursprüngliche Bedeutung des Wortes Engel (*angelos* = „Bote") erinnert fühlen. Die Boten der Götter gehören zu den seit ältester Zeit nachweisbaren Gestalten des ägyptischen Pantheons; diese Bezeichnung ist schon in den Pyramidentexten belegt, doch die überwiegende Zahl der Belege stammt aus späteren Epochen. Die Boten der Götter sind in der ägyptischen Religion furchterregende, Unglück bringende Wesen, das Zusammentreffen mit ihnen kann auf der Erde wie im Jenseits gleichermaßen verhängnisvoll sein. Die Boten von Osiris, Seth oder Sachmet unterscheiden sich in dieser Hinsicht nicht voneinander. Wenn der Mensch stirbt, so holt ihn ein Götterbote ab, wie es in der Lehre des Ani heißt.[114] Im Kapitel 29 des Totenbuches wird berichtet, daß sich der Tote davor fürchtet, der Götterbote könne sein Herz rauben.[115]

In der Geschichte von Horus und Seth, wo die Götter die Übergabe des rechtmäßigen Erbes, des irdischen Königtums, an Horus lange verschleppen und auch der Herr des Alls lieber auf der Seite der Seth steht, bedeutet der Brief des Osiris, der aus dem Totenreich die anderen Götter bedroht, einen dramatischen Wendepunkt:

„Was jenes Land betrifft, wo ich bin, es ist gewiß voll von Boten mit grimmigen Gesichtern, die sich vor keinem Gott und keiner Göttin fürchten. Wenn ich sie aussende, bringen sie das Herz eines jeden, der Unrecht getan hat, und er wird hier bei mir sein ...“[116]

Die Drohung, diese Dämonen der Unterwelt loszulassen, war selbst für die Götter so furchterregend, daß sie sofort ihr bisheriges Verhalten änderten und dem Horus die Krone aufs Haupt setzten.

Andere Dämonen hießen *Weret* („die Große“) oder *Romet aa* („großer Mann“). Weret-Dämonen können den

Himmel ebenso wie die Erde bewohnen. Der „große Mann“ bezeichnete vor allem Osiris oder die zu Osiris gewordenen verklärten Toten.[117] In den Gräbern wurden die Verstorbenen oft in Überlebensgröße dargestellt, was offenbar mit dieser Bezeichnung der Toten im Zusammenhang steht. Zu Riesen gewordene, heroisierte Tote sind auch aus der griechischen und römischen Religion bekannt. In einem griechischen Papyrus, der in Ägypten gefunden wurde und aus der römischen Kaiserzeit stammt, ist von einem Kranken die Rede, der den vergöttlichten Imhotep sieht, welcher ein weißes Kleid trägt, ein Buch hält und eine überlebensgroße Gestalt besitzt.[118]

In der Zauberei spielen die Totengeister eine große Rolle. Das hängt damit zusammen, daß in Ägypten Begräbnis und Totenkult das zentrale Problem der Religion waren. Jeder Ägypter wollte schon zu Lebzeiten dafür sorgen, daß sein Körper nach dem Tode ein reich ausgestattetes Grab besaß. Die Lebenden blieben mit ihren toten Angehörigen in enger Beziehung. Man sorgte selbst oder durch einen Totenpriester dafür, daß die Verstorbenen die nötigen Opfer erhielten, da die Toten andernfalls den Lebenden hätten gefährlich werden können.

Im Totenglauben der Ägypter ist eine eigenartige Ambivalenz erkennbar. Ein großer Teil der Denkmäler zeigt den übertriebenen Totenkult, die Menge der Opfergaben, den Reichtum der Grabausstattung, doch kommt die Furcht der Lebenden vor den Toten selten zum Ausdruck. Diese Angst vor den Verstorbenen trifft man jedoch in den Zaubertexten und gelegentlich in der Totenliteratur an.

Die ägyptische Bezeichnung des Totenbuches lautet „Herausgehen am Tage“, und die einzelnen Kapitel versprechen dem Toten wiederholt, daß er aus der Unterwelt herauskommen darf, ohne daß ihm die Tore verschlossen sind, doch wird aus manchen Äußerungen deutlich, daß nicht einmal die Angehörigen gern daran dachten, daß die Seele des Toten nachts auf der Erde umhergehen könne.

Die Gefühle der Lebenden kommen in einer Grabinschrift aus dem Neuen Reich anschaulich zum Ausdruck, wo zum Toten gesagt wird:

„Komme bei Tagesanbruch heraus, kehre aber am Abend zurück!“[119]

Die Toten können sich den Lebenden gegenüber gutmütig verhalten, sie können ihnen aber auch schaden. Der Tote verspricht seine Hilfe oft denjenigen, die für sein Wohl im Jenseits sorgen:

„Wer das tut, den werde ich schützen und der Beschützer seiner Kinder sein.“[120]

Der Verfasser dieser Inschrift versuchte geschickt, die Gefühle der Hinterbliebenen und der Besucher des Grabes zu beeinflussen.

Ein Priester des Amun bat die Lebenden darum, daß sie für seine Söhne sorgen sollen, und als Dank dafür versprach er, sie zu beschützen.[121]

Der Besitzer eines Grabes aus dem Alten Reich verspricht den Vorlesepriestern folgendes, wenn sie seine Wünsche erfüllen: „Ich werde hinter ihnen sein als Gott und erlaube nicht, daß jemals irgend etwas (gegen sie) geschieht, was sie hassen.“[122]

Wer die Ruhe des Grabes stört, den bedroht der Tote, verwünscht ihn und kündigt an, daß er für seine Bestrafung sorgen wird.

Im Grab von Ni-Anch-Pepi aus dem Alten Reich heißt es:

„Ich werde seinen Hals ergreifen wie den eines Vogels, ich errege Furcht in ihm, damit die auf der Erde Lebenden es sehen und sich vor den *ach*-Geistern fürchten.“[123]

Zum Umgang mit den Toten gehörten Briefe. Die hinterbliebenen Familienmitglieder klagen dem Verstorbenen verschiedentlich ihre Sorgen und hoffen auf Hilfe von ihm. Die Briefe wurden gewöhnlich auf Gefäße geschrieben und diese ins Grab gelegt.

Besonders erwähnenswert ist der Brief auf Papyrus, den ein Beamter in Memphis um 1300 v. Chr. an der Statue einer Dienerin befestigen und ins Grab seiner Frau legen ließ. Offenbar rechnete er damit, daß das durch Zauberei lebendig gewordene Abbild der Dienerin den Brief der Herrin überreichen werde. In diesem Brief beklagt sich der Beamte bei seiner verstorbenen Frau über eine Krankheit, die ihn seit drei Jahren quält. Es stellt sich heraus, daß er diese Krankheit für das Werk der Toten hält. Wahrscheinlich hatte er ein schlechtes Gewissen, denn er beteuert, er habe alles für die Heilung seiner Frau getan, die dann in seiner Abwesenheit gestorben war. Er hatte einen Oberarzt zu ihr geschickt, und als er heimkehrte und sie tot auffand, ließ er ihren Leichnam in feines Leinen legen und sorgte für eine ordentliche Bestattung.[124]

Wir kennen auch einen Text, der einen Beschluß des Gottes Amun enthält, welcher es einer verstorbenen Frau verbietet, ihrem Mann Schaden zuzufügen.[125]

Für Totenbeschwörungen, wie sie in der Spätantike häufig praktiziert wurden, haben wir aus den frühen Epochen der ägyptischen Geschichte keine unmittelbaren

Hinweise. Es gibt Texte, die vom Erscheinen der Totengeister sprechen, und dabei sind nicht nur die Wirkungen dieser Geister wahrnehmbar, sondern sie treten auch mit den Lebenden in Verbindung. Wahrscheinlich sind aber bis zum Ende des Neuen Reiches keine magischen Praktiken für die Beschwörung oder Wiederbelebung von Toten ersonnen worden. Erst in der Spätzeit treffen wir erstmals auf Angaben über derartige Verfahren, die jedoch noch einigermaßen unklar sind. In einem nur fragmentarisch erhaltenen Text, der zwischen dem 10. und 7. Jahrhundert v. Chr. verfaßt wurde, ist anscheinend davon die Rede, daß der König einen Totengeist heraufbeschwört. Dieser schwebt zwischen Himmel und Erde, seine Füße berühren den Boden nicht.[126]

Die literarische Gestaltung dieses Motivs findet sich in der Einleitung des Setnaromans. Das Werk ist zur Zeit der Ptolemäer entstanden. Setna, der Hohepriester von Memphis, der sich für die Magie interessierte, hatte Kenntnis davon, daß auf dem Friedhof im Grab des Nanoferkaptah ein wunderbares Zauberbuch versteckt liegt. Er fand das Grab lange nicht, endlich aber belebte er mit Hilfe seiner Zauberkraft die Mumie eines vornehmen Mannes wieder, der ihm rät, den Geiern und Krähen zu folgen, diese würden ihn zu dem gesuchten Grab führen.[127] Wir werden uns mit dieser Geschichte noch im Zusammenhang mit den Zauberern befassen. Die Totenbeschwörungen dienten in erster Linie dazu, von den Geistern Informationen und Wahrsagungen zu erhalten.

Der in Theben gefundene große Pariser Zauberpapyrus, der in griechischer Sprache verfaßt ist, aber auch einige koptische Textstellen enthält, teilt ein interessantes Verfahren der Totenbeschwörung mit. Man solle sich ein Stüc von einer Mumienbinde beschaffen und dann ein Gebet a den Sonnengott verrichten. Die Sonne fährt nachts durc das Totenreich, darum wird sie gebeten, zur Mitternach diejenige Totenseele aus der Unterwelt hinaufzuschicken deren Mumienbinde im Besitz des Zauberers ist. Diese Totenseele wird dem Zauberer dann mitteilen, wie und wann sie ihm helfen kann.[128]

Im Ägypten der Römerzeit wenden sich die Zauberer mit Vorliebe an die Seelen von früh Verstorbenen, an solche, die noch nicht verheiratet waren, keine Kinder hatten oder gewaltsam ums Leben kamen.

Die weite Verbreitung der Totenwahrsagung (griechisch: *nekromanteia*) zeigt sich auch darin, daß sie im Altertum selbst in den anspruchsvollen literarischen Werken vorkommt. So wird in Mesopotamien im Gilgamesch-Epos auf der XII. Tafel der neuassyrischen Version die Beschwörung der Seele des Enkidu aus der Unterwelt geschildert. Dieser berichtet seinem Freund Gilgamesch, welch ein trostloses Schicksal auf den Menschen nach dem Tode wartet.

Die jüdische Religion verbot es, die Ruhe der Toten zu stören. Trotzdem läßt Saul, der einst die Totenbeschwörer und die Wahrsager aus dem Land vertrieben hatte, in einer dramatischen Szene des Alten Testaments vor der Schlacht mit den Philistern in Vorahnung seines Endes die Hexe von Endor den Geist des Propheten Samuel beschwören. Samuel macht ihm Vorwürfe wegen dieser Störung und prophezeit den baldigen Tod Sauls und seiner Söhne.[129]

Zu den interessantesten Werken der Literatur des Altertums gehört das XI. Buch der Odyssee (*Nekyia*). Die

Gefährten des Odysseus besuchen das dunkle Reich de Hades, um von dem blinden Seher Teiresias eine Wahrsagung wegen ihrer Heimkehr zu erbitten.

Die Helden des an aufregenden Abenteuern und unerwarteten Ereignissen so reichen spätantiken Romans dei Aethiopica (3.—4. Jahrhundert n. Chr.) kommen auch nach Ägypten. Heliodor, der Verfasser des Werkes, richtete sich offenbar nach dem Zeitgeschmack, als er eine grauenhafte Szene von der Auferweckung eines Toten einfügte. Nach einer Schlacht, die zwischen Ägyptern und Persern stattfand, sind Chariklea, eine Hauptheldin des Romans, und ein ägyptischer Priester namens Kalasiris auf dem mit Toten bedeckten Schlachtfeld zufällig Zeugen, wie eine alte Frau ihren gefallenen Sohn durch Beschwörungen für einige Minuten ins Leben zurückholt, um das Schicksal ihres anderen Sohnes zu erfahren.

„. . . Chariklea aber, die von ihren Sorgen wach gehalten wurde, ward Zeugin einer keineswegs unschuldigen, bei den Aegyptern aber gewöhnlichen und einheimischen Handlung. Denn die Alte, die sich in ungestörter und unbeachteter Muße glaubte, machte zuerst eine Grube, und zündete dann auf beiden Seiten einen Holzstoß an. Nachdem sie nun den Leichnam ihres Sohnes zwischen beide gelegt, und einen irdnen Milchkessel aus einem daneben stehenden Dreifuß genommen hatte, goß sie Honig daraus in die Grube, und wiederum aus einem andern Milch, und Wein aus einem dritten. Hierauf nahm sie Etwas aus Talg Gebackenes, das wie ein Mann gebildet war, vor, tränkte es mit Lorbeern und Fenchel, und warf es in die Grube. Nach diesem Allen ergriff sie ein Schwert, schwang es mit ausgelassenen Bewegungen, rief den Mond mit vielen barbarischen und dem Ohre fremd tönenden Namen an, schnitt sich dann den Arm auf, und mit dem Blute, das sie mit einem Lorbeerzweige abwischte, besprengte sie den Scheiterhaufen. Nachdem sie nun außerdem noch viele andre Gaukeleien getrieben hatte, bückte sie sich über den Leichnam ihres Sohnes, flüsterte ihm Etwas in das Ohr, weckte ihn auf, und nöthigte ihn durch Zauberkunst sich aufzurichten..."

Zuerst konnte sie den Toten nur zum Nicken zwingen, sie brauchte noch stärkeren Zauber, um ihn zum Reden zu bringen.

„... fing der Leichnam an, wie aus einem fernen Winkel oder aus einer Felsenschlucht in einem tiefen und widrigen Tone zu zischen: ‚Ich habe dich anfänglich geschont, o Mutter, und dein Frevel gegen die menschliche Natur, dein gewaltsames Eindringen in die Beschlüsse der Parzen, dein zauberisches Erschüttern des Unerschütterlichen erduldet; ... so vernimm, Was ich dir vorhin aus Schonung nicht anzeigte: weder dein Sohn wird dir gerettet zurückkommen, noch wirst du selbst dem Tode durch das Schwert entgehn; sondern da du dein Leben immer mit so gesetzwidrigen Thaten verschwendet hast, so wirst du dem allen solchen Frevlern beschiedenen gewaltthätigen Ende nach nicht langer Frist unterworfen werden...'" Heliodor: Aethiopische Geschichten, Stuttgart 1837 (Aus dem Griechischen übersetzt von Friedrich Jacobs)[130] Obwohl Heliodor behauptet, daß diese Zauberei unter den Ägyptern sehr verbreitet war, weist die Schilderung viele Motive auf, die von der Wirkung der griechisch-römischen Literatur zeugen. Die Quellen beweisen zwar, daß die Totenbeschwörung im Ägypten der Kaiserzeit tatsächlich üblich war, ihre Ausübung ist aber nur für diese späteste Periode der ägyptischen Magie charakteristisch, und wir müssen dabei auch mit fremden Einwirkungen rechnen.

Von den in ägyptischer Sprache verfaßten Texten enthält der große demotische Zauberpapyrus solche Beschwörungen, mit deren Hilfe es möglich war, die Seelen der Toten zu zwingen, dem Magier Auskünfte zu geben.[131]

Täfelchen aus Blei mit Fluchtexten wurden in verschiedenen Gegenden des Römischen Reiches und so auch in Ägypten gefunden. Diese sogenannten Defixionstafeln waren in Gräbern versteckt, und man erwartete vom Geist des Toten die Ausführung der Rache.[132]

Das Christentum wandte sich zwar prinzipiell gegen Totenbeschwörungen, doch liest man häufig in koptischen Legenden, daß der für eine kurze Zeit wiedererwachte Tote durch die Beschwörung eines Heiligen über irdische Angelegenheiten oder über das jenseitige Schicksal seiner Seele Auskunft geben muß.

„Es wurde über einen Greis von Schiêt erzählt: Er ging, um zu ernten. Einige (Eremiten-) Brüder waren auch auf dem Weg, erreichten einen Leichnam und blieben bei ihm stehen. Da kamen aber andere, packten sie, als wären die Brüder die Mörder des Mannes. Während sie sprachen: ‚Ihr habt diesen Mann ermordet!‘, kam der Greis, und er hatte seinen Stock bei sich. Als die Brüder ihn erblickten, liefen sie zu ihm und sagten weinend: ‚Hilf uns, unser Vater!‘, und sie erzählten ihm das Geschehnis. Er berührte die Leiche mit seinem Stock und sagte: ‚Diese Brüder schlugen dich tot?‘ Der Tote sagte: ‚Nein‘. Der Greis sagte: ‚Was hast du getan?‘ Jener sprach: ‚Wir waren Räuber. Wir sind aneinandergeraten, sie schlugen mich nieder und gingen weg.' — Die Leute wunderten sich darüber sehr."[133]

Hier handelte der Heilige wie ein heidnischer Magier, er besaß sogar einen Zauberstab. In einer anderen Geschichte geriet eine Witwe in Bedrängnis, weil ihr Mann gestorben war, ohne ihr mitzuteilen, wo er das Geld versteckt hatte, welches jemand bei ihm hinterlegt hatte. Ein Heiliger hilft ihr, besucht das Grab des Mannes, erweckt ihn für einige Augenblicke zum Leben und erfährt das Versteck.[134]

Die Biographie des koptischen Bischofs Pisenti aus dem 7. Jahrhundert berichtet, daß er sich einmal in einem alten Grab versteckte. Hier fand er Mumien. Er belebte eine von ihnen und erfuhr von dem Toten dessen Herkunft, und dieser erzählte ihm auch, welche Qualen er in der Hölle erleiden muß, weil er ein Heide war.[135]

Einem Leichnam wurde stets und überall besondere Zauberkraft zugeschrieben, in noch größerem Maße allerdings den Mumien, die dank komplizierter Behandlung äußerlich unversehrt blieben. Am Ende des heidnischen Zeitalters war es üblich, die Mumien noch eine Weile im Haus zu behalten, und im Mittelalter begann man, die Mumien in Pulverform in ganz Europa als Arznei zu verwenden. Diese Angewohnheit verbreitete sich wahrscheinlich durch Vermittlung der medizinischen Schule von Salerno. Selbst Herrscher vertrauten dem Mumienpulver, so nahm beispielsweise der französische König Franz I. auf jede Reise dieses vermeintliche Heilmittel mit, welches er mit Rhebarber vermischte. Auch Paracelsus und seine Nachfolger glaubten an die Heilkraft der Mumien. Die starke Nachfrage führte schließlich dazu, daß man nicht mehr genügend Mumien zur Verfügung hatte, und man begann daher, falsche Mumien herzustellen. Die Ägypter hatten Bedenken, solchermaßen ihre Vorfahren als Ware zu verkaufen. Wenn aber ein größerer Fund in der Nähe von Memphis ans Tageslicht kam und sie sahen, daß die Mumien Heiden waren, dann wurde ihre Ausfuhr jedoch erlaubt.

Die Blütezeit des Mumienpulvers fällt in die Zeit vom 16. bis 18. Jahrhundert. Auch andere abergläubische Vorstellungen sind mit den Mumien verbunden, so spukte es zum Beispiel auf einem Schiff, das Mumien geladen hatte.[136] Auch Shakespeare kannte das Mumienpulver. Im 4. Akt des „Macbeth" schüttet eine der Hexen in den Zaubertrank Mumienpulver, und Othello gibt Desdemona ein Tuch, das mit Mumienlösung gefärbt ist.

Hilfreiche Geister

Wie wir schon gesehen haben, konnte sich die Seele des Toten auch als „spiritus familiaris" *(hilfreicher Geist)* erweisen. Ursprünglich war diese Vorstellung wahrscheinlich unabhängig vom Totenkult und der Nekromantie. Ein Berliner griechischer Papyrus aus dem 4. oder 5. Jahrhundert n. Chr. (P 5025) gibt eine lebendige Schilderung, wie man sich zu jener Zeit das Wirken eines hilfreichen Geistes in Ägypten vorstellte. Die Zuverlässigkeit einer der Vorschriften wird mit dem Hinweis garantiert, daß sie vom Tempelschreiber Pnuthis stamme, der unzählige Schriften durchforscht und dann schließlich diese eine ausgewählt habe. Nachdem der Zauberer die Reinheitsvorschriften erfüllt hat, geht er zu nächtlicher Zeit in ein hoch gelegenes Zimmer, wobei er in seiner rechten Hand einen Falkenkopf hält. Wenn die Sonne aufgeht, grüßt er sie, wirft den Falkenkopf hinunter, verrichtet ein Gebet und bringt ein Opfer dar. „Und das wird dir, wenn du das Gebet hersagst, ein Zeichen sein: Ein Falke wird herabfliegen und dir gegenüber Stellung nehmen und in der Mitte (des Daches) mit den Flügeln schlagen und sogleich, nachdem er einen länglichen Stein hat fallen lassen, auffliegen und nach dem Himmel aufsteigen." Gemäß der Anweisung durchbohrt der Zauberer diesen Stein, zieht einen Faden hindurch und hängt ihn sich um den Hals. Spät in der Nacht geht er nochmals in das Zimmer auf dem Dach hinauf, und diesmal sagt er einen Hymnus an den Mond auf und begleitet diesen mit Räuchern. Nun kommt ein Stern herab „und wird sich mitten auf das Dach stellen, und ist der Stern vor deinem Auge zerflossen, wirst du den Engel erblicken, den du gerufen hast ..." (Übersetzt von K. Preisendanz) Der Zauberer empfängt den Engel mit einem Handkuß und bewirtet ihn, während er ununterbrochen die vorgeschriebenen Zauberworte murmelt. Von jetzt an steht dieser Geist ihm zur Verfügung, entfernt oder unterwirft ihm andere Leute, verursacht Wind, verschafft Schätze, öffnet Türen, macht unsichtbar, organisiert prächtige Gelage, erwirkt die Liebe von Männern und Frauen für ihn und noch vieles andere mehr. Nach dem Tod schmückt der Geist die Leiche des Zauberers wie die eines Gottes. Er nimmt die Seele mit sich in die Luft, da er ein Luftgeist ist, der nicht in den Hades hinabsteigt.

Der Papyrus ist übrigens trotz seiner ziemlich späten Datierung und trotz der darin erscheinenden Bezeichnung „Engel" völlig heidnischen Charakters, was unter anderem auch die Zeichnung beweist, die auf dem von dem

Falken herbeigebrachten Stein angebracht werden soll: ein Sonnen-Horus mit Löwenkopf, der in seiner linken Hand einen Globus und eine Peitsche hält, von einer Schlange umwunden, die sich in den Schwanz beißt. Das Amulett soll an einen „Anubisfaden" gebunden werden. Die Zauberworte lauten *acha, achacha, chach, charchara, chach*. Obwohl der sich darauf beziehende Satz unklar ist, hat es den Anschein, daß diese Worte auf dem unteren Teil des Amuletts anzubringen waren. Die Figur des Gottes mit dem Löwenkopf, der auch Aion-Chronos darstellt, und die sich in den Schwanz beißende Schlange sind als Symbole der Ewigkeit zu verstehen.[137]

Die Forschung war sich lange Zeit nicht im klaren über den altägyptischen Ursprung der magischen Praktiken im Umgang mit den hilfreichen Geistern. Die Inschrift auf einer Scherbe (Ostrakon), die in Deir el-Medine gefunden wurde, zeigt jedoch, daß diese Vorstellungen mindestens bis in die Zeit des Neuen Reiches zurückgeführt werden können. Der Verfasser der Inschrift betet zu einem namentlich nicht genannten Gott: „Mögest du mir einen Weret-Dämonen schaffen."[138]

Es besteht kein Zweifel, daß sich der Beter hier einen hilfreichen Geist wünscht, wir wissen aber auch von übelwollenden Gottheiten, die Dämonen *gegen* die Menschen aussenden.[139]

Schließlich soll nicht versäumt werden, Methoden vorzustellen, mit denen solche hilfreichen Geister herbeigeschafft werden konnten. Diese Methoden wären in anderen Religionen des Altertums ganz und gar unvorstellbar, sie können nur aus der ägyptischen Glaubenswelt heraus verstanden werden.

Gemäß einer Vorschrift des zuvor zitierten Berliner Papyrus soll ein Falke in der Milch einer schwarzen Kuh „zum Gott gemacht werden", das heißt, er muß in der Milch ertränkt werden.

Die Milch vermischt der Zauberer mit attischem Honig, dann schnürt er den Falken mit Lumpen zusammen, die somit gewissermaßen als Mumienbinde dienen. Dazu legt er noch seine Fingernägel, seine gesamten Haare und außerdem einen Papyrus, auf den er die Vokale des griechischen Alphabets so aufschreibt, daß sie zwei Dreiecke ergeben. Das eine Dreieck steht mit der Spitze nach oben, das andere nach unten (Abb. 9).

Dann wurde die Milch in der Morgendämmerung getrunken. Der Vogel sollte in einen kleinen Schrein von Wacholderholz gestellt werden, wo ein Mahl vor ihn zu legen und ein Gebet an ihn zu verrichten war.

Die Tötung des heiligen Vogels des Horus und des Sonnengottes sowie seine Verwendung für finstere magische Praktiken waren natürlich eine unverzeihliche Sünde, und es ist verständlich, daß der Text den Zauberer nachdrücklich zur Verschwiegenheit ermahnt.[140]

Ein anderer Zauber, der sich auf einem anderen Papyrus findet, ist noch weitaus gefährlicher. Der Zauberer spielte dabei mit seinem Leben, denn immerhin konnte einen Römer, der eine Katze tötete, nicht einmal die Fürsprache des Königs Ptolemaios Auletes vor dem Tode retten (Diodor I 83).

Ein Kater mußte zu Osiris gemacht werden, indem er ertränkt wurde. Der Zauberer erwartete vom Geist des Tieres, daß er ihm beim Wagenrennen zum Sieg verhelfe, und zwar offenbar so, wie den Andeutungen des Textes zu entnehmen ist, daß sich seine Rivalen dabei den Hals brachen.[141]

Das Stadion war im Altertum stets eine Brutstätte der Magie. In Rom kamen auch aus den Zeiten nach dem Sieg des Christentums Fluchtafeln von Wagenlenkern ans Tageslicht — ein Mittel zur Erringung des Sieges, das keinesfalls als fair zu bewerten ist.

Dämonen der Mittagsstunde und der Nacht

Bekanntlich spuken Gespenster im allgemeinen in der Nacht, und es mutet uns seltsam an, daß auch der helle Mittag die Stunde der Gespenster sein soll. Und doch stammt dieser Glaube aus dem Altertum. Neuerlich konnte diese Vorstellung auch in der ägyptischen Literatur nachgewiesen werden.

Zwei Texte können mit dem Glauben an Mittagsdämonen in Zusammenhang gebracht werden. Der große demotische magische Papyrus[142] schreibt vor, daß die Lampen-Zauberei, die mit dem Erscheinen des Dämons verbunden ist, *am Mittag* an einem dunklen Ort ausgeführt werden soll. Hier kann man vielleicht den Einwand erheben, daß der Verfasser des Papyrus unter dem Einfluß griechischer Vorstellungen den Mittag als die für Zauberei am besten geeignete Tageszeit wählte. Wir besitzen jedoch noch einen wesentlich älteren Text vom Anfang des 1. Jahrtausends v. Chr., der die Dämonen des Mittags und der Nacht nebeneinander erwähnt.[143] Den Mittag machten wahrscheinlich das grelle Licht der im Zenit stehenden Sonne und die schwüle Hitze zu einer gespenstischen

Stunde. Die Leute suchten Unterschlupf im Schatten und in den Häusern, und die wie ausgestorben daliegenden Ortschaften mit ihren menschenleeren Straßen erinnerten an die Stille der Mitternacht.

Auch um die Pyramiden schlichen zur Mittagsstunde Dämonen herum. Arabische Autoren des Mittelalters bezeugen den Glauben des Volkes, daß diese Dämonen von den Pharaonen als Wächter dort eingesetzt worden waren. Bei Murtadi ist die Erzählung zu finden, daß jemand zur Mittagszeit Gestalten sah, die auf Pferden oder Kamelen saßen und um die Pyramiden ritten — Gestalten, die sich dann nicht als Menschen, sondern als Geister erwiesen.[144]

Abschließend sei auf eine spöttische Erzählung von Lukian hingewiesen, aus der hervorgeht, daß die ägyptischen Schriften auch in Griechenland für das wirksamste Mittel gegen Dämonen gehalten wurden.

Die Geschichte berichtet von einem baufälligen Haus in Korinth, wo es spukte und niemand einzuziehen wagte. Der Erzähler, Arignotos, nahm aber seine ägyptischen Zauberbücher, setzte sich nachts in dieses Haus und begann ruhig zu lesen. Bald erschien ein behaarter Geist, der sich in einen Hund, Stier und Löwen verwandelte, um den kühnen Arignotos abzuschrecken. Dieser rezitierte aber fürchterliche ägyptische Zaubersprüche und zwang den Geist in eine Ecke. Er markierte den Ort, wo dieser verschwand, und ließ am nächsten Tag dort graben. Man stieß auf ein Skelett. Nachdem es entfernt und begraben worden war, wurde die Ruhe des Hauses niemals mehr von Besuchern aus dem Jenseits gestört.[145]

Zauber gegen Tiere

Die Tierwelt Ägyptens war im Altertum viel reicher als heute. Es wird viel von Löwen gesprochen (diese starben später in Ägypten völlig aus), der Nil war voll von Krokodilen, und auch die Nilpferde bedeuteten eine ernste Gefahr. Der Reisende begegnet heute Krokodilen nur noch in Nubien, die Nilpferde wurden noch weiter nach Süden in den Sudan verdrängt.

Skorpione und Giftschlangen, von denen besonders der Biß der Hornviper gefährlich ist, sind jedoch auch heute noch in Ägypten anzutreffen.

Die Ägypter der Urzeit und des Altertums, in erster Linie die Bauern, Jäger und Fischer, mußten sich täglich mit diesen Tieren auseinandersetzen.

Die Beschwörung gegen Tiere bewahrten viele uralte volkstümliche Elemente. In erster Linie sollten die aus dem Volk stammenden Zauberer mit ihrem Wissen helfen, die Dorfbewohner vertrauten ihnen bei ihren magischen Praktiken. Wir sehen zum Beispiel in den Wandbildern der Gräber des Alten Reiches, die zahlreiche Details aus dem Alltag des Volkes zur Zeit der Pyramidenerbauer festhielten, manchmal Hirten beim Überqueren des Flusses, wobei sie mit dem magischen Gestus der vorgestreckten Zeigefinger (und vermutlich auch mit Zaubersprüchen) die Krokodile fernhalten wollten (Abb. 10).[146] Offenbar war der zauberkundige Hirt eine wohlbekannte Gestalt des ägyptischen Volkslebens. Mehr als zweitausend Jahre nach Entstehung dieser Darstellungen aus dem Alten Reich sehen wir im Grab des Petosiris in Tuna el Gebel den „im Zaubern bewanderten" Hirten wieder. Hier soll er Kühe und Kälber schützen.[147]

Diese Hirten kannten nicht die Geheimnisse der Tempelbibliotheken, die meisten von ihnen konnten wahrscheinlich auch nicht lesen, ihre Wissenschaft bestand aus einfachen Zaubersprüchen und vielleicht auch aus volkstümlichen Heilmethoden, mit denen sie nach damaliger Auffassung einzelne Krankheiten behandeln konnten.

Aufgrund ihrer Sprache sollen die Beschwörungen gegen Schlangen und Löwen, die an den Wänden der Pyramiden der 5. und 6. Dynastie eingemeißelt sind, sehr alt sein. Sie wurden ursprünglich wahrscheinlich für die Lebenden gebraucht, die Ägypter wollten aber auch die Toten vor Kriechtieren, die in die Gräber eindringen konnten, schützen.

„Schlange Heki, Schlange Hekeret, weg mit dir, das Gesicht (sei) auf den Weg gerichtet, das Auge des Unas.* Blicke nicht darauf! Deine Aufgabe verrichte nicht an Unas. Entferne dich . . .!“[148]

„Ich strecke aber diesen meinen linken Daumen gegen dich aus. Damit gebe ich ein Zeichen für Min und die Ikui (Dämonen). O du, der du zu rauben pflegst, raube nicht!“[149]

Wie bei den Krokodilen, wurde auch hier die magische Kraft des Fingers gebraucht. Die Ikui sind wahrscheinlich die hilfreichen Dämonen des Gottes Min. Der merkwürdige altertümliche Stil, die gewollte Unklarheit sowie unbekannte Wörter und außergewöhnliche Schreibungen erschweren die Übersetzung. Sehen wir, wie zu einer anderen Schlange gesprochen wurde:

* Der letzte König der 5. Dynastie. Die Schlange darf ihren Blick nicht auf das Auge des Königs richten.

„Zurück, Verborgene, verbirg dich! Lasse nicht zu, daß Unas dich erblickt! Zurück, Verborgene, verbirg dich! Geh nicht dorthin, wo Unas ist! Er soll gegen dich diesen Namen nicht aussprechen: *Nem,* der Sohn der *Nemet.* Der Pelikan fiel in den Nil, fliehe, fliehe! *Hiw*-Schlange, lege dich nieder!"[150]

Der Pelikan stand mit dem Sonnengott und mit dem Licht in Verbindung. Daß er in den Nil gefallen ist, weist wahrscheinlich auf einen uns unbekannten Mythos hin.

Der Wasserzauber war eine alltägliche Angelegenheit im Leben der einfachen Menschen, da sie nicht nur Krokodile und Nilpferde fürchten mußten, sondern auch verschiedene dämonische Wesen wie zum Beispiel weibliche Wassergeister.

In einer leider nur teilweise erhaltenen Erzählung aus dem Mittleren Reich berichtet ein Hirt mit Grauen von einer dämonischen Frau, die ihn furchtbar erschreckte.[151]

Später begannen aber auch die gelehrten Zauberer sich mit diesem Thema zu beschäftigen, und wenn wir den aus der Zeit des Neuen Reiches stammenden magischen Papyrus Harris betrachten, so entdecken wir, daß man sich auch hier an die offizielle Theologie anlehnte.

„Der erste Zauberspruch von allen Wasserbeschwörungen. Die Vorsteher sagen darüber: ‚Äußere dich darüber zu anderen nicht. Das wahre Geheimnis des Lebenshauses, Ei des Wassers, Saft der Erde ...' O du Großer im Himmel und in der Unterwelt, der du im Nest bist, Gebieter des Sees *Desdes.* Ich kam mit dir zusammen aus dem Wasser heraus, ich komme mit dir zusammen aus deinem Nest heraus! Ich bin Min von Koptos, ich bin Min, der Herr von Koptos.

Dieser Zauberspruch soll über einem Ei aus Ton

gesprochen werden. Er soll in die Hand eines Mannes vorn in der Barke gegeben werden. Wenn jener, der im Wasser ist, hervorkommt, soll es (das Ei) ins Wasser geworfen werden."[152]

Ebenso wie bei vielen anderen Völkern gab es auch in Ägypten einen Mythos von der Schöpfung der Welt, wonach das Weltall aus einem Ei entstand. Diese Vorstellung verbindet sich hier mit der mythischen Überlieferung vom Urwasser und vom Schöpfergott, der als Vogel aus seinem Nest fliegt. Der Zauberer identifiziert sich mit dem Gott Min. Die aus dem Wasser auftauchenden Krokodile oder Nilpferde, die hier aus abergläubischer Furcht nicht mit Namen genannt werden, sollen vor dem Abbild des Ureies erschrecken.

Ein anderer Zauberspruch auf demselben Papyrus nimmt die Hilfe Amuns gegen Löwen, Krokodile und Schlangen in Anspruch.

„Komm zu mir, o Herr der Götter! Halte fern von mir die Löwen in der Wüste, die Krokodile im Fluß und alle die in ihren Löchern lebenden, beißenden Schlangen! Zurück, Mega-Krokodil, Sohn des Seth! Rudere nicht mit deinem Schwanz, ergreife nicht mit deinen Armen, sperre deinen Mund am großen Hafenpflock nicht auf! Das Wasser soll sich vor dir in Feuer verwandeln, die Finger der 77 Götter seien in deinem Auge, während du am großen Hafenpflock des Osiris gebunden bist, während du an den vier südlichen Türkissäulen gebunden bist, an der Spitze des Schiffes von Re. Halt, Mega, Sohn des Seth, ich bin Amun, der Stier seiner Mutter.

Sprich die Wörter über dem Bild von Amun, auf dessen Hals vier Gesichter sitzen. Zeichne es auf den Boden, mit einem Krokodil unter den Füßen. Zu seiner Rechten und zu seiner Linken seien acht (Affen), wie sie ihn anbeten.“[153]

Ähnlich wie in dem zuvor zitierten Zauberspruch haben wir es hier mit einem an mythologischen Elementen reichen Text zu tun. Das böse Krokodil wird mit dem Sohn des Seth identifiziert, es erfolgt auch ein Hinweis auf die Feindschaft zwischen Osiris und Seth. Amun ist ein Schöpfergott, der aus sich selbst entstanden ist als „der Stier seiner Mutter“. Die vier Gesichter des Amun symbolisieren die vier Himmelsrichtungen und weisen ihn als eine kosmische Gottheit aus. Neben Amun konnten acht Paviane oder die acht Urgötter von Hermopolis stehen.

Schlangen und Skorpione bedeuteten auch in der Wüste eine ernste Gefahr, darum wurden die Expeditionen zu den Steinbrüchen von Schlangenbeschwörern begleitet.[154]

Die Zaubersprüche gegen gefährliche Tiere zeigen bis zur zweiten Hälfte des Neuen Reiches eine bunte Vielfalt, dann aber tritt ein Wandel bei dieser Art der Magie ein. Es erscheinen die sogenannten Horusstelen, auf denen sich meistens die gleichen Texte wiederholen. Mit diesen beschäftigen wir uns später bei der Besprechung der Metternichstele.

Liebeszauber

Bisher haben wir hauptsächlich diejenigen Bereiche der Magie besprochen, die dem Schutz des Menschen vor seinen Feinden, vor verschiedenen Gefahren sowie vor Dämonen und Tieren dienten.

Die Waffe des Zaubers wurde aber auch für andere Zwecke verwendet. Die Besprechung der hilfreichen Geister gab uns davon schon eine kleine Kostprobe. Die Magie, die verschiedenen aggressiven Zielen diente, nahm die bösartigsten Mittel in Anspruch, um andere Menschen ihrer Tyrannei zu unterwerfen. Eine der häufigsten Arten dieser Magie ist überall auf der Welt der Liebeszauber.

Wenn wir die zahllosen Zaubertexte der Ägypter betrachten, so fällt auf, daß sich nur relativ wenige von ihnen mit diesem Thema beschäftigen. Der in der Totenliteratur oft erscheinende Wunsch nach Bewahrung der sexuellen Potenz nach dem Tode kann nur bedingt zu diesem Gebiet der Magie gezählt werden. Die überwiegende Zahl der Texte stammt aus römischer Zeit. Meiner Meinung nach ist es unwahrscheinlich, daß der Liebeszauber in Ägypten in älterer Zeit nur selten ausgeübt wurde. Vielmehr wurden diese Praktiken wohl schon im pharaonischen Ägypten als Schadenzauber angesehen und deshalb nur selten niedergeschrieben.

Ein Mann wendet sich an Re-Harachte, den „Vater der Götter“, an die sieben Hathoren, die Personifizierungen des Schicksals, und an die Götter des Himmels und der Erde, um die geliebte Frau für sich zu gewinnen.

„Heil dir, Re-Harachte, Vater der Götter! Heil euch, ihr sieben Hathoren, die ihr mit roten Leinengürteln geschmückt seid! Heil euch, Götter, Herren des Himmels und der Erde. Gebt, daß N., die Tochter von N. N., mir folge wie das Rind dem Gras, wie die Magd den ihr anvertrauten Kindern, wie der Hirt seiner Herde.“[155]

Bis hierher könnten wir den Text als ein interessantes Werk der ägyptischen Lyrik, ein Liebesgedicht in der Form eines Gebetes, betrachten, doch der letzte, nur fragmentarisch erhaltene Satz verrät, daß wir es mit einem Zauberspruch zu tun haben. Der bisher nur harmlos bittende Liebhaber geht plötzlich zu Drohungen über: „Wenn nicht veranlaßt wird, daß sie mir folgt, werfe ich (Feuer) auf Busiris und stecke (Osiris) in Brand."[156]

Wir werden später noch auf das Motiv der Drohungen gegen Götter zu sprechen kommen. Die Ankündigung, Osiris und seine heilige Stadt anzuzünden, mußte für jeden frommen Ägypter eine schreckliche Gotteslästerung sein, doch der Zauberer rechnete damit, daß die Götter seinen Wünschen nachgeben, wenn sie die Drohung hören.

Dieser Text wurde gegen Ende des Neuen Reiches niedergeschrieben. Wie die Schreibweise des Textes erkennen läßt, ist dagegen jene Zauberfigur mit einer ägyptischen Aufschrift viel später, und zwar in griechisch-römischer Zeit, entstanden, die eine verliebte Frau sich um den Hals gebunden hatte: „Steh auf, fessele den, den ich ansehe, damit er mein Geliebter werde! Ich vergöttere dein Gesicht!"[157]

In dem großen griechischen Zauberpapyrus in Paris bittet der Magier die Seelen der Heroen oder toten Gladiatoren und anderer gewaltsam Verstorbener um Hilfe bei der Eroberung der von ihm geliebten Frau. Von dem Brot, welches er aß, läßt er ein Stückchen übrig, bricht es in sieben Teile und wirft es dorthin, wo die Toten liegen. Dort soll er Abfall aufsammeln und zu dem Mädchen hineinwerfen, das er besitzen möchte. Über den Brotstückchen verrichtet er Gebete an verschiedene Gottheiten — unter anderem an Ereschkigal, die sumerische Göttin der Unterwelt — und bittet die Toten um Hilfe, damit sie den

Traum des Mädchens rauben, sie mit Traurigkeit und verzehrender Sehnsucht erfüllen, bis sie die Wünsche des Zauberers erfüllt.

Dies sollte er drei Tage lang wiederholen, und wenn es wirkungslos blieb, von neuem beginnen und außerdem räuchern. Der Zauberer sollte auch den Kot einer schwarzen Kuh verbrennen und dabei noch wirksamere Zaubersprüche murmeln.[158]

Auch der Liebestrank wurde in Ägypten angewendet. In einem demotischen Text blieb ein Rezept dazu erhalten. Genannt werden ein Stückchen aus der Kopfhaut eines Ermordeten, sieben Körner Gerste, die vorher in einem Grab lagen, 10 Oipe (eine Maßeinheit) Apfelkerne, Blut von einer Hundelaus und aus dem zweiten Finger (offenbar aus dem Ringfinger) des Liebhabers sowie dessen Sperma. Das alles wurde zusammengerührt und in Wein geschüttet. Der Verfertiger dieses Zaubertrankes soll vorher drei Beeren von der Traube nehmen, aus der der Wein gekeltert wurde. Wenn das Getränk fertig ist, sagt er siebenmal einen Zauberspruch, in dem er sich mit Osiris, Re und Horus identifiziert. Sollte der Erfolg dennoch ausbleiben, so hat sich offenbar ein Fehler bei der Herstellung des Trankes eingeschlichen.[159]

Nach einer anderen Vorschrift soll man zur Eroberung einer Frau zwei Wachsstatuetten formen: einen Mann in der Gestalt des griechischen Kriegsgottes Ares und eine Frau auf Knien mit hinten zusammengebundenen Händen. Auf die Statuette der Frau wurden Zauberworte geschrieben und 13 Metallnadeln hineingestochen. Danach wurde an die zwei Statuetten eine Bleitafel mit einem Zauberspruch gebunden, und zwar mit einem Faden, a dem sich 365 Knoten befanden. Die Statuetten wurden beim Sonnenuntergang auf das Grab eines jung oder gewaltsam Verstorbenen gelegt. Nach Anrufung der Götter der Unterwelt und der Totengeister wurden an einer Seite der Bleitafel ein Herz und lange Zauberworte eingraviert, die von vorne und von hinten gelesen die gleiche Lautung ergeben.[160]

Ein anderer griechischer Zauberpapyrus, der aus Oberägypten stammt, war auf einem Friedhof in einem Krug deponiert. Im Inneren der Papyrusrolle fand man die Wachsstatuette eines sich umarmenden Paares. Den Traditionen der ägyptischen Kunst entsprechend wurde die Frau aus hellerem Wachs geformt. Dieser Zauberer war „menschlicher", er stellte nicht die Folterung der Frau dar, sondern das gewünschte Ziel. Im Text versuchte er jedoch mit Versprechungen und Drohungen die Unterstützung der Totengeister zu erreichen. Wenn sie seinen Wunsch nicht erfüllen, so werde die Sonne nachts nicht mehr in die Unterwelt herabsteigen. Nach dem Glauben der Ägypter war es nämlich eine der größten Wohltaten, daß die Sonne in der Nacht das Totenreich erleuchtet. Der Zauberer stellt auch die Verbrennung der Leichen in Aussicht, was bei den Ägyptern die endgültige Vernichtung bedeutete. Wenn die Totengeister aber dem Zauberer die gewünschte Frau zuführen, so will er veranlassen, daß Osiris ihre Seelen mit kühlem Wasser erfrischt.[161]

In den Zauberpraktiken nahm die Liebe einen gräßlichen Charakter an. Zur Wahrheit gehört aber, daß das Liebesleben der Ägypter, im Vergleich mit dem der anderen Völker des Altertums, im Grunde genommen gesund war. Die Liebe zwischen Geschwistern verbreitete sich nur in der griechisch-römischen Zeit, die Anrede „Bruder“ und „Schwester“ in der Dichtung der älteren Zeit bezieht sich meistens nur auf den geliebten Partner. Zitieren wir ein Gedicht aus dem Neuen Reich, in dem der kranke Geliebte nicht von den Elixieren der Zauberer, sondern vom Anblick seiner Geliebten Heilung erhofft.[162]

„Sieben Tage sah ich die Geliebte nicht,
Krankheit hat mich befallen.
Mein Herz wird schwer,
Ich habe mich selbst vergessen.

Wenn die Ärzte zu mir kommen,
Bin ich mit ihren Mitteln nicht zufrieden.
Keinen Ausweg finden die Beschwörer.
Meine Krankheit wird nicht erkannt.

Wenn man mir sagt: Siehe, sie ist da! belebt es mich.
Ihr Name ist das, was mich erhebt.
Das Kommen und Gehen ihrer Boten
Ist das, was mein Herz am Leben hält.

Besser als alle Mittel ist für mich die Geliebte.
Mehr ist sie mir als das Rezeptbuch.
Ihr Eintritt von draußen ist mein Amulett.
Wenn ich sie sehe, dann gesunde ich.

Wenn sie ihr Auge öffnet, verjüngt sich mein Leib.
Wenn sie spricht, dann erstarke ich.
Wenn ich sie umarme, verjagt sie von mir das Übel.
Sie ging von mir vor sieben Tagen.“

(Übersetzt von E. Hornung, Meisterwerke altägyptischer Dichtung, Zürich—München 1978, 83.)

Das Motiv des magischen Überflusses

Das phantastisch reiche Fundmaterial der Gräber zeigt den Wunsch der Ägypter, nach dem Tode ihre irdischen Güter und Wertgegenstände weiterhin zu besitzen. Der vergöttlichte Tote, der nach einigen Texten sogar zum Herrn des ganzen Weltalls wird, hat im Jenseits noch viel größere Ansprüche als im Leben. Wer arm war, möchte nach seinem Tode alles bekommen, was er entbehren mußte, auch dann, wenn er für kein gut ausgestattetes Grab sorgen konnte.

Da keine Familie für alle verstorbenen Familienmitglieder die Opfer über mehrere Generationen hinweg aufbringen konnte (und einige auch gar keine Nachkommen hatten), wollte man für den Totenkult solche Lösungen finden, mit denen alle vermeintlichen Ansprüche der Toten befriedigt werden konnten. Dabei spielte die Zauberei eine wichtige Rolle, die mit Hilfe verschiedener Worte, Bilder, Namen und Symbole diese Dinge selbst realiter herbeischaffen sollte.

Die klarsten Aussagen hierzu erscheinen in jenem Opfergebet, das unzählige Male in die Gräber und auf die Gedenksteine gemeißelt wurde. In diesem Gebet wurden dem Toten tausend Brote, tausend Krüge Bier, Gänse, Ochsen, Kleider und anderes mehr versprochen. Aus den Inschriften einzelner Gedenksteine (Stelen) ergibt sich, daß dem Toten alle diese Opfergaben nach dem Glauben der

Ägypter selbst dann zugute kamen, wenn die Opfer in Wirklichkeit gar nicht mehr für ihn dargebracht wurden. Es genügte, wenn ein Vorübergehender das Opfergebet sprach und den Namen des Toten nannte. Damit erwies er dem Verstorbenen die größte Wohltat.

Unter den archäologischen Materialien, die in Ägypten gefunden wurden, gibt es viele Gegenstände, die aus diesen Glaubensvorstellungen heraus erklärbar sind. Auch aus gut ausgestatteten Gräbern kommen Miniaturtöpfe, die nicht verwendbar sind, und symbolische Gegenstände ans Tageslicht. Die Zauberkraft des Toten sollte diese in natürliche Größe verwandeln. In viele Gräber wurden Nachahmungen von Opferspeisen aus Stein oder Ton gelegt. Man wußte, daß die Opfer einige Jahrzehnte nach dem Begräbnis aufhören werden, diese unverderblichen und unvergänglichen Speisen aber konnte der Tote nach ägyptischem Glauben für sich zu jeder Zeit genießbar machen. Diese Vorstellungen in ihrer einfachen Form sind nicht nur für Ägypten charakteristisch, das vor- und frühgeschichtliche Fundmaterial erlaubt in der ganzen Welt Rückschlüsse auf einen ähnlichen Glauben. In Ägypten aber wurden diese Vorstellungen ebenso wie viele andere Elemente des Jenseitsglaubens in absurder Weise übertrieben. Es gibt nur wenige Gegenstände, die das Wesen des magischen Denkens der Ägypter so anschaulich zeigen wie jene, die ihr Zustandekommen dem Glauben an den zauberhaften Überfluß verdanken.

Wir wollen nun einige archäologische Funde, die mit solchen Vorstellungen im Zusammenhang stehen, näher untersuchen. Aus dem Grab des „Richters und des Vorstehers der Schreiber“, Setju (S<u>t</u>w), in Dahschûr stammt eine rechteckige Opfertafel (um 2600 v. Chr.) (Abb. 11), die ihrer Funktion entsprechend aus zwei Teilen besteht.[163] Darauf sind in der einen Hälfte runde und spitze Opferbrote sowie eine gerupfte Gans zu sehen. Nach den begleitenden Aufschriften sollten diese Dinge dem Toten als Speiseopfer gebracht werden.

Die andere Hälfte der Tafel ist aber für uns viel interessanter. Hier sehen wir ein aus mehreren Stufen bestehendes rechteckiges Miniaturbecken, das den in Ägypten so populären Gartenteich darstellt. An die vier Ecken des Beckens ist das Wort *nehet,* „Sykomore“, eingemeißelt, und die Zeichen an den Stufen zeigen die Höhe des Wassers in den drei Jahreszeiten des ägyptischen Kalenders an. Das Wasser steht natürlich in der „Jahreszeit der Überschwemmung“ am höchsten (25 Ellen), in der „Jahreszeit des Sprießens“ *(peret)* beträgt seine Höhe 23 Ellen, in der „Jahreszeit der Hitze“ *(schemu)* sinkt es auf 22 Ellen. Die ägyptische Elle entspricht 0,523 m. Das bedeutet, daß das Wasser des winzigen Beckens zur Zeit der Überschwemmung eine Höhe von mehr als 13 m haben sollte!

Es war vorgesehen, das Trankopfer in die Rille neben dem Becken zu gießen, von wo es auch in den symbolischen Teich fließen konnte. Wir sehen nur eine Vertiefung im Stein und Hieroglyphen, in der Phantasie der Ägypter aber erschien die sich kräuselnde Oberfläche eines mit kühlem Wasser, ja vielleicht auch mit Opferwein oder Bier gefüllten Teiches, an dessen vier Ecken je ein Sykomorenbaum stand, der mit seinen Zweigen Schatten spendete.

Die Hieroglyphen der Opferspeisen und -getränke sowie vieler anderer Gaben wie etwa Wein, Obst, Augenschminke, Weihrauch und Öl, sind viel kleiner als die Schriftzeichen des Namens und der Titel des Besitzers. Damit wurde sichergestellt, daß die Zauberkraft der Tafel allein in seinem Dienst stand. Hier besitzt jedes einzelne Detail seine eigene magische Funktion und Bedeutung. Der Besitzer erwartete offenbar, daß das Wunder der Verwandlung der Symbole in die Realität entweder auf die Worte des Priesters hin eintraf, der die Namen der Gaben und die sich auf den Teich beziehenden Zeichen vorlas, oder daß schon allein die Zauberkraft der eingemeißelten Zeichen und des *Ka* des Toten ausreichte, um diese Metamorphose zu bewirken.

Sat-Hathor-Iunet, einer Prinzessin der 12. Dynastie, wurde ein besonderes Glück zuteil, denn sie gelangte in den Besitz eines Zaubergefäßes, das alle ihre Ernährungsansprüche im Jenseits befriedigen konnte. Das wunderbar polierte Gefäß aus Alabaster kam in ihrem Grab in Illahun zum Vorschein, und eine Hieroglypheninschrift darauf macht uns mit seiner Funktion ausführlich bekannt:

„Königstochter Sat-Hathor-Iunet, nimm dir dein Trankopfer, das auf der Erde geschieht, das alle lebendigen Dinge erzeugt, die dieses Land (Ägypten) gibt. Es erzeugt wahrhaftig alles Lebende, alle Dinge entspringen ihm (dem Gefäß), von denen du lebst, wodurch du weiterlebst. Du lebst weiter und existierst durch den Wind, der in ihm (im Gefäß) ist. Er erzeugt dich. Du kommst heraus und lebst von allen Dingen, die in ihm sind, die du gerne hast und die für dich gut sind.“[164]

Dieses Gefäß spendet also in erster Linie Wasser (Trankopfer), aus dem nach Meinung der Ägypter alles Lebende entsteht. Mit dem Wasser enthält das Gefäß auch alle anderen Dinge, denn das Wasser der Nilflut bringt letztlich alle Nahrung hervor. Auch die Luft wird der Verstorbenen versprochen, denn aus der Öffnung des Zaubergefäßes strömt Wind. Der Zauberer dachte wahrscheinlich an den Nordwind, dessen kühlen Hauch sich die Ägypter an den heißen Tagen so sehr wünschten. Die Luft belebt die Toten wieder, sie zeugt sie sozusagen. Das „Herauskommen“ deutet auf die Auferstehung hin.

Die Besitzerin des auch sonst mit fürstlicher Pracht ausgestatteten Grabes und diejenigen, die die Gegenstände vor dem Begräbnis ins Grab legten,waren sich über den außerordentlichen Wert des Zaubergefäßes im klaren. Es wurde in einer geheimen, von außen unsichtbaren kleinen Opfernische hinter der Kalksteinverkleidung der Grabkammer verborgen; man war sich sicher, daß der Inhalt des Gefäßes durch seine Zauberkraft dennoch zu der Toten gelangen konnte.

Das Grab der Prinzessin ist nicht der einzige Fundort derartiger Gegenstände. In der Nähe der Ziegelpyramide des Pharaos Amenemhet III. (1844—1797 v. Chr.) brachten die Ausgrabungen von De Morgan am Ende des letzten Jahrhunderts eine geheime königliche Bestattung zutage, die auch heute noch den Forschern, die sich mit der Geschichte dieser Dynastie beschäftigen, viel Kopfzerbrechen bereitet. Das Fundmaterial des tiefen, sorgfältig verborgenen Schachtgrabes trug die Namensringe eines Königs Au-ib-Re (Hor), über dessen Leben und Tätigkeit wir nichts wissen. Hier kam auch eine prächtige Statue zum Vorschein, die aber nach ägyptischem Brauch nicht den König selbst, sondern seinen *Ka* darstellt. Sie trägt nämlich auf dem Kopf die Hieroglyphe des *Ka*.

Unter den im Grab gefundenen Gegenständen gab es zwei Zaubergefäße (Abb. 14). Diese gleichen äußerlich den sogenannten Kanopen, die die Eingeweide der Mumie enthielten. In dieser Zeit waren es Alabastergefäße mit einem Deckel in der Form eines menschlichen Kopfes, später stellten die Deckel Tierköpfe dar (die Horussöhne). Die Aufschriften der zwei Zaubergefäße wichen jedoch von denjenigen der Kanopen ab:

„König Au-ib-Re! Nimm dir dein Trankopfer, das auf der Erde entstand in Iunu (Heliopolis) und aus dem die Götterneunheit im Benben-Haus von Iunu lebt. Nimm es dir, und lebe aus ihm ewig!"[165]

Das Benben-Haus ist der große Tempel in der Stadt Heliopolis, wo ein Obelisk des Sonnengottes Re stand. Das Gefäß und das Getränk wurden also offenbar von der heliopolitanischen Priesterschaft angefertigt. Das lebenspendende Getränk mußte dem König ewig zur Verfügung stehen.

Gefäße kommen bei den verschiedenen Zaubereien oft vor. Aus der eingefüllten Flüssigkeit konnte man wahrsagen *(lekanomanteia)*. Niemals leer werdende Gefäße mit wunderbarem Inhalt kommen in Ägypten allerdings selten vor. Nach dem Alten Testament wurde die Witwe von Sarepta, die dem Propheten Elias zu essen gab, damit belohnt, daß ihr Mehltopf und Ölkrug nie leer wurden.[166]

Ein Ort des märchenhaften Überflusses war in der Vorstellung der Menschen des Altertums Äthiopien, wo es so viel Gold gab, daß sogar die Fesseln der Sklaven angeblich aus Gold waren. Die Phantasie der Griechen und der Römer lokalisierte dort den Tisch der Sonne, der der Sage nach von selbst immer reich mit Lebensmitteln gedeckt war.[167] Es handelt sich dabei um das aus dem Volksmärchen bekannte Motiv des Tischleindeckdich.

Auch in der arabischen Zauberei hören wir von immer vollen Tassen und Gefäßen. Ein solches Gefäß gab der Sage nach auch Kanka von Indien an Alexander den Großen.[168]

Die mit dem magischen Überfluß verbundenen Vorstellungen modifizierten sich während der römischen Kaiserzeit, sie wurden mit dem Glauben an Dämonen, mit bösen ebenso wie mit hilfreichen Geistern in Verbindung gebracht. Aus der mit Legenden ausgeschmückten Lebensgeschichte des berühmten, zur Schule der Neupythagoräer gehörenden Philosophen und Zauberers Apollonios von Tyana, der Mesopotamien, Indien und Ägypten bereist hatte, kennen wir einen charakteristischen Fall, daß sich dämonische Gaukelei im scheinbaren Hervorzaubern von Reichtümern offenbarte.

Ein junger Schüler des Philosophen namens Menippos lernte in Korinth ein schönes Mädchen kennen, die behauptete, Phönizierin zu sein. Es gelang ihr, den jungen Mann an sich zu ziehen, der sich trotz der Mahnung des Weisen entschloß, sie zu heiraten. Zur Hochzeit waren Diener und Köche da, es wurde ein phantastisches Mahl mit Bestecken aus Gold und Silber aufgetragen. Das alles beschaffte natürlich die Braut und nicht der arme Philosoph. Apollonios aber enthüllte die dämonische Zauberei, und es stellte sich heraus, daß die ganze Pracht nur ein Blendwerk war. Sofort verschwanden der Schatz und die Diener, und die Braut mußte gestehen, daß sie kein menschliches Wesen, sondern ein Vampir, eine *empusa,* sei, die den jungen Mann verderben wollte.[169]

Das Herbeizaubern solcher Blendwerke ist auch im Repertoire der ägyptischen Zauberer während der römischen Kaiserzeit zu finden. Nach dem schon zitierten Berliner Papyrus P 5025 bringt der Dämon dem Zauberer Feuer, Wasser, Wein, Brot und allerlei Lebensmittel, ausgenommen Fisch und Schweinefleisch, offenbar weil diese als unrein galten. Wenn der Zauberer ein Mahl wünscht, wird der für das Mahl bestimmte Raum von Gold und Marmor glänzen, der Geist sorgt für ausgezeichneten Wein, er läßt noch andere Dämonen kommen und setzt sie als Diener ein.[170]

Aber der Geist kann nur den Anschein der Pracht zustande bringen. Aus dem Text geht hervor, daß auch der Zauberer die Tätigkeit des Geistes nur halb für Wirklichkeit, halb aber für Blendwerk hält.

Schatzgräber

Ägypten war seit dem Altertum bis zum Beginn der modernen wissenschaftlichen Forschungen ein höchst ergiebiges Betätigungsfeld für Schatzgräber. Die große Anzahl der in den Gräbern verborgenen Schätze spornte die Räuber zu immer neuen und kühneren Unternehmen an, sie plünderten die Friedhöfe allein oder in Banden, manchmal sogar mit Unterstützung hochgestellter Persönlichkeiten. Vergebens waren die abschreckenden Flüche in die Gräber gemeißelt, vergebens waren alle Versuche, die Eingänge zu den Gräbern zu verbergen. Auch die strenge Bewachung der Friedhöfe bot nur zeitweilig Sicherheit. Wenn die Staatsmacht aus irgendeinem Grund schwächer wurde und sich die öffentliche Sicherheit verschlechterte, so begann das Unwesen der Grabräuberei erneut. Wir kennen die Akten der großen Grabräuberprozesse aus der Zeit Ramses' IX. (12. Jahrhundert v. Chr.), die ein düsteres Bild von den damaligen Zuständen geben. Anfangs versuchte man die Anzeigen wegen Plünderung der Gräber als unbegründet hinzustellen, doch zur Zeit der 21. Dynastie wurde es ganz offensichtlich, daß die Gräber des Königstales nicht gegen die Räuber geschützt werden konnten, und darum wurde ein Teil der Mumien zusammen mit den übriggebliebenen Gegenständen in ein Versteck nach Deir el-Bahri (die sogenannte Cachette) gebracht.

Über die kühnen Streiche der Räuber kursierten im Volksmund lustige Geschichten. Herodot[171] berichtet vom Baumeister des Königs Rhampsinit, der in die Wand der Schatzkammer seines Herrn einen herausnehmbaren Stein legte und damit seinen Söhnen die Möglichkeit verschaffte, die sorgfältig abgeschlossene Kammer heimlich zu besuchen. Alle Mühe des Königs war vergebens, den pfiffigen Räuber konnte er nicht überlisten, ja schließlich gab er ihm als dem klügsten Mann des Landes seine Tochter zur Frau.

Auch in den Geschichten und Legenden über die Schatzgräber spielen magische Motive eine wichtige Rolle. Ein koptischer Bericht erinnert an das Zauberwort *Sesam* im Märchen von *Ali Baba.* Hierbei spielen der Patriarch von Alexandrien namens Theophil und der spätere Patriarch Kyrill die Hauptrollen. Sie gingen einmal in der Wüste an einem heidnischen Tempel vorbei. Kyrill betrachtete die Darstellungen und Schriften an der Wand des Tempels und bemerkte am Türrahmen dreimal den griechischen Buchstaben Theta. Theophil wurde von einer plötzlichen Inspiration erfaßt und „erklärte" die Bedeutung der Buchstaben: Der erste beziehe sich auf das Wort *theos* (Gott), der zweite auf den Kaiser Theodosius und der dritte auf ihn, Theophil. Als er diese drei die Lösung des Rätsels enthaltenden Worte aussprach, tat sich die Tür des Heiligtums auf, und es strömte eine große Menge Gold heraus. Theophil versiegelte den Eingang und berichtete alles dem Kaiser Theodosius.[172]

Zur Zeit Theophils gab es in Alexandrien zwischen den Christen und den Anhängern der alten Religion harte Kämpfe, und in diese Zeit fällt die Zerstörung des Haupttempels der Heiden, des Serapeions (391). In den heidnischen Tempeln konnten wirklich riesige Schätze verborgen sein.

Die koptische Geschichte basiert auf der magischen Vorstellung, daß die drei Buchstaben als Talismane das Gebäude schützen, nach der Aussprache der richtigen Zauberworte verlieren sie aber ihre Kraft. Die siegreichen Christen fürchteten sich oft vor den die heidnischen Heiligtümer verteidigenden Dämonen. Vor der Zerstörung des Serapeions von Alexandrien war beispielsweise der Glaube verbreitet, wenn die Statue des Serapis umgestürzt werde, so gehe die Welt unter.[173]

Im Kampf auf Leben und Tod zwischen Heiden und Christen wurden von beiden Seiten die ungeheuerlichsten Anklagen verbreitet, die aus Haß entstanden waren und die Feindseligkeit noch mehr verschärften. Eine koptische Schrift, die die Zerstörung eines Tempels des Gottes Kothos schildert, spricht davon, daß die Heiden bei ihren Zeremonien und Zaubereien die Leichen und das Blut von ermordeten christlichen Kindern verwenden.

Einige Heiden wurden von den Christen zu folgendem Geständnis gezwungen:

„... Und so töteten wir sie, ihr Blut ließen wir auf den Altar fließen und nahmen ihre Därme heraus, spannten sie als Saiten auf unsere Zithern und sangen unseren Göttern. Den Körper warfen wir ins Feuer und ließen ihn zu Asche werden. Wir nehmen eine Handvoll Asche, streuen sie überall dorthin, wo wir wissen, daß dort Schätze vergraben liegen, und wir singen auf unseren Zithern, auf denen die Saiten die Därme der Kinder sind, und die Schätze erscheinen sofort ..."[174]

So gelangten die Heiden angeblich mit Hilfe finsterster Magie zu großen Schätzen, mit denen sie die Behörden bestechen konnten, damit diese die Augen verschließen vor solchen verbrecherischen Umtrieben. Derartige magische Praktiken gehören zu jenen schon besprochenen Verfahren, bei denen der Zauberer die Seelen von gewaltsam Verstorbenen in seinen Dienst zwingt. Die Kraft des magischen Zwanges wird noch gesteigert durch die Musikinstrumente, die die Seelen der Ermordeten quälten. Die Heiden wollten sich offenbar die Schätze der alten Gräber aus der Zeit der Pharaonen verschaffen.

Die ganze Geschichte ist in dieser Form offensichtlich eine bösartige Erfindung, so viel Wahrheit ist aber in ihr, daß die Heiden und die Christen gleichermaßen die Kostbarkeiten in den Gräbern und Heiligtümern an sich reißen wollten. Der Verfasser der Schrift, angeblich Patriarch Dioskur, kannte offenbar die magische Literatur gründlich, obwohl es den Christen streng verboten war, sich mit ihr zu beschäftigen.

Die Bewohner Ägyptens waren auch im Mittelalter von

der Idee der Schatzgräberei besessen. Die Plünderung des einen oder anderen reichen Grabes belebte immer wieder die Gerüchte über Schätze unter der Erde. Bei arabischen Verfassern sind lange Beschreibungen über Geister und Talismane zu finden, die alte Schätze bewachen.

Eine im 14. Jahrhundert entstandene arabische Schrift, die ausführlich alle Orte in Ägypten nennt, wo angeblich Schätze verborgen sind, bereitet den Archäologen noch heute viel Ärger, gibt sie doch „genaue Anweisungen", wie diese Schätze zu finden seien. Der Schatzgräber soll Weihrauch benutzen, aber auch die entsprechenden Zaubersprüche und Talismane sind dabei von großer Wichtigkeit. Einzelne handschriftliche Exemplare des Buches waren bis zum Anfang unseres Jahrhunderts für die Schatzgräber, die den Vorschriften Glauben schenkten, von unschätzbarem Wert. Viele wertvolle Kunstdenkmäler fielen dieser Schatzsuche zum Opfer.

Die Ägyptologen wollten schließlich das verhaßte Buch dadurch unmöglich machen, daß sie — so verblüffend es auch im ersten Augenblick klingen mag — die erreichbaren Exemplare des Manuskriptes sammelten und in arabischer und französischer Sprache drucken ließen.[175] Sie glaubten, wenn das Buch für jeden billig zu erwerben sei, so werde es seinen Wert verlieren. Die Schatzsuche hörte jedoch nicht auf, denn den ewigen Wunsch nach Bereicherung kann auch die Diskreditierung eines Buches nicht beseitigen.

Eine Vorschrift in diesem Buch bezieht sich auf einen dunklen Hügel westlich von der großen Pyramide von Giza. Der Schatzgräber erblickt, nachdem er auf dem Hügelrücken geräuchert hat, eine Festung in nördlicher Richtung. Während er das Räuchern fortsetzt, soll er dort hinaufgehen, wo er auf dreißig Gräber stößt, die wie Misthaufen aussehen. Nach erneutem Räuchern soll er neben jedem Grab an der östlichen Seite die Erde bis zu halber Mannshöhe abtragen. Eine Steinwand hindert am Weiterkommen, er soll sie durchbrechen, um in eine Grube einzudringen. Hier wird er eine menschliche Gestalt finden, die auf einem goldenen Thron sitzt, und um sie herum zahllose Kostbarkeiten.Er darf davon nehmen, währenddessen soll er aber ständig duftende Pflanzen räuchern.[176]

Ein Detail des Buches, das den Schatz von Dahschur beschreibt, ist noch romantischer. Es soll unter der Schwelle der westlich vom Dorf gelegenen Moschee gegraben werden. Das Grab einer Prinzessin wird zum Vorschein kommen. Der Leichnam soll aufgehoben werden, unter dem Kopf liegt ein Kästchen, darin sind drei Ringe. Wenn man den einen von diesen reibt, so erscheint der Geist des Ringes und führt alle Befehle aus. Der Leichnam soll dann wieder zurückgelegt werden.[177] Es ist wie ein Märchen aus Tausendundeinernacht!

Das Buch hält die altägyptischen, griechisch-römischen und koptischen Schätze für gleichermaßen wertvoll, es kommt aber auch vor, daß es den Schatz eines Pharaos gesondert erwähnt. Einer der längsten Abschnitte erörtert, wie man zu den verborgenen Reichtümern einer koptischen Kirche in Alt-Kairo gelangen kann, wo der Grundstoff zum Stein der Weisen zu finden sei.[178]

Nach den trockenen Angaben der Grabräuberakten aus pharaonischer Zeit verschleierte nun die falsche Romantik der Magie die Tätigkeit der zu allem entschlossenen und zugleich abergläubischen Schatzsucher. In den Dörfern Oberägyptens gibt es auch heute noch geheimnisvolle

Geschichten über unerrreichbare Schätze, die von Dämonen bewacht werden. Am Rande eines Dorfes liegt zum Beispiel ein riesiger Stein, unter dem man einen wertvollen Schatz zu finden glaubte. Ein Dämon in Gestalt eines Hahnes bewachte ihn. In der Nähe wohnte ein koptischer Priester, der ein Buch über die in der Umgebung verborgenen Schätze besaß. Um Mitternacht ging er zu dem Stein, nahm sein Buch mit, in dem die zur Erlangung des Schatzes nötigen Zaubersprüche geschrieben standen. Er begann beim Stein zu räuchern und las die Zaubersprüche, da teilte sich plötzlich der Stein und verursachte einen gewaltigen Lärm wie das Gebrüll eines Löwen. Auf den Lärm hin liefen die Bewohner des Dorfes zu dem Stein, und der Priester kletterte vor Schreck auf einen Baum, wo er bis zum Morgen saß. Als er auf den Baum flüchtete, vereinigten sich die zwei Hälften des Steines wieder. Die Leute im Dorf sagen, es sei vergebliche Mühe, nach dem Schatz zu suchen, denn je tiefer man gräbt, desto tiefer sinkt der Stein in den Boden.[179]

Drohungen gegen Götter und kosmische Magie

„Wenn ich müde bin, ist Re auch müde!" So spricht der Tote in einem Sargtext.[180] Dieser kurze Satz drückt den Grundgedanken eines Themas aus, das in der ägyptischen magischen Literatur oft vorkommt und dessen Erklärung später auch der neuplatonischen Philosophie noch ernste Sorgen bereitete.

Drohungen, die sich gegen die Götter richten und die zunächst außerordentlich grotesk anmuten, erscheinen bereits in den Pyramidentexten. Diese Texte nehmen die verschiedensten Mittel der Magie in Anspruch, um das Wohlergehen des Herrschers im Jenseits zu gewährleisten. Mit ihrer Hilfe kann die Macht des toten Königs sogar die der Götter übertreffen, und seine Ankunft im Jenseits erschüttert das Weltall:

„Der Himmel ist stürmisch, die Sterne werden dunkel, die Bogen werden erschüttert, die Knochen des Aker (Erdgott) zittern.“[181]

Der Tod des Königs ist also ein Ereignis, das sich auf den ganzen Kosmos auswirkt. Dieses Motiv hat übrigens in der Literatur der späteren Zeiten noch eine lange Wirkungsgeschichte gehabt, bis hin zu den Evangelien und auch danach.

Schon im Alten Reich — oder noch früher — entstand der Glaube, welcher sich nicht mit der dichterischen Schilderung der Stärke des Toten begnügte, sondern diese als Waffe gegen die Götter anwenden wollte. Der Grund ist wahrscheinlich die Angst, die magische Kraft des Textes könne versagen, darum soll durch Einschüchterung der Götter den Toten geholfen werden.

Später wird dieses Mittel nicht nur in der Totenliteratur, sondern auch bei Zauberpraktiken angewendet, die mit den irdischen Dingen des Lebens im Zusammenhang stehen. Im ersten Kapitel wurde schon darüber gesprochen, daß unter den Göttern in erster Linie die Sonne auf die Unterstützung durch Zauberkraft angewiesen ist. Damit hängt auch zusammen, daß hauptsächlich sie das Ziel von Machenschaften jener Zauberer war, die mit gewaltsamen Mitteln auf die Götter wirken wollten.

Ein immer wiederkehrendes Motiv bei den Drohungen

gegen die Götter ist das Aufhalten der Sonnenbarke, was mit der auch in schriftlosen Kulturen bestehenden Angst zusammenhängt, daß der Sonnenaufgang einmal ausbleiben und ewige Nacht auf der Erde herrschen werde. Der Weg der Sonne ist ständig von Gefahren umgeben, unter denen Apophis, die dämonische Schlange der Finsternis, besonders fürchterlich ist.

Mit dem Aufhalten der Sonnenbarke droht zuerst ein Spruch der Pyramidentexte.

Zwar sind die Ruderer der Barke die „unvergänglichen Sterne" (d. h. die Zirkumpolarsterne), dennoch entschließt sich der Zauberer im Interesse des Königs zur Einschüchterung der Sonne.[182]

Der Text eines Zauberpapyrus droht damit, daß die Sonne nicht aufgehen wird, wenn das Gift die von Horus verfertigten sieben Knoten durchdringt, ja in einer anderen Schrift können wir zudem lesen, daß in diesem Falle die Nilflut ausbleiben werde und der Kult in den Tempeln nicht durchgeführt werden könne.[183]

Das vollständigste Bild von den katastrophalen Folgen des Stillstandes der Sonnenbarke gibt die Metternichstele. Deren Text wurde zwar mehr als zweitausend Jahre nach den Pyramidentexten geschrieben, das Motiv erscheint aber im wesentlichen in der gleichen Weise, nur der mythologische Hintergrund ist reichhaltiger: Das Horuskind wird von einem Skorpion gestochen, und der verzweifelten Isis sagt die Göttin Selket, die die Gestalt eines Skorpions hat:

„Was ist das? Was ist das? Wer ist gegen den Sohn Horus? Bete den Himmel an, Isis, daß die Mannschaft des Re still stehe und die Barke des Re nicht weiter fahre, bis der Sohn Horus an seiner Seite liegt." Isis schickte ihre Stimme zum Himmel, sie schrie zur „Barke der Millionen". Die Sonne stand still ihr gegenüber, bewegte sich nicht von ihrer Stelle. Mit seiner Zauberkraft ausgestattet, kam Thot mit dem mächtigen, gerechten Befehl: „Was ist geschehen, was ist geschehen, Isis, glorreiche Göttin, die ihren Zauberspruch kennt? Mit Horus kann nichts Böses geschehen, sein Schutz ist in der Sonnenbarke. Heute kam ich aus der Barke des Gottes, die Sonnenscheibe steht aber noch an ihrer Stelle von gestern. Dunkelheit ist entstanden, das Licht ist verbannt, bis Horus wieder gesund wird, für seine Mutter Isis und auch jeder Kranke ebenfalls . . ."[184]

Mit dem mächtigen Befehl des Re eilt Thot also dem Horus und *allen* Kranken zu Hilfe. Nach der Antwort der Isis versichert ihr Thot, daß der Schutz ihres Sohnes in guten Händen liegt, und fährt dann fort:

„Zurück, Gift! Siehe, der Zauber (kommt) aus dem Mund des Re, die Zunge des Großen Gottes hält (dich) fern. Die Barke steht still, fährt nicht weiter, die Sonnenscheibe steht an ihrer gestrigen Stelle, bis Horus wieder gesund wird für seine Mutter Isis und der Kranke ebenfalls gesund wird für seine Mutter. Komm heraus auf die Erde (Gift), damit die Barke weiter fahren kann und die Mannschaft den Himmel bereist."[185]

Das Auftreten des Zauberers geschieht hier in einer eigentümlichen, vorsichtigen Art und Weise. Nicht er spricht die schwerwiegenden Drohungen aus, im Interesse des Horuskindes und aller Kranken, sondern die gefährliche Lage der Sonnenbarke wird von Thot geschildert.

Das Aufhalten der Sonne bringt die Verwirrung der Zeit mit sich, was die Ägypter stets als eine reale Gefahr fürchteten.

Da das Motiv des Aufhaltens der Sonne auch in das Alte Testament gelangte (Schlacht von Gibeon)[186], überrascht es nicht, daß es später zudem Eingang fand in die griechischen und koptischen Lebensbeschreibungen der christlichen Einsiedler und Mönche in Ägypten.

Ein heiliger Mann namens Patermuthios machte sich einmal von der Wüste aus auf den Weg, um die kranken Mönche im Dorf zu besuchen. Die Sonne ging schon unter, er wollte aber nicht im Dunkeln ankommen. Darum befahl er der Sonne im Namen Jesu, für eine kurze Zeit stillzustehen. Es war nur eine halbe Sonnenscheibe zu sehen, trotzdem ging sie über Stunden hinweg nicht unter, und die sich versammelnden Bewohner des Dorfes staunten über diese sonderbare Erscheinung.[187]

Ein koptischer Text beruft sich ausdrücklich auf das Alte Testament: „Ich habe einen Menschen in Schiêt gesehen, der die Sonne am Himmel zum Stillstand bringen konnte wie Josua ...“[188]

Es kann als sicher gelten, daß bei der Anwendung dieses Motivs in der christlichen Zeit trotz Beeinflussung durch die genannte Bibelstelle auch und vor allem die Traditionen der altägyptischen Zauberei eine Rolle spielten.

Der Wunsch nach magischer Beeinflussung der Sonnenbahn begegnet uns nicht nur im Altertum, sondern auch in vielen schriftlosen Kulturen. Man will den Lauf der Sonne beschleunigen, sie mit einem Netz oder einer Schlinge einfangen, um sie so oder auf andere Weise zum Stillstand zu bringen.[189]

Die schönste Bearbeitung dieses Themas ist in der griechischen Literatur zu finden. In der Odyssee hält Pallas Athene den Morgen auf, damit Odysseus, der nach vielen

Unbilden heimkehrte, und seine Frau Penelope sich länger über das Wiedersehen freuen können.[190]

Das Aufhalten des Mondes kommt in der ägyptischen Zauberei seltener vor. Doch wissen wir aus einem demotischen Weisheitsbuch, daß man sich vor dem Ausbleiben des Mondaufganges ebenfalls fürchtete:

„Ach folge doch der Mond der Sonne und versäume den Aufgang nicht!"[191]

Das Herunterziehen des Mondes vom Himmel war eine besondere Kunst der thessalischen Hexen. Auf griechischen Vasen kann man sehen, wie sie mit Schwert, Stock und Seil die erschrockene Mondgöttin zu sich ziehen.[192]

Wenn der Zauberer in einem Pyramidentext damit droht[193], daß der Sothisstern nicht geboren werde, so gefährdet er damit die Lebensgrundlage der Ägypter, denn das Ausbleiben des Sothissternes hätte auch das Ausbleiben der Nilflut bedeutet, von der das Land lebte.

Man sah zwischen dem Aufgang der Sterngöttin Sothis und der Nilflut einen direkten Zusammenhang, da das Wiedererscheinen des zuvor 70 Tage lang unsichtbaren Sternes unmittelbar vor dem Sonnenaufgang mit dem starken Steigen der Überschwemmung zusammenfiel.

Die Phantasie des Zauberers, der die Weltordnung zerstören wollte, schreckte auch vor der Heraufbeschwörung des Weltendes nicht zurück. Die Drohung, der verstorbene König werde die Arme des Schu (Luftgott) unter Nut abschlagen[194], sollte den Einsturz des Himmels bewirken.

Auch bei Streitigkeiten der Götter untereinander wird der Untergang der Welt angedroht. Als sich in der schon mehrmals erwähnten Geschichte von Horus und Seth das Gericht des Re an die Gottesmutter Neith wendet, antwortet diese ihnen in einem Brief:

„Gebt das Amt des Osiris seinem Sohn Horus! Gebt keine so großen Beispiele für das Unrecht, das ist unzulässig! Sonst werde ich böse, und der Himmel wird auf die Erde fallen!“[195]

„N. N. ergreift den Himmel und zerschmettert sein Erz“, ist in einem Pyramidentext zu lesen[196], dessen Verfasser sich den Himmel nicht als Göttin, sondern als einen ehernen Baldachin vorstellt.

Auch in einem Papyrus aus dem Neuen Reich ist der Himmel das Objekt von Drohungen des Zauberers:

„Ich werde herbeiführen, daß der Himmel sich umkehrt.“ Weiterhin heißt es: „Ich werde herbeiführen, daß der Himmel sich in der Mitte spaltet ...“[197]

In den Drohungen der Magier ist auch die Rede davon, daß nicht der Himmel herabstürzen, sondern die Erde in die Höhe steigen soll:

„Und ich werde herbeiführen, daß die Erde bis zum Himmel steigt.“[198]

Das mythologische Äquivalent dieses Bildes ist in einem früheren Papyrus zu finden, wo der Zauberer einen bösen Totengeist anklagt, er habe Apophis anstelle des Re in den Himmel gebracht.[199] Das ist schon eine Gotteslästerung, die der Zauberer gegen Re als Drohung nicht auszusagen wagt, er schiebt diese Sünde vielmehr dem schädlichen Dämon zu, um nicht den Zorn der Götter auf sich zu lenken.

Eine drastische Drohung gegen Re und Osiris findet sich in Kapitel 93 des Totenbuches:

„Wenn man mir gegenüber feindlich verfahren wird, wie es bei den Feiern der Aufrührer (d. h. anläßlich des Sieges über sie) üblich ist, dann werde ich das Geschlechtsorgan des Re und den Kopf des Osiris verschlucken."[200]

Die Beschwörung kosmischer Katastrophen, wie sie in den Zaubertexten des öfteren auftaucht, sollte also in manchen Fällen der Einschüchterung der Götter dienen. Der Zauberer kann Drohungen dieser Art als Vergeltung für Unbilden bezeichnen, die ihn oder seine Schützlinge getroffen haben, er kann sie aber auch aussprechen, um von den Göttern die Erfüllung irgendeines Wunsches zu erzwingen.

Ein Ostrakon gibt eine lebhafte Beschreibung der verkehrten Welt nach einer derartigen kosmischen Katastrophe:

„... Die Erde ist in Dunkelheit. Die Gefäßscherben gehen herum, der Stein spricht, die Berge spazieren, die Männer und Frauen rufen: Re wurde in der Nacht gebissen!"[201]

Hier trifft das Unglück den Sonnengott, und der Schlangen- oder Skorpionbiß übt eine verhängnisvolle Wirkung auf die ganze Welt aus. Aufgrund der bisherigen Beispiele können wir den lückenhaften Text mit großer Wahrscheinlichkeit vervollständigen. Das Unglück des Sonnengottes wird mit dem Zustand des vergifteten Patienten des Zauberers verglichen. Die Aufhebung der Wirrnis und die Heilung des Re liegt auch im Interesse der Götter, darum vertraute man auf die Kraft des Zauberspruches.

Nicht nur die Götter können den Gesetzen des Schicksals entgegentreten, sondern auch der Zauberer. Einer von ihnen droht damit, daß die sieben Hathoren — die Schicksalsgöttinnen — im Rauch in den Himmel fliegen werden.[202]

Namensmagie und Zauberworte

Eine kosmische Katastrophe kann nicht nur ein Zauberspruch, sondern auch das Aussprechen einzelner Götternamen hervorrufen. Bei einer der Beschwörungen gegen Krokodile ist das die Hauptwaffe des Zauberers, der sich mit dem Gott identifiziert. Die Kraft des Zauberspruches steigert er mit einer Zeichnung des heiligen Udjat-Auges und des Kriegsgottes Onuris.

„Ich bin der Erwählte von Millionen, der aus der Unterwelt kam und dessen Name unbekannt ist. Wenn der Name am Ufer des Flusses ausgesprochen wird, wird der Fluß austrocknen. Wenn der Name auf der Erde ausgesprochen wird, bringt sie eine Flamme hervor. Ich bin Schu, das Abbild des Re, der im *Udjat*-Auge seines Vaters sitzt. Wenn der Bewohner des Wassers seinen Mund auftut, wenn er mit seinen Armen schlägt, werde ich es vollbringen, daß die Erde in die Flut hinabsinkt und der Süden zum Norden wird und die Erde sich umdreht.

Dies soll viermal über einem Udjat-*Auge gesprochen werden. Die Figur des Onuris soll darin sein, gezeichnet durch die Hand eines Mannes,*“[203]

Der Leidener Hymnus an Amun preist das geheimnisvolle Wesen des Gottes und gedenkt seines Namens:

„Kein Gott kennt seine wahre Gestalt,
Sein Bild wird nicht entfaltet in den Schriftrollen,
man lehrt nicht über ihn ...

Er ist zu geheimnisvoll, um seine Hoheit zu enthüllen,
er ist zu groß, um ihn zu erforschen,
zu stark, um ihn zu erkennen.
Man fällt um auf der Stelle vor Schrecken,
wenn man seinen geheimen Namen wissentlich oder unwissentlich ausspricht."[204]
(Übersetzt von J. Assmann. Ägyptische Hymnen und Gebete, Zürich—München 1975, 318.)

Aus einer Inschrift Ramses' IV. (12. Jahrhundert v. Chr.) wissen wir, daß es als Sünde galt, wenn jemand den Namen des Ptah-Tatenen aussprach.[205]

Dem geheimen Namen des Amun wurde offenbar deshalb eine besondere Bedeutung zugeschrieben, weil Amun selbst „Der Verborgene" bedeutet, und so wurde angenommen, daß die in den Darstellungen der Tempel unzähligemal erscheinende Gestalt und der tausendfach eingemeißelte Name nur eine Erscheinungsform des Gottes ausdrückt, sein wahres Wesen aber unbegreiflich bleibt und es ratsam ist, sich vor seinem wirklichen Namen zu hüten.

Der wahre Name Amuns war also ein Tabu, ebenso wie das Aussprechen des Wortes Jahwe verboten war, und zwar in einem solchen Maße, daß die richtige Namensform im Mittelalter nicht mehr bekannt war und infolge der Einfügung falscher Vokale die unrichtige Namensform Jehova entstand.

Vor dem Namen des Seth, der aus hundert (!) Buchstaben besteht, zittern die Erde, der Himmel, die Unterwelt und die Sterne.[206]

Von der Angst vor dem Aussprechen geheimer Namen

wußte auch noch Cicero. Er erwähnt, daß die Ägypter die Nennung des Merkur (Thot) für verboten hielten.[207]

Die Enthüllung des geheimen Namens kann auch als eine Drohung gegen die Götter vorkommen (Kapitel 25 des Totenbuches).[208]

„Wenn mir irgendein Gott nicht folgen wird, verrate ich seinen Namen der Nachwelt." So will der Tote die Götter in seinen Dienst zwingen.

Der zum Gott gewordene Tote kann ebenfalls einen geheimen Namen besitzen:

„Dieser N. ist der Herr der Schlauheit (?), dessen Namen auch seine Mutter nicht kennt."[209]

Das Bekanntwerden des geheimen Namens macht den Besitzer dieses Namens machtlos, so daß er seinen Feinden ausgeliefert ist. Auch die Götter waren bestrebt, ihre geheimsten Namen voneinander zu erfahren; davon berichtet ein Zauberpapyrus in Turin:[210]

Isis, die Göttin mit mächtiger Zauberkraft, entschloß sich, den verborgenen Namen des Re zu erforschen. Sie wußte nämlich alles auf der Erde und im Himmel, nur den Namen des Re zu erfahren, gelang ihr nicht. Sie wandte ein außergewöhnlich böses Verfahren an.

Sie schuf aus Erde einen Wurm und legte ihn auf den Weg, den der Gott entlangging. Der Wurm biß den Sonnengott, dessen Schmerzensschrei daraufhin bis zum Himmel drang. Seine Lippen und alle Glieder zitterten, das Gift durchströmte seinen Körper wie der Nil. Er ließ sein Gefolge zu sich kommen und teilte ihnen mit, welches Unglück ihn getroffen hatte. Es ist kein Feuer und kein Wasser, doch brennen seine Glieder, und sein Körper zittert vor Kälte.

Auch Isis kam zu Re, ließ sich sein Unglück erzählen und versprach, ihm zu helfen, wenn er ihr seinen Namen verrate. Der Gott erzählte dann in einer feierlichen Hymne, wer er ist und was er geschaffen hatte, daß er Cheper und Atum sei. Isis antwortete darauf, daß das nicht sein wirklicher Name ist. Der Gott litt so schrecklich, daß er seinen Namen nicht mehr geheimhalten konnte, und so erreichte Isis ihr Ziel. Re bat sie darum, seinen geheimen Namen nicht zu verraten, sie durfte ihn nur ihrem Sohn Horus weitergeben. Nach dem Papyrus ist dieser Name ein wirkungsvoller Zauber gegen allerlei Gift. Isis gelangte so in den Besitz des Namens, der Leser des Papyrus aber nicht, der Schreiber des Textes behielt also das größte Geheimnis für sich. Aus der Nachschrift ergibt sich übrigens, daß der ganze Mythos eigentlich ein Zauberspruch gegen Gift ist.

Beim Lesen der Drohungen gegen die Götter stellt man die Frage: Wie konnten diejenigen, die im Bannkreis der Magie lebten, diese Sprüche ernst nehmen, da jeder Zauberer sich eigentlich darüber im klaren sein mußte — wenn er auch glaubte, er könne mit Beschwörungen helfen oder schaden —, daß die Sonne ebenso wie die gesamte Natur nicht zu beeinflussen sind und es außerhalb seiner Möglichkeiten lag, die kosmische Ordnung zu stören.

Und doch sehen wir, daß diese Drohungen über mehrere Jahrtausende hinweg in zwar wechselnden Formen, aber im wesentlichen mit den gleichen Grundgedanken auftauchten und eine der konstantesten Äußerungen der falschen Bewußtseinswelt der Magie darstellten. Wenn wir uns in die Gedanken des Zauberers zu versetzen trachten, so kann vielleicht der Glaube an die allmächtige Kraft des

Wortes eine Erklärung geben. Nach dem magischen Weltbild stehen Tiere, Minerale und *Worte* in engem Zusammenhang mit je einer Gottheit, sie üben eine große Macht auf sie aus. Das ewige *Forschen* nach den wirksamsten und neuen Formeln sicherte den zähen Fortbestand der geschilderten Drohungen.

Diese magischen Drohungen beunruhigten am Ende des Altertums auch die in den orientalischen Religionen bewanderten neuplatonischen Philosophen, hauptsächlich Porphyrios und Iamblichos. Sie versuchten im Geist des alten Glaubens eine Erklärung zu finden, die für die an Götter glaubenden, gebildeten Schichten und die Philosophen gleichermaßen annehmbar war. Iamblichos zählt in seinem Buch über die Mysterien[211] die zu jener Zeit üblichen Drohungen auf: die Erschütterung des Himmels, die Enthüllung der Geheimnisse der Isis und der heiligen Stadt des Osiris, Abydos, das Anhalten der Sonnenbarke, das Verstreuen der Glieder des Osiris für Typhon (Seth). Nach Iamblichos wirken diese Drohungen nicht auf die Götter, sondern nur auf die unwissenden Dämonen. Der Zauberer, der im Besitz der geheimen Symbole ist, befiehlt den Kräften des Weltalls nicht als Mensch, sondern er erhebt sich gewissermaßen in den Rang eines Gottes. Die Geheimnisse des Osiris halten die kosmische Ordnung aufrecht, darum bleiben solche Drohungen auf die irdischen Dämonen, die diese Geheimnisse wahren, nicht ohne Wirkung.

Iamblichos geht auch auf die sinnlos erscheinenden, fremdartig wirkenden Wörter ein[212], die sich durch alte Zaubersprüche und heilige Texte ziehen. Nach seiner Auffassung sind dies die Namen, welche die Götter lieben, und darüber sind alle logischen Erwägungen vergebens. Die barbarischen Namen haben darum eine besondere Bedeutung, weil die Sprachen der heiligen Völker, der Assyrer und der Ägypter, nach den Lehren der Götter für die Zeremonien am besten geeignet sind. Diese Namen können nicht genau interpretiert werden, und sie würden durch Übersetzung ihre Kraft verlieren. Die Griechen sind stets auf Neuerungen bedacht, die Barbaren aber bewahren ihre uralten Traditionen.

Unübersetzbare Zauberworte erscheinen schon in den Pyramidentexten, später im Totenbuch, besonders in den Kapiteln 163 bis 167. *Kirk, Nesqebeb, Weresget*[213] und andere, in der ägyptischen Mythologie sonst nicht vorkommende, speziell für einzelne Texte erfundene sinnlose Namen sind in diesen Kapiteln zu lesen.

Auch in einem Zauberspruch gegen Löwen finden wir völlig unsinnige Wörter, die nichts bedeuten: *eder, edesen, edergeh* usw.[214]

Der Londoner medizinische Papyrus enthält angeblich auch einen Zauberspruch in kretischer Sprache.[215]

Die genaue Aussprache der Zauberworte war so wichtig, daß sie in dem großen demotischen Zauberpapyrus aus der Römerzeit mit griechischen Buchstaben über die Zeilen geschrieben wurden, da in der demotischen Schrift die Vokale nicht genau angegeben werden konnten.[216]

Auch die griechischen Zaubertexte aus Ägypten sind voll von Zauberworten, deren Herkunft und Bedeutung nur manchmal angegeben werden können. Mit dem Wort *Abraxas* werden wir uns noch im Zusammenhang mit den Amuletten beschäftigen. Das Zauberwort *ablanathanalba,* das rückwärts gelesen ebenso klingt (Palindrom; im

Griechischen ist das *th ein* Buchstabe), kommt häufig vor. Es ist vielleicht hebräischer Herkunft (Vater, komm zu uns [?]). Das Wort *bainkhôôôkh* ist offenbar koptisch und heißt wohl „Geist der Dunkelheit".[217] Es kann jetzt nicht unser Ziel sein, die mitunter aus mehreren Zeilen bestehenden Buchstabenanhäufungen und Wortmonstren zu analysieren. Außer den Zauberworten wurde auch den sieben Vokalen des griechischen Alphabets magische Kraft zugeschrieben.

Iamblichos konnte oder wollte die einfache Wahrheit nicht aufdecken, daß die Psychologie der Zauberei zu jeder Zeit geheimnisvolle Texte und Zeremonien verlangte, und die Leute, die an den Zauber glaubten, hörten den ihnen unverständlichen Worten gewiß mit einem frommen Schauer zu.

Ob sich unverständliches Kauderwelsch oder ein Zauberspruch mit hohem literarischem Niveau in der Requisitenkammer des Magiers befindet, die Kraft des Wortes ist für ihn der entscheidende Faktor, das Wort — wenn er das entsprechende *findet* — kann heilen, unterwerfen, Götter erschrecken.

Die Magie des Wortes lebt bis heute. Ein schönes Beispiel dafür kann man in Gorkis Roman *Chozjain* (1913) finden.[218] „Es gibt einen geheimen Vers. . . wer ihn kennt, kann alles erreichen, weil das der Spruch des Glücks ist! Doch darf niemand alles kennen, die Wörter sind unter den Leuten verteilt, überall in der Welt, bis die Zeit kommt. . . . Man muß die Wörter sammeln und den Vers zusammensetzen . . .

Dieser Vers sagt stets dasselbe, gleichgültig, ob er vom Anfang oder vom Ende her gelesen wird. Ich kenne schon einige von diesen Wörtern; ein Mann, der aus der Ferne hierher kam, war im Spital, und er hat sie mir vor seinem Tode anvertraut. Es gibt etliche solcher obdachlosen Wanderer auf der Welt, die die geheimen Wörter fleißig zusammentragen. Und wenn alle gesammelt werden, wird das die ganze Welt erfahren...“

(Übersetzt von László Kákosy)

III. Die Geschichte der Zauberei in Ägypten

Während der Jahrhunderte änderten sich die Methoden und der Anwendungsbereich der magischen Praktiken. Wenn wir irgendein Rezept des Papyrus Ebers und die Zaubertexte aus der römischen Kaiserzeit vergleichen, so werden wir auffallende Abweichungen finden, die aber nicht bedeuten, daß sich die prinzipiellen Grundsätze und Zwecke der Magie geändert hätten.

Im folgenden versuchen wir, die Rolle der Zauberei in den verschiedenen Perioden der ägyptischen Geschichte zu skizzieren und zu untersuchen, in welcher Weise die soziale und weltanschauliche Krise des Neuen Reiches die immer größere Verbreitung der Zauberkunst förderte. Die Untersuchung dieses Problems aus historischer Sicht wurde bisher von der Forschung vernachlässigt.

Aus der Zeit des Alten Reiches ist die Zauberei in erster Linie aus den Totentexten (Pyramidentexten) bekannt, die erhalten gebliebenen Quellen beweisen, daß die Priester die Magie hauptsächlich im Interesse des Wohlergehens des Herrschers im Jenseits anwandten. Im Volksglauben spielte der Schutz vor gefährlichen Tieren eine wichtige Rolle.

Im Mittleren Reich stand der staatlich praktizierte Schadenzauber im Mittelpunkt (Ächtungstexte), der als eine wirkungsvolle Waffe zum Schutz des Herrschers angesehen wurde. Da ein Teil der durch Handschriften des Neuen Reiches bekannten medizinischen Texte wie zum Beispiel der Papyrus Ebers wahrscheinlich zur Zeit des Mittleren Reiches oder nachfolgend während der 2. Zwischenzeit entstanden ist, kann angenommen werden, daß die Zauberkunst in gewissem Maße auch die Heilkunst beeinflußte. Aus den erhalten gebliebenen Märchen des Papyrus Westcar wird deutlich, daß die Zauberer vom Volk für fähig gehalten wurden, die verschiedensten Wunder zu vollbringen.

Der Beginn des Neuen Reiches, also das 16. Jahrhundert v. Chr., ist ein bedeutendes Zeitalter in der Geschichte der ägyptischen Medizin gewesen. Die Texte des Papyrus Edwin Smith und des Papyrus Ebers wurden um 1550 v. Chr. abgeschrieben.[219] Nur der medizinische Papyrus von Kahun ist früher geschrieben worden (um 1850 v. Chr.).[220] In diesen frühen Schriften, besonders im Text des Papyrus Kahun und des Papyrus Edwin Smith, spielt die Magie nur eine untergeordnete Rolle. Im Papyrus Ebers hingegen sind mehr Zaubersprüche zu finden, und selbst die Einleitung ist magischen Charakters. Im Verhältnis zum Umfang des gesamten Textes nimmt die Zauberei aber auch hier noch einen unbedeutenden Platz ein.

Im weiteren Verlauf der 18. Dynastie trat dann ein bemerkenswerter Wandel ein, der auf den ersten Blick allerdings nur schwer zu verstehen ist, denn die Zauberei wurde nun ein wichtiger Faktor in den medizinischen Texten.[221] Der wahrscheinlich um die Mitte des 14.

Jahrhunderts v. Chr. geschriebene Londoner medizinische Papyrus[222] ist schon mehr eine magische als eine wissenschaftliche Abhandlung. Er macht insgesamt einen anderen Eindruck als die früheren medizinischen Texte, er kann das Werk eines Autors sein, der mehr an Beschwörungen als an die Heilmittel glaubte.

Die Verschiebung der Akzente zugunsten der Magie wird noch deutlicher, wenn wir wenigstens kurz die religiöse Entwicklung des Neuen Reiches betrachten. Nach der Vertreibung der Hyksos und der Wiederherstellung der Einheit Ägyptens kamen solche Bestrebungen wieder zur Geltung, die auf dem Gebiet des Jenseitsglaubens die alte privilegierte Stellung des Königs, wie sie einst im Alten Reich bestand, erneut herstellen wollten. Jetzt wurden jedoch nicht mehr die Pyramidentexte für dieses Ziel ausgewählt, da diese ebenso wie die Sargtexte und das Totenbuch bereits in weiten Kreisen des Volkes verwendet wurden, sondern es kam eine neue Schrift über das Jenseits auf, das sogenannte Amduat[223], das die Reise der Sonne durch die zwölf Stunden der Nacht in Bildern darstellt und beschreibt. Das Amduat erscheint erstmals im Grab Thutmosis' I. Aus der Einleitung geht hervor, daß der Text ursprünglich in einem geheimen Saal angebracht war; wer diesen Text kennt, dem wird ein besonderes Schicksal im Jenseits zuteil. In der 9. Stunde befindet sich der König in Begleitung des Sonnengottes im Jenseits, was hier deshalb so wichtig ist, weil sich aus anderen Teilen des Amduat ergibt, daß es den Toten nicht erlaubt ist, die Gottheit zu begleiten. Die Verfasser des Amduat erkannten höchstwahrscheinlich die Autorität der anderen Schriften über das Jenseits nicht an, denn das Totenbuch versprach beispielsweise, daß der Tote in der Barke des Sonnengottes reisen darf (Kapitel 100, 102).

Lange Zeit behielten es sich die Könige vor, das Amduat in ihren Gräbern anbringen zu lassen, Privatpersonen wurde es nur ausnahmsweise erlaubt, so etwa dem Wesir Useramun.[224] Ähnlich verhielt es sich mit zwei anderen Schriften über das Jenseits, dem Pfortenbuch und dem Höhlenbuch. Das Pfortenbuch erscheint zuerst im Grab des Haremhab, das Höhlenbuch ist in ausgearbeiteter Form seit der Zeit Merneptahs (Ende des 13. Jahrhunderts v. Chr.) bekannt.[225] In der Spätzeit verbreiteten sich diese Schriften über das Jenseits ähnlich wie früher die Pyramidentexte auch in breiteren Kreisen, sie wurden in Privatgräbern und auf Sarkophagen angebracht.

Der Inhalt dieser Texte und die Tatsache, daß sie lange Zeit nur für einen kleinen Kreis von Auserwählten zugänglich waren, lassen den wieder stärker gewordenen magischen Charakter des königlichen Jenseitsglaubens im Neuen Reich erkennen. Wenn das auch nicht unmittelbar die Entwicklung der damaligen Zauberei beeinflußte, so wurde doch damit eine günstige Atmosphäre für die Verbreitung verschiedener für wunderkräftig gehaltener Texte geschaffen.

Ein anderer Faktor, der bei der geistigen und politischen Krise des Neuen Reiches eine maßgebliche Rolle spielte, war das immer stärker werdende Bestreben der Priesterschaft des Gottes Amun, die weltliche Macht an sich zu reißen und ein theokratisches Staatssystem zu schaffen. Seit dem Beginn des Neuen Reiches waren die Orakel des Amun bei der Entscheidung von Staatsangelegenheiten von großer Bedeutung. Die Orakel des Gottes wurden durch das Verhalten seiner Statue den Gläubigen zur Kenntnis gebracht. Die zustimmende oder abschlägige Antwort Amuns zeigt sich, indem die Statue näher kam oder sich zurückzog.[226] Die Priester veranstalteten die Orakelentscheidungen geschickt als ein publikumswirksames Spektakel. Die Orakel fanden meist bei Prozessionen statt, wenn die Priester die Barke und die darauf aufgestellte Statue des Gottes auf ihren Schultern trugen. Aber auch bei anderen Gelegenheiten konnten Orakel gegeben werden.

Die Priester des Amun mußten lange kämpfen, bis sie ihr Endziel erreichten. Die Könige wollten trotz ihrer scheinbaren Ergebenheit gegenüber Amun den Übergriffen seiner Priester Einhalt gebieten, und von Zeit zu Zeit förderten sie die Kulte anderer Gottheiten, um den Einfluß des Amun zurückzudrängen. Zur Zeit des Neuen Reiches war zudem die Verehrung vieler fremder, hauptsächlich asiatischer Götter in Ägypten weit verbreitet, so etwa von Baal, Astarte, Reschep und Qadesch. In einem noch unpublizierten Budapester magischen Papyrus tritt der ugaritische Gott Kotar auf.

Die Herrscher Ägyptens, das nun zur Großmacht geworden war, schrieben den Zauberern des eroberten Nubiens, des „elenden Kusch“, eine furchtbare Kraft zu. In einem Brief an Usersatet, den ägyptischen Gouverneur in Nubien, warnt Amenophis II. diesen eindringlich vor den Nubiern und ihren Zauberern.[227]

Die Geschichte der Magie zeigt in Ägypten vom Alten Reich bis zum 14. Jahrhundert v. Chr. im großen und ganzen ein einheitliches Bild. Die Mehrzahl der Zaubertexte stand in irgendeiner Form im Dienste des Herrschers, man wollte mit diesen Texten das Weiterleben des Königs im Jenseits oder die Vernichtung seiner Feinde bewirken. Daneben ist ein stetiger „Demokratisierungsprozeß“ zu registrieren, der dazu führte, daß die Totentexte, deren Besitz ursprünglich ein Privileg des Königs war, schließlich zum Allgemeingut wurden.

In der Wissenschaft spielte der Zauberer eine verhältnismäßig unbedeutende Rolle. Verglichen mit späteren Zeiten sind auch nur verhältnismäßig wenige Denkmäler der volkstümlichen Magie bekannt. Da das archäologische Material reichhaltig ist, handelt es sich hier nicht um einen Mangel an Funden, sondern darum, daß die Magie bis zur Amarna-Zeit bei weitem keinen so bedeutenden Platz im geistigen Leben Ägyptens einnahm wie später. Zwar lassen sich keine strikten Trennungslinien ziehen, doch können nach unserer Meinung immerhin drei größere Perioden in der Geschichte der ägyptischen Zauberei unterschieden werden. Die erste Periode dauerte bis zum 14. Jahrhundert v. Chr., die zweite vom Ende der 18. Dynastie bis zum 3. Jahrhundert v. Chr., und die dritte schließlich reicht bis in die christliche Zeit.

Ägyptens Expansion und der Kontakt mit den Kulturen Vorderasiens brachten neue geistige Strömungen in das Land am Nil. Zur Zeit Amenophis' III. machten sich in dem immer internationaler werdenden Ägypten die ersten Anzeichen einer schweren inneren Krise auf sozialem und geistigem Gebiet bemerkbar. Zwei religiöse Strömungen treten nun deutlich hervor. Die erste, deren Hauptvertreter nach unseren gegenwärtigen Kenntnissen der Prinz und memphitische Hohepriester Thutmosis war, zielte darauf ab, den Tierkult populär und auch für die oberen Schichten annehmbar zu machen. Thutmosis ließ das erste Grabmal eines Apisstieres auf dem Friedhof von Memphis errichten[228], und ein in Memphis gefundener Katzensarg trägt ebenfalls seinen Namen.[229] Wahrscheinlich verbreitete er als erster die Lehre, daß selbst die heiligen Tiere nach dem Tod — ebenso wie die Menschen — zu Osiris werden, was zu einer immer übertriebener wirkenden Verehrung dieser Tiere seit der 19. Dynastie beitrug. Seit dem Alten Reich waren Tiere ein wichtiger Bestandteil der ägyptischen Religion — man denke etwa an die Tierköpfe oder die Tiergestalt vieler Götter —, aber erst im späteren Neuen Reich und in der Spätzeit erreichte der Tierkult ein solches Ausmaß, daß Fremde später oft Anstoß daran nahmen.

Von seiner tödlichen Krankheit erhoffte Amenophis III. Heilung durch eine Statue der Göttin Ischtar aus Ninive, welche ihm der König von Mitanni geschickt hatte.[230] Hier begegnen wir in Ägypten erstmals dem Glauben an die heilende Kraft von Götterstatuen.

Eine andere religiöse Strömung dagegen, deren Führer und begeisterter Prophet Prinz Amenophis, der spätere Pharao Echnaton, war, betrachtete den Sonnenkult als diejenige Form der Religion, die den Ägyptern und Vorderasiaten eine gegenseitige Annäherung ermögliche. Im großen Sonnenhymnus des Echnaton ist Aton nicht nur Gott der Ägypter, sondern er wacht über die ganze Welt. Aton ist kein Falkengott mehr, er erscheint in Gestalt der Sonnenscheibe (oder Kugel) und ist für alle Menschen in gleicher Weise sichtbar. Der Kult des Aton war verbunden mit der Abschaffung der Verehrung der anderen Götter und mit der Verfolgung insbesondere des Amun. In unzähligen Inschriften wurde der Name des Amun zerstört. Der Aufbau der neuen Hauptstadt Achetaton

(„Lichtberg des Aton“, heute Tell el-Amarna) bedeutete den völligen Bruch mit Theben und der dortigen Priesterschaft. Auf die einstige Oberschicht konnte sich der König nicht verlassen, die stärkste Stütze seiner Macht bildeten vielmehr die Beamten einfacher Herkunft.

Für die alten Totentexte war an den Wänden der Gräber in Achetaton kein Platz, an ihre Stelle traten die Lobgesänge Atons und des Königs. Der König verbannte die Magie aus dem Totenkult, die *Uschebtis* waren keine Zauberfiguren mehr, auch sie verkündeten jetzt die Macht Atons.[231]

Die Amarna-Reform konnte nicht siegen, da sich der König nur auf das neue Beamtentum stützen konnte. Unter den breiten Volksschichten wurden seine Ideen nicht populär, und dieser Umstand ermöglichte nach seinem Tod den Anhängern der alten Religion die Machtergreifung. Tutanchamun wurde bereits nach den alten Grabriten bestattet, Aton wurde aber zu dieser Zeit noch nicht verfolgt.[232] Zu Beginn der 19. Dynastie erfolgte die Beseitigung der Überreste der Reform von Amarna. Der dramatische Kampf zwischen den Priestern des Amun und dem Königtum setzte sich aber hinter den Kulissen fort. Nach der starken Hinwendung zum Amunkult während der ersten Jahre seiner Herrschaft stellte sich Ramses II. später selbst als Gott dar.[233] Die Vergöttlichung des Königs nahm schließlich groteske Formen an. In Abu Simbel verehrte zum Beispiel der lebende Pharao Ramses den Gott Amun, die Göttin Mut und sich selbst als den Gott Ramses! Mit der Unterstützung des Kultes anderer Götter und seiner eigenen Apotheose wollte er die Macht der Amun-Priester einschränken, zu denen er ansonsten in einem scheinbar freundschaftlichen Verhältnis stand.

Eine neue Entwicklung des Tierkultes stellte das *gemeinsame* Grabmal der Apisstiere dar, das Prinz Chaemwese, der Hohepriester von Memphis und Sohn Ramses' II., bauen ließ.[234] Die in der Nähe von Heliopolis gefundenen Gräber der Mnevisstiere[235] sind ein weiteres Anzeichen für die Verbreitung des Kultes dieser toten Tiere unter Ramses II. und seinen Nachfolgern. Aus der Zeit der 19. Dynastie besitzen wir Angaben über die Bestattung toter Ibisse.[236] Diese Ausdehnung des Kultes auf die *toten* Tiere ist ein neues Element in der ägyptischen Religion.

Während der langen Herrschaft Ramses' II. und auch unter seinen Nachfolgern setzte sich der Prozeß der Erstarrung und Verknöcherung der ägyptischen Gesellschaft fort. Langsam bildete sich jene strenge Abgeschlossenheit der ägyptischen Kultur heraus, die später jeden näheren Kontakt mit der Außenwelt erschwerte.

Für den historischen Werdegang der ägyptischen Religion und Magie stellt die Amarna-Zeit mit ihrer Vorgeschichte und ihren Nachwirkungen eine wichtige Zäsur dar. Die Entwicklung zum Monotheismus und Rationalismus hin, welche die mythologischen Strukturen zu überwinden trachtete, fand gegen Ende des 14. Jahrhunderts v. Chr. ihren Abschluß. Nach der Amarna-Zeit beginnt dann die zweite Epoche der Magie.

Nicht nur ein Londoner Papyrus, der offenbar gegen Ende der 18. Dynastie geschrieben wurde, beweist die Ausbreitung der Magie zu jener Zeit, sondern auch die sogenannten Horusstelen gegen Schlangenbisse und Skorpionstiche, deren Ursprünge wahrscheinlich bis in die 19. Dynastie zurückreichen.[237] Auf der ersten heilenden Statue, welche Ramses III. darstellt (20. Dyn.), sind ebenfalls Beschwörungen gegen Schlangen und Skorpione angebracht.[238]

Aus den letzten Jahrzehnten der 19. Dynastie ist uns ein Brief erhalten geblieben, in dem ein Schreiber seinem Gefährten einen Zauberspruch schickt, der die Dämonen abschrecken soll, und zur Zeit Ramses' IV. (12. Jahrhundert v. Chr.) erhielt ein anderer Schreiber eine Beschwörung gegen Gift.[239] Keiner der beiden war Zauberer oder Priester, was ein Beweis dafür ist, daß zu dieser Zeit Zaubersprüche nicht nur von professionellen Magiern verbreitet wurden.

Der innere Verfall der 20. Dynastie war nicht nur durch den Kampf zwischen Priesterschaft und Königtum gekennzeichnet, es verschlechterte sich auch die Lage der verschiedenen Bevölkerungsschichten.

Die öffentliche Sicherheit war durch fremde Söldner gefährdet. Den Arbeitern, die an den königlichen Grabanlagen tätig waren, wurde der Lohn nicht ausgezahlt. Deshalb stellten sie im 29. Regierungsjahr Ramses' III. die Arbeit ein und streikten.[240]

Unter den Nachfolgern Ramses' III. kam es zu einem weiteren Verfall der königlichen Macht. Die Priesterschaft des Amun wandte sich schließlich auch gegen die Lehre vom göttlichen Charakter des Königtums[241], weil sie den weltlichen Herrscher als Hindernis bei der Verehrung des Amun betrachtete. Unter Ramses XI. (Ende des 12./Anfang des 11. Jahrhunderts v. Chr.) kam es zu der entscheidenden Machtprobe, als deren Ergebnis der König nur noch nominell regierte. Im Süden nahm Herihor, der Hohepriester des Amun, den Königstitel an, im Norden dagegen übte Esbindêde (Smendes) die Macht aus. Nach

Herihor regierten in Theben und Umgebung die Hohenpriester des Amun, unter denen einige auch den Königstitel führten. Sowohl in den Fragen der Politik als auch in privaten Angelegenheiten entschieden die Orakel des Amun, sie machten sogar das Weiterleben im Jenseits von der Gunst des Gottes abhängig.[242]

Auch der Dämonenglaube gewann an Bedeutung. Früher beschäftigten sich hauptsächlich die Totenliteratur und die medizinischen Texte mit den Dämonen, im 1. Jahrtausend v. Chr. vermutete man dagegen hinter jedem Schicksalsschlag deren Machenschaften, und überall auf der Erde, im Wasser und in der Luft gab es Dämonen. Die aus dem Mittleren Reich stammende Erzählung vom Hirten und der dämonischen Frau[243] sowie andere vereinzelte Indizien lassen zwar vermuten, daß die Phantasie des Volkes schon immer die Umwelt mit übernatürlichen Wesen bevölkert hatte, doch die religiöse Literatur begann sich erst nach der Jahrtausendwende intensiv mit diesen Geistern zu beschäftigen. Eine neue Gattung von Texten erscheint, in denen verschiedene Götter (meistens Month oder Chons, machmal auch Amun, Mut und andere) versichern, daß sie den Besitzer des Amulettes gegen jede Gefahr und auch gegen Dämonen beschützen.[244]

Der geschwächte ägyptische Staat geriet im 1. Jahrtausend mehrfach unter fremde Oberhoheit. Nach der Herrschaft der Libyer, Äthiopier und später der Assyrer gewann das Land seine Unabhängigkeit zurück und stieg noch einmal zu einer Großmacht auf (26. Dynastie, 663—525 v. Chr.). Das war die sogenannte Saitenzeit, als auch in Theben die Theokratie des Amun ein Ende hatte. Ein typisches Merkmal dieser Epoche ist der Archaismus.

Sowohl auf religiösem als auch auf profanem Gebiet nimmt man sich das Alte Reich zum Vorbild, aber auch die Denkmäler späterer Epochen werden nachgeahmt. Im Jahre 525 v. Chr. wird Ägypten von den Persern erobert. Diese werden endgültig erst 332 v. Chr. durch Alexander den Großen vertrieben, einige aufständische Dynastien hatten allerdings bereits vorher mehrere Male vorübergehend die Selbständigkeit des Landes erkämpft. Nektanebos II. (360—342 v. Chr.), der letzte Herrscher der 30. Dynastie, war als mächtiger Zauberer bekannt, weshalb es angebracht ist, die mit seiner Person zusammenhängenden Überlieferungen später gesondert zu behandeln. Vielleicht hängt der erneute große „Aufschwung" der Zauberliteratur im 4. Jahrhundert v. Chr. mit dem eigenartigen Interessengebiet des Nektanebos zusammen.

Seit der Saitenzeit unterhielt Ägypten ständige und enge Beziehungen zu den Griechen; auffallend ist aber, daß sich die ägyptische Kultur dem fremden Einfluß bis zur Zeit der Ptolemäer (323—30 v. Chr.) völlig verschloß. Während der griechisch-mazedonischen Herrschaft lernten viele Ägypter die griechische Sprache und Kultur kennen, die Priesterschaft bewahrte aber selbst während der römischen Zeit bis hin zum Sieg des Christentums die hieroglyphische und hieratische Schrift und vertrat die uralten religiösen Traditionen. Im öffentlichen Leben wurde zu dieser Zeit die demotische und griechische Schrift verwendet. Während der griechisch-römischen Zeit paßte sich die ägyptische Magie schnell den Lehren der zeitgenössischen Wissenschaft und Philosophie an, einige Zauberer erlernten sogar die griechische Sprache.

Eine bedeutende Persönlichkeit dieser dritten Epoche

der ägyptischen Zauberei und des griechischen Zauberwesens ist Bolos von Mendes.[245] Er wirkte um 200 v. Chr. und betrachtete sich als Nachfolger Demokrits, ja er gab sogar einen Teil seiner Schriften unter dem Namen des berühmten Philosophen heraus. Bolos von Mendes entwickelte die „Sympathielehre" zur Mystik und Magie hin weiter. Der Glaube an mystische Kräfte, welche die Natur durchdringen, ist in jeder primitiven Religion vorhanden, von der hellenistischen und römischen Zeit an beschäftigte sich aber selbst die Philosophie ausführlich damit, hauptsächlich der Stoiker Poseidonios. Nach und nach kam eine äußerst komplizierte, scheinbar logische und überzeugend wirkende Pseudowissenschaft zustande, die versuchte, die mysteriösen Wechselwirkungen und Zusammenhänge zwischen Menschen, Tieren und Pflanzen, zwischen Mineralien und Metallen, Wörtern, Tönen und Gesten sowie zwischen Sternen und Göttern zu systematisieren. Einige Stoffe beeinflußten beispielsweise die Götter günstig, andere wirkten abstoßend auf sie. Die Gesetzmäßigkeiten der magischen und religiösen *Sympathie* und *Antipathie*, die angenommenen Affinitäten mußten bei den Zauberpraktiken berücksichtigt werden. Diese Gesetzmäßigkeiten bestimmten, welche Pflanzen beim Weihrauch zu gebrauchen waren, welche Zauberworte dazu gemurmelt werden sollten, sie waren ausschlaggebend bei der Wahl des Materials, der Form und der Bildmotive der Amulette. Gewisse Pflanzen, Materialien, Töne oder Wörter konnten bei einigen Göttern eine besonders günstige Wirkung haben, von anderen dagegen als abscheulich empfunden werden. So sind etwa Bier und Wein der Hathor „sympathisch", der Name des Seth-Typhon hingegen dem Sternbild des Großen Bären.

Die Sympathielehre, die der Astrologie als Grundlage diente, übte nicht nur auf die antike, sondern auch auf die mittelalterliche Wissenschaft eine große Wirkung aus. In der Magie der ptolemäischen und römischen Zeit erschienen die ägyptischen, griechischen und orientalischen Traditionen der Mythologie in den komplizierten Wechselwirkungen der Sympathie eigenartig vermischt.

Die hellenistischen Staaten und die Römer vermochten nicht, die Religion und die gesamte Weltanschauung der besiegten Völker des Orients wesentlich umzuformen. Durch die Philosophie beeinflußt, glaubte die gebildete griechische Oberschicht nicht mehr ernstlich an die Götter ihrer Vorfahren. Diese wurden in erster Linie nur im Rahmen der offiziellen staatlichen Zeremonien verehrt. Zu Zeiten politischer Krisen und einer immer schlechter werdenden wirtschaftlichen Situation boten dagegen die Götter der orientalischen Mysterien und die auf uralten Lehren beruhende ägyptische und chaldäische Magie eine gewisse Illusion der Sicherheit.

Das Ausufern der Magie war stets ein Symptom innerer Zerrissenheit der Gesellschaft und einer geistigen Krise. Ihren Höhepunkt erreichte die antike Zauberei auf einer relativ späten Entwicklungsstufe der Religion und Philosophie. Das bezeugt neben der Geschichte der ägyptischen Religion auch die Entwicklung der mesopotamischen, griechisch-römischen und jüdischen Religion. Die maßlos übertriebene Achtung vor den uralten oder als uralt angesehenen Schriften, Traditionen und Zeremonien ist ein bedeutender Faktor in solchen Epochen und Gesellschaften, die aus ihrer kritischen Lage keinen Ausweg mehr finden konnten.

IV. Zauberei und Mythologie

Ein Budapester Zauberpapyrus

Zur Zeit der 18. Dynastie wird die Heilkunde zum zentralen Thema der Magie. Während dieser Zeit wuchs das Interesse an der Heilkunst, und zwar sowohl an Medikamenten als auch an Beschwörungen. Um die Wirkung der Beschwörungen bei der Heilung der Patienten zu steigern, griffen die Verfasser der Zaubertexte auch auf mythologische Elemente zurück.

Zunächst soll der Zaubertext auf einem Papyrus des 13. Jahrhunderts v. Chr. besprochen werden. Dieser Papyrus wird in der ägyptischen Sammlung des Museums der Bildenden Künste in Budapest aufbewahrt.[246] Der 18 cm breite Papyrus besteht aus zwei Fragmenten. Deren Länge beträgt 67,5 bzw. 18 cm. Anfang und Ende des Papyrus fehlen zwar, jedoch ist anhand der erhalten gebliebenen Teile der Inhalt des ursprünglichen Textes eindeutig rekonstruierbar. Der Text ist wesentlich älter als der Papyrus, er entstand zwischen 2000 und 1700 v. Chr.

Der erste lesbare Satz lautet: „Der Nil wird nicht kommen zu seiner Zeit!“ Offensichtlich stellt hier der Zauberer den Untergang Ägyptens in Aussicht, falls sich der Zustand des Kranken nicht bessern sollte. In den folgenden fragmentarischen Zeilen ist von Verstorbenen die Rede, die nachts erscheinen und in die verschiedenen Körperteile der Menschen eindringen. In den weiteren Zeilen, die besser erhalten sind, wendet sich der Zauberer drohend an die Geister:

(II, 1) „Re (vernichtet [?]), was an seinem Unterkiefer ist. Die ‚Leiterin der beiden Länder' des Re hält euch fern. Sie hat euch vertrieben, sie verursacht euch Leiden, sie frißt eure Seelen, eure Leichen, eure Schatten (II, 2). O Toter und Tote, — beliebig fortzusetzen[247] — Räuber und Räuberin, entweder begraben oder unbegraben, welcher in jeder *dat* ist, in irgendeinem Hügel ist, an jeder Richtstätte ist (II, 3), welcher in irgendeiner Hülle ist, an irgendeiner Stätte, (in) irgendeiner *bat*, überall, wo ihr wollt! Jeder Tote und jede tote Frau, Feind und Feindin, Widersacher und Widersacherin, jeder Räuber und jede Räuberin (II, 4), die irgendeine böse Sache gegen ihn tun, kommt heraus, weichet zurück vor dem Kraut *Matet-net-sut. Rezitiere viermal über Matet-net-sut, feiner Faden* (II, 5) *soll in vier Knoten gebunden werden, und dieser Spruch soll über jedem Knoten rezitiert werden. Er soll auf den Kopf des Mannes gelegt werden. Jener Feind — der Tote und die Tote —, der im Kopf und in irgendeinem Glied seine böse Wirkung ausübt, soll vernichtet werden.* (II, 6) *Es ist wirklich vortrefflich (unendlich oft erprobt). Fertig.*"

Auch diesem Zauberspruch ist zu entnehmen, daß die Toten, gleichgültig, wo sie sich im Jenseits befanden, für die Lebenden gefährlich sein konnten. Die Hülle bedeutet die Mumienbinde. Die Verstorbenen werden im Text Räuber und Feinde genannt, wahrscheinlich deshalb, weil sie ihre Opfer töteten. Der Zauberer hat Vertrauen zur

Macht der Uräusschlange („Leiterin der beiden Länder"), denn sie ist fähig, die bösen Totengeister zu vernichten.

Es ist noch nicht gelungen, die im Text vorkommende Pflanze *Matet-net-sut*[248] sicher zu identifizieren. Dem weiteren Text des Papyrus ist zu entnehmen, daß sie in enger mythischer Beziehung zum Sonnengott stand. Die abschließende Aufforderung ist wahrscheinlich so zu verstehen, daß der feine Faden, der geknotet werden soll, aus den Fasern der Pflanze hergestellt wurde.

Die Erwähnung von Knoten[249] findet man in der ägyptischen Zauberliteratur ziemlich häufig. Meistens werden sieben Knoten vorgeschrieben, es können aber auch einer, zwei, vier oder zwölf sein. Der Knoten bildet für die bösen Kräfte ein Hindernis, er bindet sie, und er kann zudem die Zirkulation der Gifte im Organismus verhindern.

Im Berliner Museum wird ein Faden mit sieben Knoten aufbewahrt, der wahrscheinlich der Heilzauberei diente.[250]

Im nächsten Textabschnitt des Budapester Papyrus ist von den Schädigungen durch die bösen Geister die Rede:

„*Ein anderer Spruch.*[251] Komm heraus, Toter, der die Schläfe krank macht, der das Auge blind macht, die Seite schwächt und den Fingern Leiden zufügt (?), der in den Unterleib eintritt (II, 7), in der Wade umhergeht, der sein Schlagen macht in seinen (des Kranken) beiden Oberschenkeln, mache nicht krank die Schläfe des N. N., geboren von der N. N., blende nicht seine Augen, füge kein Leiden (?) seinen Fingern zu, tritt nicht (II, 8) in seinen Unterleib ein, gehe nicht in seiner Wade herum, mache nicht dein Schlagen in seinen beiden Oberschenkeln. Wenn du dagegen handelst, was dir gesagt wurde, so wird er (d. h. der Kranke) angenehm sein im Herz der Götter, so wird er vortrefflich sein (II, 9) im Herz der *Achu*. Seine Arme werden gegen dich sein wie (die des) Horus, seine Kraft wird gegen dich sein wie (die des) Seth. Er wird auf dich treten, er wird dir Leiden verursachen mit der Matet-net-sut, die (II, 10) die Fackeln des Re jeden Tag anzündet, die Leiterin des Sonnenvolkes. Werde befeuchtet mit Pflanzenschleim, werde gedreht nach links, es sollen daraus vier Knoten gemacht werden, es (d. h. das Kraut) soll auf deinen Kopf gelegt werden, und du wirst gesund werden, o N. N., geboren von (III, 1) der N. N.! *Rezitiere über Matet-net-sut! Werde befeuchtet mit Pflanzenschleim, werde gedreht (nach) links, es sollen daraus vier Knoten [ge]-macht werden, sie sollen auf den Kopf des Mannes gelegt werden. Fertig.*"

Obwohl Horus und Seth nach der ägyptischen Mythologie erbitterte Feinde sind, hinderte dieser Umstand den Zauberer nicht daran, dem Geist des Verstorbenen in ein und demselben Satz mit ihrer vereinten Kraft zu drohen, sollte er sich der Beschwörung widersetzen.[252]

„Siehe, sie kommt! Diese Isis kommt, (ihr Haar) fällt herab wie (das der) trauernden Frau (?). Sie hat sich selber zerzaust, so wie das Haar ihres Sohnes Horus war, bis sein Kopf eingerissen wurde (III, 3) und seine Schläfen zerschlagen wurden von Seth, dem Sohn der Nut, in diesem Gefecht des großen Tales. Komm zu mir (?), ich lege dir deinen Kopf zusammen (III, 4), ich vereinige dir deine Schläfen, du N. N., geboren von der N. N., mit Matet, (mit) Ipet (?), Kraut ... (mit ?) ...Kraut, das Horus in Ach-bit (Chemmis) (abgesch) nitten hat. *Dieser Spruch soll rezitiert werden über* (III, 5) *Matet-net-sut.* Es soll *dem Mann gegeben werden, auf seinen Kopf. Fertig.*

Ein anderer Spruch. Das ist dein Kopf, Horus, (das) ist deine Schläfe, Seth! Da schreit die Herrin der Heliopolitaner auf wegen der (III, 6) schreienden Stimme der Isis, wegen des Klagerufes der Nephthys: ‚Wenn dieses Feuer auf deinen Kopf ... kommt, so wird Isis, die Göttliche sprechen: Ich bin vor (dir?) mit (III, 7) der *Matet-net-sut.* Werde gedreht nach links, werde mit Pflanzenschleim befeuchtet, es soll auf deinen Kopf gelegt werden. Deine Schläfe wird (dir) gesund sein, und du wirst dich wohl fühlen.‘ *Rezitiere (über) Matet-net-sut* (III, 8). *Werde mit Pflanzenschleim befeuchtet, werde nach links gedreht. Es soll auf den Kopf des Mannes gelegt werden. Die (Schläfe) wird ihm gesund sein. Fertig.*“

In diesen zwei Zaubersprüchen spielen die mythologischen Elemente eine weit größere Rolle als in den vorher genannten. Der Kranke wird hier — wie in vielen anderen Zaubertexten — mit Horus identifiziert. Es gibt im vorliegenden Text Hinweise auf die Kämpfe zwischen Horus und Seth, deren Ausgang unterschiedlich war. Während dieses Kampfes war Isis verzweifelt um ihren Sohn besorgt. Ach-bit (griechisch Chemmis) ist ebenfalls ein bekannter Ort im Horus-Mythos. Dort versteckte Isis ihren Sohn Horus vor dessen Onkel Seth, bis er erwachsen war und den Kampf gegen Seth aufnehmen konnte.

In den Zaubersprüchen bedeutet das Feuer den brennenden Schmerz, dessen Linderung mit dem Löschen des Feuers verglichen wird.

Beim zweiten Zauberspruch wird nicht deutlich, ob die Herrin der Bewohner von Heliopolis, die vielleicht mit

Hathor identifiziert werden kann, selbst spricht oder an manchen Stellen die Worte der Isis zitiert. Es ist leicht zu verstehen, daß Isis als große Zauberin auch bei den magischen Heilungen eine bedeutende Rolle spielte.

Die mythischen Elemente der Beschwörungen stehen also zu dem Verwendungszweck des Textes in enger Beziehung. Wahrscheinlich wurden die Texte hauptsächlich bei der Heilung von Erkrankungen des Kopfes und bei Kopfschmerzen angewandt. In einem fragmentarischen Teil wird auch der halbseitige Kopfschmerz (Migräne, griechisch *hēmikrania*) erwähnt. Der griechische Name der Krankheit stammt vielleicht aus der ägyptischen Medizin, er dürfte die Übersetzung des ägyptischen Ausdrucks „halber Kopf" gewesen sein. Für den Kranken war es wahrscheinlich beruhigend, daß er mit seinem Übel nicht allein war, daß in den Urzeiten auch unter den Göttern eine ähnliche Krankheit, sogar in ziemlich schwerer Form, bekannt war: Im Kampf gegen Seth wurde Horus am Kopf gefährlich verwundet. Wie diese Wunde des Horus durch Isis geheilt wurde, so wird auch der Kranke genesen.

Das mythische *Vorbild*[253] steigert durch die magische Kraft des Wortes die Wirkung des Verfahrens, es wird erreicht, daß der vorliegende Fall einer Erkrankung den gleichen günstigen Verlauf nimmt wie einst im Mythos. Die Anwendung eines solchen Zauberspruches mit mythischem Präzedenzfall ist keine ausschließlich ägyptische Eigentümlichkeit, derartige Praktiken sind in der magischen Literatur der verschiedensten Länder und Zeiten zu finden. In griechischen und lateinischen Texten wurden zur Heilung des Kranken Zitate von Homer angewandt. Im

Charon des Lukian wird der kurzsichtige Charon von Hermes durch die Rezitierung der Verse 127 und 128 aus dem fünften Buch der Ilias mit einem Adlerblick beschenkt. Diese Verse beschreiben, wie Athene die Augen des Diomedes öffnet, damit der Held von nun an im Kampf erkennt, wann er einem Gott gegenübersteht.[254]

Die christliche Zauberei wendet Episoden aus dem Leben Christi an, oft solche, die im Evangelium nicht zu finden sind. Sie sind vom Zauberer als Präzedenzfälle erdacht worden.

Dafür ist folgende ungarische Beschwörung ein Beispiel:

„Jesus und Petrus baten um Obdach, vom Wirt wurden sie gern, von der Wirtin hingegen ungern aufgenommen. Sie legte nur Matten auf den Boden und Steine statt Kissen. In der Nacht hatte die Wirtin Rückenschmerzen und Schmerzen in der Brust, Jesus aber schwieg und machte sich bei Tagesanbruch auf den Weg. Unterwegs beschwor Petrus den Herrn, er möge Gnade walten lassen. Der Herr schickte Petrus zurück, er sollte seine Hände auf den Rücken und die Brust der Frau legen und folgende Worte sagen: ‚Gütiger Wirt, grausame Wirtin, Mattenbett, steinernes Kissen, Wort Gottes, vergehe, Schmerz!‘ So soll auch dein Schmerz vergehen.“[255]

Aus Mesopotamien ist ein Fall bekannt, daß der erzählende Textteil eigentlich kein Vorbild, sondern ein erklärender (ätiologischer) Mythos ist, der den Grund, den Ursprung des Übels erklärt.[256] Auf einer Tontafel mit einem Keilschrifttext ist die Geschichte der Weltschöpfung zu lesen. Im weiteren Verlauf des Textes fragt ein Wurm die Götter Schamasch und Ea weinend, was er von den Göttern zu essen bekommen kann. Die Götter bieten ihm

Früchte an, er will aber zwischen den Zähnen und dem Zahnfleisch wohnen, da er das Blut von den Zähnen saugen und am Zahnfleisch nagen will. Deshalb bedroht der Text das Tier mit Eas Strafe. Im zweiten Teil der Tafel stellt sich heraus, daß es sich um eine Beschwörung beim Ziehen von Zähnen handelt. Offenbar wurde der Nerv irrtümlich als Wurm angesehen. Die Interpretation des Textes ist dem 1967 verstorbenen ungarischen Assyriologen Antal Dávid zu verdanken.

Die Zauberer griffen also nicht nur auf bekannte Mythen zurück, sie schufen *ad hoc* auch neue. Dazu gehört der größte Teil der in den ägyptischen magischen Texten vorkommenden Erzählungen über Horus. Die mythischen Präzedenzfälle der Zaubertexte sind daher bei der Interpretation der großen Götterhymnen und ihrer Mythologie sowie bei der Ergänzung einzelner verlorengegangener Passagen in diesen Hymnen nur mit großer Vorsicht zum Vergleich heranzuziehen, denn die Mythologie der Magier stimmt oftmals nicht überein mit allgemeinen Überlieferungen der offiziellen Religion.

Die Mythenschöpfung in der Magie erreichte ihren Höhepunkt während der 18. und 19. Dynastie, später trat sie wieder in den Hintergrund. In der Zauberliteratur der römischen Zeit werden dann jedoch noch einmal in größerer Zahl neue Mythen geschaffen. In der ägyptischen religiösen Literatur standen aber insgesamt nicht die Mythen, sondern eher die Totentexte und Hymnen im Vordergrund.

Die Metternichstele

So paradox es auch klingen mag, die während des Neuen Reiches durchaus noch phantasievollen Zaubertexte wurden nachfolgend in der Spätzeit einerseits zwar erheblich zahlreicher, andererseits aber immer ärmer an originellen Einfällen, sie wiederholen in ermüdender Weise unzählige Male nur dieselben Formeln. Besonders charakteristisch ist das für die sogenannten Horusstelen, die später noch näher zu behandeln sind. Glücklicherweise ist aus dem 4. Jahrhundert v. Chr., aus der Regierungszeit des großen Zauberers Nektanebos' II., ein außergewöhnlich interessantes Denkmal, eine steinerne Tafel mit magischen Darstellungen und hieroglyphischen Texten, die Metternichstele, erhalten geblieben.

Die Metternichstele befindet sich heute im New Yorker Metropolitan Museum, früher war sie im Besitz der Familie Metternich, deren bekanntestes Mitglied der österreichische Staatskanzler Klemens Lothar Fürst von Metternich (1773—1859) war.

Die zentrale Figur auf der Vorderseite der Stele ist das nackte Horuskind, das auf zwei Krokodilen steht und am Kopf die Jugendlocke trägt.[257] Darüber ist das groteske Gesicht des Gottes Bes zu sehen, welches Unheil abwenden soll. Horus hält mehrere Tiere in seinen Händen, Schlangen, Skorpione, einen Löwen und eine Antilope. Derartige Darstellungen befinden sich auch auf den Horusstelen. Links vom Horuskind sind der auf einer Schlange stehende falkenköpfige Sonnengott und die Göttin Isis mit Kuhgehörn und Sonnenscheibe zu sehen. Hinter Isis befindet sich auf einer Lotosblüte Nechbet, die Schutzgöttin Oberägyptens, in Gestalt eines Geiers. Rechts vom Horuskind erscheinen der Gott Nefertem in Gestalt einer Blume, dahinter der auf einer Schlange stehende ibisköpfige Thot und hinter diesem Uto, die Göttin von Unterägypten, in Gestalt einer Schlange, die sich auf einer Papyruspflanze befindet. Rechts und links vom Kopf des Bes befindet sich jeweils ein heiliges Auge, und aus beiden ragen betende Arme hervor.

Über dieser Hauptszene hat der Künstler in fünf Registern Götter, Dämonen und verschiedene Tiere dargestellt. Hauptthema ist die Besiegung und Tötung der schädlichen Tiere. Die fürchterlich aussehenden Dämonen haben hier eine apotropäische, also beschützende, Funktion. Das Giebelfeld der Stele füllt ein symbolisches Bild aus: In der Mitte sitzt in einer Sonnenscheibe eine Gottheit mit vier Widderköpfen. Nach der Beischrift handelt es sich hier nicht um Amun, wie in anderen ähnlichen Darstellungen, sondern um den Sonnengott Re-Harachte. Die Vierzahl besitzt in Ägypten kosmische Bedeutung, sie deutet auf die vier Himmelsrichtungen hin. Die Sonnenscheibe schwebt zwischen zwei emporgehaltenen, in den Ellenbogen angewinkelten Armen. Das ist die Hieroglyphe *Ka* (Seele), die hier die Arme des Luftgottes Schu ersetzt, der den Himmel stützt. Darunter symbolisiert die Hieroglyphe *mr* das Wasser. Wahrscheinlich wird der Boden durch die untere waagerechte Linie symbolisiert. Links und rechts beten jeweils vier Affen den Sonnengott mit ihren emporgestreckten Armen an. Hinter den Affen ist links der ibisköpfige Thot und rechts in Blumengestalt der Gott Nefertem dargestellt, hinter dem der Pharao Nektanebos II. kniet.

Auf der Rückseite der Stele nimmt im Giebelfeld ein sogenannter pantheistischer Bes den Hauptplatz ein. Dieses mit den Attributen zahlreicher Götter ausgestattete Wesen wird manchmal Bes genannt, weil es das Gesicht dieses Gottes trägt, in anderen Texten ist sein Name Hormerti oder Haroeris (Hor-wer).[258] Aus seinem Kopfschmuck wachsen Tierköpfe, aus seinem Rücken ein Vogelkörper hervor. Der pantheistische Bes steht auf einem kartuschenähnlichen Rahmen, in dem mehrere Tiere dargestellt sind, die entweder in der Mythologie als Götterfeinde galten oder tatsächlich gefährlich sind (Löwe, Schlange, Schakal [?], Krokodil, Skorpion, Nilpferd, Schildkröte). Die beiden *udjat*-Augen neben Bes sind hier als die Augen des Sonnengottes, das heißt als Sonne und Mond, zu verstehen.

Die ganze Szene im Giebelfeld wird umrahmt von einer halbkreisförmig angebrachten Reihe von Hieroglyphenzeichen des Feuers, welche den feurigen Äther symbolisieren, der die Götterwelt erfüllt. Unterhalb der Hauptszene befinden sich fünf Register mit der Darstellung von Göttern und magischen Handlungen, die meist der Vernichtung böser Tiere dienen (Abb. 12—13).

Der Text und die bildlichen Darstellungen sind aufeinander abgestimmt. Zuerst wendet sich der Zauberer an den Feind des Sonnengottes, an die Schlange Apophis. „Zurück, Apophis!“, mit diesen Worten fängt der Haupttext an, dessen erster Abschnitt auf die Vernichtung dieses mythischen Feindes abzielt. Im nächsten Abschnitt wird dann das Gift (wahrscheinlich von Schlangen und Skorpionen) angesprochen.

„Entferne dich Gift! Komm, fließe auf die Erde. Horus

beschwört dich, bestraft dich, nachdem er dich angespuckt hat. Hebe dich nicht empor, laufe nach unten, sei müde, sei nicht kräftig. Sei feige, kämpfe nicht. Sei blind, sieh nicht. Dein Kopf sei nach unten gerichtet, hebe dein Gesicht nicht empor. Zieh dich zurück, finde den Weg nicht. Trauere, sei nicht froh. Du sollst umherirren, zeige dich nicht — so, wie Horus gesagt hat, dessen Zauber trefflich ist." (Zeilen 3—5, Zählung nach der Textausgabe von Sander-Hansen)

Es ist Horus, der gegen das personifizierte Gift kämpft, er ist der Gott, den die Wirkung des Giftes selbst in eine gefährliche Lage gebracht hat. Weiterhin wird in einem langen Abschnitt erzählt, daß die Tochter des Re, die Katze, von einem Skorpion gestochen wurde. Diese Katze ist wahrscheinlich Bastet, die katzenköpfige Göttin der Liebe, die gewöhnlich auch mit Isis identifiziert wird. Die Heilung der Katze wird durch einen langen Zauberspruch erreicht, der ganz detailliert die Körperteile der Katze aufzählt, um sie mit den entsprechenden Körperteilen der Götter zu identifizieren. Das bedeutet, daß die betreffenden Körperteile unter dem Schutz dieser Gottheiten stehen und das Gift ihnen nicht schaden kann.

„O du Katze, dein Kopf ist der Kopf des Re, des Herrschers der beiden Länder, der jedes aufrührerische Volk niederwirft und dessen Furcht in jedem Land und in allen Lebenden ewiglich ist. O du Katze, deine Augen sind das Auge des Herrn des Sonnengottes, der mit seinen Augen die beiden Länder erleuchtet, der das Gesicht auf dem Weg der Dunkelheit erhellt. O du Katze, deine Nase ist die Nase des zweimal großen Thot, des Herrn von Chemenu (Hermopolis), der Vorsteher der beiden Länder des Re ist und der Luft gibt in die Nase jedes Mannes. O du Katze, deine beiden Ohren sind die Ohren des Allherrn, der die Stimme jedes Rufenden erhört und über die ganze Erde richtet. O du Katze, dein Mund ist der Mund des Atum, des Herrn des Lebens, der die Dinge vereinigt ..." (Zeilen 15—20)

Diese wenigen Zeilen zeigen bereits die Struktur der magischen Aufzählung. Ähnliche Texte sind schon aus den früheren Epochen der religiösen Literatur Ägyptens bekannt, in denen die Körperteile des Menschen mit verschiedenen Göttern in Zusammenhang gebracht worden sind.[259] Die grotesk anmutende Beschwörung der Katze hat die Funktion eines mythischen Vorbildes. So wie die Katze geheilt wird, so muß auch der vom Skorpion gestochene Mensch genesen.

Den Höhepunkt der Beschwörungen bilden zwei novellistische Passagen, deren Hauptgestalt Isis ist. Der erste Teil erzählt eine nächtliche Reise von Isis in Gesellschaft ihrer furchtbaren Begleiter, der sieben Skorpione.

„Ich kam am Abend heraus, sieben Skorpione folgten mir. Sie dienten (?) mir. *(Pause.)* Tefen und Befen waren hinter mir. *(Zweimal.)* Mestet und Mestetef waren unter meiner Sänfte. Petet, Tjetet und Matet machten für mich den Weg frei. Ich befahl ihnen, sehr kräftig, und meine Worte drangen in ihre Ohren ein: ‚Kennt den Schwarzen nicht[260], begrüßt den Roten nicht, erkennt nicht eher den Sohn eines Mannes (den Vornehmen) als den Armen. Euer Gesicht soll nach unten, auf den Pfad (sehen). Hütet euch, denjenigen herbeizuführen, der mich gesucht hat, bis wir das Haus des Krokodils, die Stadt der beiden Schwestern, den Anfang des Deltas, die Sümpfe von Buto erreichen.‘

Und als ich die Häuser der verheirateten Frauen erreichte, erblickte mich eine vornehme Frau von weitem und machte ihre Türe vor mir zu, da sie wegen meiner Begleiter besorgt war.

Sie berieten sich deshalb, sammelten ihr Gift in die Spitze des Stachels von Tefenet. Als ein Mädchen aus dem Delta mir ihre Tür öffnete, betraten wir ihr baufälliges Haus.

Und Tefenet drang unter den Türflügeln (der Frau) hinein und stach den Sohn der reichen Frau. Eine Flamme schlug aus dem Haus der reichen Frau, und es gab kein Wasser, um sie zu löschen. Der Himmel warf sein Wasser (Regen) in das Haus der reichen Frau, obwohl es nicht die rechte Zeit dazu war und sie mir die Tür nicht geöffnet hatte. Ihr Herz wurde verzweifelt, da sie nicht wußte, ob (ihr Sohn) lebt. Wehklagend ging sie in der Stadt herum, aber niemand kam auf ihren Ruf.

Ich fühlte Mitleid mit ihr wegen des Kindes, und um das unschuldige Kind am Leben zu erhalten, rief ich ihr zu: ‚Komm zu mir! Komm zu mir! Siehe, das Leben ist in meinem Mund. Ich bin die Tochter derjenigen, die in ihrer Stadt bekannt ist, die das Gewürm mit ihrem Spruch davonjagt. Mein Vater hat mich unterrichtet, damit ich es weiß. Ich bin seine geliebte leibliche Tochter.‘ Und Isis legte ihre beiden Arme auf das Kind, um das Erstickende zu beleben.

‚Komm, Gift der Tefenet! Fließe auf die Erde. Kreise nicht herum, dring nicht ein. Komm, Gift der Befenet! Fließe auf die Erde! Ich bin Isis, die Göttin, die Herrin der Zauberei, die zaubert und die ausgezeichnet ist beim Sagen der Worte (d. h. Zaubersprüche). Jede bissige Schlange hört auf mich. Falle nieder, Gift der Mestet! Sei nicht eilig, Gift der Mestetef! Hebe dich nicht empor, Gift des Petet und Tjetet! Bewege dich nicht, Matets (Gift)! Falle hinunter, du Mund dessen, der beißt! ...‘

Das Feuer erlosch, der Himmel wurde ruhig durch den Ausspruch der Isis, der Göttin. Die reiche Frau kam, brachte mir ihr Vermögen, nachdem sie das Haus des Mädchens mit Speisen für das Mädchen gefüllt hatte ...“ (Zeilen 50—61, 66—67) In dieser Form kommt die Geschichte in keinem anderen religiösen Text vor. Ihr Grundgedanke, daß Isis Herrin der Skorpione ist, geht auf die Vorstellung zurück, daß Isis auch in Gestalt eines Skorpions erscheinen kann.[261] Gerade deshalb konnte die Göttin am besten bei Stichen von Skorpionen helfen. Die Wörter *Pause* und *Zweimal* sind Anweisungen für den Vorleser.

Das Motiv der herzlosen reichen Frau und des hilfsbereiten armen Mädchens stammt vielleicht aus einer alten Erzählung. In dieser Geschichte können wir einen frühen Vorläufer der zitierten ungarischen Beschwörung sehen. Das bedeutet selbstverständlich keine historische Verbindung, zeigt aber die phänomenologische Verwandtschaft derartiger Legenden.[262]

Die andere größere Erzählung der Metternichstele haben wir zum Teil bereits im Zusammenhang mit dem Motiv des Aufhaltens der Sonne bekanntgemacht. Ihre in literarischer Hinsicht wertvollsten Details schildern eindrucksvoll den Schmerz und die Angst der Mutter, die, obwohl sie Göttin ist, ihre Gefühle sehr menschlich zum Ausdruck bringt, als sie ihren kleinen Sohn schwer krank findet:

„Ich habe ihn gefunden, den schönen, goldenen Horus, das kleine Kind, das keinen Vater hat. Mit den Tränen seiner Augen und mit dem Speichel seines Mundes netzte er die Ufer, sein Körper war ohnmächtig, sein Herz müde, die Adern seines Körpers schlugen nicht. Und ich rief, ich sagte: ‚Ich bin es! Ich bin es!'

Das Kind war aber zu schwach, um antworten zu können, obwohl meine Brust voll war und (sein) Bauch leer, und der Mund sich nach meiner Brust Nahrung sehnte. Der Brunnen strömte über, das Kind hatte Durst..." (Zeilen 169—171)

Isis sucht bei den Bewohnern der Umgebung Hilfe, schließlich erhält sie von einer Frau den Rat, sie solle ihren Sohn untersuchen, ob ihn nicht ein Skorpion gestochen hat.

„Isis legte ihre Nase auf den Mund (des Kindes) und erkannte, daß sein Mundgeruch genau so ist wie von dem, der im Sarg liegt. Sie stellte das Unheil des göttlichen Erben[263] fest; sie fand, er war vergiftet. Sie nahm ihn schnell in die Arme und sprang mit ihm wie die Fische, die man in eine glühende Pfanne geworfen hatte.

‚Horus wurde gestochen, o Re! Dein Sohn wurde gestochen ...!'" (Zeilen 190—193)

Die Klagen der Isis halten die Sonnenbarke an, Thot leistet der Göttin und ihrem Sohn Hilfe und heilt Horus. Horus ist übrigens nicht der Sohn des Re, sondern des Osiris.

Die Inschriften der Stele richten sich also gegen schädliche Tiere wie Skorpione und Schlangen. Der Respekt vor dem geheimnisvollen und uralt anmutenden Text der Stele sollte auch durch die Behauptung gesteigert werden, daß dieser nur die Kopie eines alten Textes aus dem Tempel oder Grab des heiligen Mnevis-Stieres sei, wie es an einer Stelle heißt (Zeile 87).

Aus dem 1. Jahrtausend v. Chr. und aus der römischen Zeit ist eine beträchtliche Anzahl von Denkmälern kleinerer Art bekannt, die der Metternichstele ähnlich sind. Das sind die Horusstelen (Abb. 15)[264], auf denen kürzere oder längere Passagen aus den Texten der Metternichstele zu finden sind. Sehr häufig kommt zum Beispiel folgende Stelle vor:

„So sprach Thot, der Erretter dieses Gottes: ‚Sei gegrüßt Gott, Sohn des Gottes! Sei gegrüßt, Erbe, Sohn des Erben! Sei gegrüßt, Stier, Sohn des Stieres, den die göttliche Kuh gebar. Sei gegrüßt, Horus, der du von Osiris stammst und von Isis, der Göttin, geboren wurdest. Ich habe aus deinem Zauber gelesen, ich habe aus deiner Magie gesprochen, ich habe mit deinen Worten gezaubert, die dein Herz geschaffen hat. Das sind alle deine Beschwörungen, die aus deinem Mund gekommen sind, die dein Vater Geb dir übertragen hat, die deine Mutter Nut dir gegeben hat, die dein Bruder, der Vorsteher von Letopolis (Haroëris), dich gelehrt hat, um dir Schutz zu bereiten und deine Verteidigung zu wiederholen und um den Mund aller Schlangen am Himmel, auf Erden und im Wasser zu versiegeln, die Menschen am Leben zu erhalten, die Götter zu versöhnen, und Re durch deine Lobpreisungen zu verklären.

Komm zu mir, schnell, schnell, an diesem Tag, wie es für dich derjenige tut, der in der Gottesbarke rudert. Wehre von mir alle Löwen in der Wüste, alle Krokodile im Fluß, alle beißenden Schlangen in ihren Löchern ab. Mache sie mir wie die Kieselsteine in der Wüste, wie die Topfscherben auf der Straße. Beschwöre mir das Gift, das sprudelt, das in jedem Glied des Kranken zu finden ist. Verhüte, daß deine Worte darüber mißachtet werden. Sieh, dein Name wird heute gerufen. Erschaffe dein Ansehen, erhebe es dir durch deine Zauberkraft. Erhalte mir am Leben den Ersticken-den, Lobpreis wird dir vom Volk gegeben, die beiden Wahrheiten werden in *deiner* Gestalt gerühmt, und jeder Gott wird gerufen wie du selbst. Sieh, dein Name wird heute gerufen., Ich bin der Erretter des Horus.'" (Zeilen 102—125)

Dieser in zahlreichen Varianten bekannte, sehr populäre Zaubertext enthält viele Einzelheiten, die nicht eindeutig erklärt werden können. Aus den vorangehenden Zeilen ergibt sich, daß hier Thot der Sprecher ist. Früher wurde die letzte Zeile falsch als „Ich bin Horus, der Erretter" übersetzt. Sander-Hansen (54) fand dann die richtige Lösung: Der Name des Horus wurde im Text aus Ehrfurcht am Anfang des Satzes geschrieben, wie es bei Göttern häufig der Fall ist. Zweifellos richtet er seine Worte an Horus, dessen Gestalt aber hier mit Osiris verschmilzt. Anders ist es schwer zu erklären, warum Geb und Nut als die Eltern der Gottheit bezeichnet werden. Auf den ersten Blick ist auch der Umstand überraschend, daß Thot die Hilfe des Zaubers bei Horus sucht. (Im zweiten Teil werden die Worte des Horus zitiert.) Das kann dadurch erklärt werden, daß Thot, der einmal Horus vor dem Gift gerettet hat, mit diesem Verhalten beweist, daß Horus schon fähig ist, jeden zu heilen, dem die auf der Tafel dargestellten Tiere geschadet haben. Wie auch Osiris gerade deshalb König der Toten wurde, weil er selbst einem Mord zum Opfer gefallen war, so kann auch Horus diejenigen retten, denen ein ähnliches Übel widerfahren ist wie einst ihm selbst. Der letzte Satz bezieht sich wieder auf Thot.

Bei den Tieren auf den Horusstelen ist nur die Antilope problematisch: Warum wurde dieser harmlose Pflanzenfresser gemeinsam mit den gefährlichen Tieren dargestellt? Die Antilope wurde zu den Tieren des Seth gerechnet und als Räuber des heiligen Auges angesehen.[265] Bei einem Kampf zwischen Horus und Seth verletzte Horus die Hoden des Seth, und dieser wiederum riß das Auge des Horus aus. Die Antilope erscheint also auf den Horusstelen, weil sie wegen ihrer Rolle in der Mythologie für die Ägypter hassenswert war. Sie galt als Feind des Gottesauges.

Die Horusstelen sind typische Denkmäler der Spätzeit, doch können ihre Ursprünge mindestens bis in die 19. Dynastie zurückgeführt werden. Auf einer kleinen Holztafel aus Tanis erscheint der auf zwei Krokodilen stehende Horus im Profil. Er hält eine Antilope, Schlangen und einen Löwen in den Händen. Darüber ist eine Inschrift angebracht:

„Sched-Re. Verfertigt von Ptah, um die beiden Länder zu beleben, die er geschaffen hat. Er gibt den Menschen Leben, Heil und Gesundheit."

Der letzte Satz drückt mit einer typisch ägyptischen Wendung aus, daß Ptah der Erhalter des Lebens ist. Der Text bezeichnet ihn als Erfinder dieser Amulette. Der kindliche Horus (Harpokrates) wird hier mit dem jungen Gott Sched, dem „Retter", und mit Re gleichgesetzt. Auf der anderen Seite sind das heilige *udjat*-Auge, der Kriegsgott Onuris und ein auf einer Antilope stehender Falke dargestellt. Sie sollten ebenfalls die schützende Kraft des Amuletts erhöhen.[266]

Bei der Verbreitung der Horusstelen spielte der Kult des Gottes Sched[267], der aus Vorderasien stammt, eine bedeutende Rolle. Den wahrscheinlich semitischen Namen leiteten die Ägypter von dem Verb *schedi* „schützen“ ab. Der junge Gott, der „Retter“, wird häufig auf einem Streitwagen, der von Pferden oder Greifen gezogen wird, beim Vernichten schädlicher Tiere dargestellt.

Der Kult des Gottes Sched verbreitete sich bereits während der 18. Dynastie. Auch in der Hauptstadt Echnatons, in Achet-Aton (El-Amarna), begegnet man Zeugnissen seiner Verehrung. Offenbar mußten die Anhänger Scheds verheimlichen, daß sie nicht nur Aton, sondern auch den „Retter” anbeteten. Auf einer Stele aus Amarna erscheint Sched mit einem Stock in der einen Hand und einem Bogen in der anderen. Er heißt „Sched, der große Gott, Herr des Himmels, Herr der beiden Länder, der Herrscher ...“ Vor ihm befindet sich ein unverhältnismäßig großer Skorpion, über ihm sind zwei senkrechte Pfeile zu sehen. Auf einer anderen Stele aus Amarna erscheint der Skorpion zwischen Sched und Isis.[268]

Nach ägyptischer Auffassung gewährleisteten die Metternichstele und die Horusstelen Schutz gegen jedes auf ihnen dargestellte Tier, doch scheint es, daß von ihnen in erster Linie diejenigen Hilfe erhofften, die von Skorpionen bereits gestochen worden waren. Der Stich eines Skorpions ist im allgemeinen nicht tödlich, selbst im heißen Klima Ägyptens nicht, doch werden von ihm kaum erträgliche Schmerzen herbeigeführt, nur der Stich eines besonders großen Skorpions kann bei einem geschwächten menschlichen Organismus verhängnisvoll werden.

Auf dem heute in Berlin befindlichen Grabstein einer Frau namens Kleopatra, der Tochter Menons, heißt es: „Sie starb unedel und würdelos eines gewaltsamen Todes, ihrer Größe unwürdig. Sie wurde nämlich auf dem Hügel des Triphis-Heiligtums[269] am 10. Tag des Monats Thot im 38. Jahr zur 5. Stunde von einem Skorpion gebissen. Sie starb am 11. Tag."[270]

Die Horusstelen und die magischen Statuen mit ähnlichen Texten begoß man mit Wasser, weil man hoffte, daß das Wasser die heilende Kraft der Zaubersprüche aufnehme und dem Kranken helfe, wenn er es trinkt. Es ist unwahrscheinlich, daß die Texte bei solchen Anlässen tatsächlich vorgelesen wurden, um so weniger, als im 1. Jahrtausend v. Chr. die Hieroglyphenschrift nur noch von einem kleinen Kreis der Gebildeten verstanden wurde.

Einen interessanten Beweis für das Ansehen der ägyptischen Magie liefert das Erscheinen der Horusstelen und magischen Statuen auch außerhalb Ägyptens. Die antiken Autoren hatten also recht, wenn sie vom großen Ansehen der ägyptischen Zauberer sprachen. Eine Horusstele aus der Zeit des Kaisers Konstantin wurde in Rom auf dem Esquilin-Hügel gefunden[271], in Ostia kam das Bruchstück einer magischen Statue zum Vorschein[272], und aus Byblos in Phönizien ist der Rest eines Sockels mit Texten der Metternichstele bekannt.[273] Horusstelen wurden auch im Reich von Meroë auf dem Gebiet des heutigen Sudan gefunden[274], und James Bruce, der berühmte schottische Reisende, der sich von 1769 bis 1772 am Hof des abessinischen Herrschers in Gondar aufhielt, überlieferte die Zeichnung einer Horusstele, die angeblich in Axum, der einstigen Hauptstadt des Landes, gefunden wurde.[275]

Die Bevölkerung von Rom, Phönizien und den entlegenen Gebieten südlich von Ägypten glaubte also gleichermaßen an die Wirksamkeit dieser mit geheimnisvollen Zeichen versehenen magischen Gegenstände. Im Museum von Kairo wird eine Horusstele aufbewahrt, die zwar aus Memphis stammt, deren Hersteller aber kein Ägypter, sondern ein Phönizier war.[276] Auf dieser Stele stehen auch phönizische Namen. Die betreffende Person ließ ihren Namen mehrfach auf der Stele anbringen, damit sie durch die Zauberkraft des Namens auch ganz sicher der segensreichen Wirkung der magischen Sprüche teilhaftig werde. In den Darstellungen, die in rein ägyptischem Stil ausgeführt sind, erscheint der Hersteller der Stele bei der Anbetung der Götter. Sowohl die Lebenden als auch die Toten erwarteten von den Horusstelen Hilfe. Einige dieser Stelen kamen in Häusern zum Vorschein[277], andere wurden von den Archäologen bei der Freilegung von Gräbern gefunden.[278] Aufgrund der Totentexte ist bekannt, daß man auch die Toten in ihren Gräbern vor gefährlichen Tieren, insbesondere vor Schlangen, schützen wollte. In die Wehrlosigkeit des Kindes würde mehr Vertrauen gesetzt als in die Kraft des mächtigen Horusfalken. Nach der Aussage der Pyramidentexte wollte sich der König im Jenseits in ein Kind verwandeln. Das brachte für ihn auch die Wiedergeburt mit sich, und gleichzeitig war es eine Garantie dafür, daß er sich so gegen die dortigen Gefahren behaupten konnte.[279] Anscheinend wurden die Horusstelen häufig gestreichelt und geküßt, was eine Erklärung dafür ist, daß bei einigen Exemplaren, die aus weicherem Stein hergestellt wurden, das Gesicht und der Körper des Horuskindes stark abgenutzt sind.

Bei der allgemeinen Hochachtung, welche die unter dem Schutz des Horuskindes stehenden Amulette umgab, ist es nicht überraschend, daß die verschiedenen Formen dieser Amulette auch in römischer Zeit verwendet wurden, als die Mehrzahl der übrigen Amulette aus pharaonischer Zeit bereits im Boden Ägyptens verschwunden war, und daß sie sogar den Untergang des ägyptischen Heidentums überlebten und auch in christlicher Zeit weiterhin zirkulierten.

Interessante Hinweise hierzu gibt ein Amulett, dessen Original verloren gegangen ist, von dem es aber eine Kopie sowohl in der Leningrader Ermitage als auch im Britischen Museum in London gibt (Abb. 16).[280]

Auf der einen Seite sind ein Christuskopf und verschiedene neutestamentliche Szenen zu sehen, auf der anderen Seite steht eine jugendliche Gottheit mit Flügeln im Mittelpunkt. Unter den Füßen des Gottes befinden sich zwei Krokodile, neben ihm sind auf beiden Seiten je zwei Skorpione zu sehen. Aus seinen Knien wachsen Löwenköpfe heraus. Das Bild wird von einer Schlange umrahmt, die sich selbst in den Schwanz beißt *(uroboros)*. Zweifellos nahm sich der Hersteller des Amuletts die Horusstelen und die pantheistischen Bes-Darstellungen als Vorbild. Rechts von den beiden Krokodilen ist ein Christusmonogramm zu sehen.

Der griechische Text der mit dem Christuskopf geschmückten Seite lautet folgendermaßen: „Mein Herr, gib keine Kraft meinen Feinden, da deine Rechte mich überall beschützt.“ „Wende das Böse gegen ihre Köpfe, mein Herr, unser Gott, gib ihnen keine Kraft!“

Auf der anderen Seite steht: „Sisinnos (?), Bisinnos, zerstampft das ekelhafte Weib, damit es nie mehr kräftig werde. Das Siegel Salamons vernichtet dich. Alimerbimach."

Der heilige Sisinnios ist aus der christlichen Literatur bekannt.[281] Bisinnos und Alimerbimach sind hier Zauberwörter. Dieses Amulett ist ein charakteristisches Beispiel für die Vermischung der verschiedenen Religionen in der letzten Periode des Altertums. Christliche, jüdische und heidnische Elemente sind hier miteinander vermengt. Christus, die Erzengel, das Salomonsiegel[282] (*hier* ein sechszackiger Stern) und ägyptische Götter können auf ein und demselben Amulett erscheinen, so wie auch in den Beschwörungen der griechischen Zauberpapyri der späten Kaiserzeit die Götter unterschiedlichster Religionen nebeneinander existieren.

In der Stadt des Menas, des populärsten Heiligen Ägyptens, wohin Pilger auch aus fernen Gebieten Europas kamen, wurden ebenfalls Horusstelen gefunden.[283] Offensichtlich trug hier die Ähnlichkeit mit Darstellungen des Menas zur Bewahrung dieser Gegenstände der heidnischen Zauberei bei. Der heilige Menas wurde häufig inmitten von Tieren, meist Kamelen, abgebildet. Der berühmte Wallfahrtsort lag südwestlich von Alexandria in der Wüste.

1976 wurde in einem Haus in Alt-Dongola (Sudan) eine Christusfigur entdeckt, die einen Drachen und einen Löwen niedertritt.[284] Bei der Anfertigung dieser Figur hat der Künstler gewiß nicht nur an den 90. Psalm, sondern auch an die Horusstelen gedacht.

Der Typ der auf Bestien stehenden pantheistischen Götterfiguren, der im Zusammenhang mit der Metternichstele bereits behandelt wurde, ist auch in der mittelalterlichen Kunst anzutreffen und lebte in Europa vor allem in Darstellungen auf Gemmen weiter. In Gemmenkatalogen aus dem 17. und 18. Jahrhundert sind zahlreiche Exemplare mit pantheistischen Figuren zu sehen. Im Laufe der Jahrhunderte sind manche Einzelheiten in den Abbildungen verändert worden, die grundlegenden Merkmale blieben jedoch die gleichen.[285]

Die Horusstelen sind in erster Linie charakteristische Schöpfungen der zweiten Periode der ägyptischen Zauberei, der Periode der Erstarrung und Verknöcherung der Religion und der gesamten Gesellschaft. Die Horusstelen wurden aber, wie wir sahen, auch von den Zauberern späterer Jahrhunderte verwendet. Die Magier der unter der griechischen Herrschaft beginnenden dritten Epoche, die unter dem Einfluß des religiösen Verschmelzungsprozesses im Rahmen des Hellenismus in ihren Werken eine erstaunlich bunte Vielfalt von Göttergestalten versammelten, sprechen in ihren Zaubersprüchen auffallend oft von Osiris, Isis und von Horus.

Horus in einem koptischen Zaubertext

Nachdem das Christentum die alten Religionen in Ägypten verdrängt hatte (4.—5. Jahrhundert) und Kaiser Justinian den letzten großen heidnischen Tempel, das Isis-Heiligtum auf Philä, schließen ließ (um 535 n. Chr.), existierten nur noch bedeutungslose kleine Gruppen von Anhängern des alten Glaubens in abgelegenen Gebieten weiter.[286] Den heidnischen Traditionen blieben die Zauberer am längsten treu, die die Mythologie und Magie des Zeitalters der Pharaonen nicht nur sehr gut kannten, sondern in einigen Fällen auch auf literarischem Gebiet tätig waren und dabei die alten Mythen weiterentwickelten.

Eine der interessantesten Schöpfungen der koptischen magischen Literatur ist die Erzählung auf dem Papyrus 8313 im Berliner Museum.[287] Der Anfang des Textes ist nur fragmentarisch erhalten, glücklicherweise wiederholt sich aber später dieser Abschnitt, so daß der Anfang mit Sicherheit rekonstruiert werden kann. Deshalb werden in unserer Übersetzung nur erläuternde Ergänzungen bezeichnet.

„Horus, der Sohn der Isis, ging auf einen Berg, um sich hinzulegen.[288] Er sang seine Melodien, stellte seine Netze auf, fing einen Falken, einen *bank*-Vogel und einen Gebirgspelikan (?). Er schnitt ihn ohne Messer auf, kochte ihn ohne Feuer, aß ihn ohne Salz. Es wurde ihm schlecht, die Umgebung des Nabels begann zu schmerzen. Er schluchzte:

‚Ich rufe Isis, meine Mutter, zu Hilfe. Ich will einen Dämon haben, um ihn zu meiner Mutter Isis zu schicken.'

Es kam zu ihm der erste Dämon Agrippas. Er sagte:

‚Willst du zu deiner Mutter Isis gehen?'

Da sagte (Horus):

‚Wie lange gehst du, wie lange kommst du?'

Jener sagte:

‚(Du fragst), wie lange ich gehe, wie lange ich komme. Ich gehe zwei Stunden, ich komme zwei Stunden.'

Da sagte (Horus):

‚Geh, du befriedigst mich nicht!'

Es kam zu ihm der zweite Dämon Agrippas.

Er sagte:

‚Willst du zu deiner Mutter Isis gehen?‘

Da sagte (Horus):

‚Wie lange gehst du, wie lange kommst du?‘

Jener sagte:

‚Ich gehe eine Stunde, ich komme eine Stunde.‘

Da sagte (Horus):

‚Geh, du befriedigst mich nicht!‘

Es kam zu ihm der dritte Dämon Agrippas, einäugig und mit einer Hand. Er sagte:

‚Willst du zu deiner Mutter Isis gehen?‘

Da sagte (Horus):

‚Wie lange gehst du, wie lange kommst du?‘

Jener sagte:

‚Ich gehe mit dem Hauch deines Mundes, und ich komme bei dem Hauch deiner Nase.‘

Da sagte (Horus):

‚Geh, du befriedigst mich!‘

Jener ging auf den Berg von On (Heliopolis). Er fand Isis, seine (d. h. des Horus) Mutter, die hatte einen eisernen Kopf und heizte einen Kupferofen.

Sie sagte ihm:

‚Dämon Agrippas, wie kommst du hierher?‘

Jener sagte:

‚Dein Sohn Horus ging auf einen Berg, um sich hinzulegen. Er sang seine Melodien, stellte seine Netze auf, fing einen Falken, einen *bank*-Vogel und einen Gebirgspelikan (?). Er schnitt ihn ohne Messer auf, kochte ihn ohne Feuer, aß ihn ohne Salz. Es wurde ihm schlecht, die Umgebung des Nabels begann zu schmerzen.‘

Sie (Isis) sagte zu ihm:

‚Obwohl du mich nicht gefunden hast und meinen Namen, den wirklichen Namen, der die Sonne nach Westen, den Mond nach Osten trägt, der die sechs Sühnesterne trägt, die unter der Sonne stehen, (nicht erraten hast), (so) beschwöre doch die 300 Gefäße, die den Nabel umgeben:

Jede Krankheit und jedes Leiden und jeder Schmerz, die im Körper von N., Sohn des N. N., sind, sollen jetzt aufhören! Ich bin es, der ruft, der Herr Jesus, der heilt.'"

Der überraschende Schluß ändert nichts am heidnischen Charakter dieses Zaubertextes. Die hier vorgestellte Fassung stammt aus dem 8. Jahrhundert, einige Elemente sind aber zweifellos wesentlich älter.

Die Details des Textes bedürfen der näheren Erklärung. Die Dämonen, die den Göttern oder auch großen Zauberern wie zum Beispiel dem König Salomon dienen, sind beliebte Figuren nicht nur der Zaubertexte, sondern auch der spätantiken und mittelalterlichen Literatur überhaupt. Die Dämonen Agrippas kommen allerdings in anderen Texten nicht vor, es ist also wahrscheinlich, daß der Zauberer hier diesen Namen aus der römischen oder jüdischen Geschichte übernahm. Durch Agrippa von Nettesheim, den berühmten Arzt und Philosophen (1486—1535), der sich auch mit der Magie beschäftigte, wurde der Name dann in der Zauberei wieder bekannt.

Anscheinend wollten die Dämonen zuerst Horus zu seiner Mutter bringen. Isis müssen wir uns hier in einem alchimistischen Laboratorium vorstellen. Der eiserne Kopf ist wahrscheinlich eine das Gesicht bedeckende Maske oder ein Helm, der ihren Kopf vor der Hitze schützte. Die Göttin ist, wie schon in der Pharaonenzeit, Herrin der Himmelskörper, und auch das Motiv des geheimen Namens lebte weiter. Isis, die einst den Namen des Re durch List in Erfahrung gebracht hat, spielt hier auf ihren eigenen geheimen Namen an, der aber im Text ebenso verschwiegen wird wie früher der Name des Re. Die Persönlichkeit der Göttin verschmilzt mit dem geheimen Namen, deshalb sagt sie dem Dämon, daß er sie nicht gefunden habe.

Viele Fragen wirft der den Vogelfang beschreibende Teil des Textes auf.[289] Wenn es heißt, Horus „sang seine Melodien", so kann das bedeuten, daß der Gott Blockflöte spielte und die Vögel durch die Imitation ihrer Laute anlockte. Die grammatische Struktur des Textes widerspricht aber dieser Deutung, vielmehr scheint Horus in melodischer Form Zaubersprüche rezitiert zu haben.

Zaubersprüche zur Bannung von Vögeln sind aus Ägypten bereits aus älteren Zeiten bekannt. Aelian, der im 2./3. Jahrhundert n. Chr. lebte, behauptet in seinem Werk über die Natur der Tiere folgendes: „Mir ist bekannt, daß die Ägypter mit irgendeiner heimischen Magie die Vögel aus dem Himmel herunterziehen können."[290]

In der demotischen Erzählung von Setna und Siusire wird ein erbitterter Kampf zwischen einem ägyptischen und einem nubischen Zauberer geschildert. Als der letztere einsieht, daß seine Niederlage unvermeidlich ist, verwandelt er sich in eine Gans und versucht zu fliehen. Sein ägyptischer Gegner macht ihn aber durch Zaubersprüche bewegungsunfähig und erreicht so, daß der Vogel sich auf den Rücken legt. Da erscheint über ihm ein Vogelfänger mit einem Messer.[291]

Wir können aber noch weiter in die Vergangenheit zurückgehen. Bereits der Papyrus Ebers teilt einen zum Vogelfang vorgesehenen Zauberspruch mit:

„Ein anderes (Mittel), damit der Falke (oder Habicht) nicht raubt. Zweig einer Dornakazie. Stelle ihn auf. Der Mann soll sagen: ‚Horus raubt für sich in der Stadt (und) auf der Flur ... er möge kochen und essen.' Sprich die Worte über dem Zweig der Dornakazie. Lege Kuchen auf ihn. Es (das Mittel) läßt nicht zu, daß der Falke raubt."[292]

Zum Vogelfang ist also nicht nur eine Falle, sondern auch ein Zauberspruch nötig. Hier lebt ein interessantes Motiv über zweitausend Jahre weiter, und dies ist ein konkreter Beweis dafür, wie beharrlich sich trotz aller gesellschaftlichen und religiösen Veränderungen solche übrigens nicht einmal maßgeblichen Elemente der Magie erhalten können. Unserer Meinung nach beruhte der Glaube, daß man mit Hilfe der Zauberei Vögel fangen kann, im vorliegenden Fall nicht auf schriftlichen Überlieferungen. Es handelt sich vielmehr um einen Volksglauben, der zu unterschiedlichen Zeiten und an verschiedenen Orten schriftlich fixiert werden konnte, ansonsten aber mündlich tradiert wurde.

Der Berliner koptische Zaubertext entstand in einer Zeit, als in Ägypten nicht nur das Heidentum untergegangen, sondern auch das Christentum bereits durch den Islam entmachtet worden war. Die Mehrzahl der Ägypter waren zwar noch monophysitische Kopten,[293] die Araber aber, die 640—642 die Herrschaft des Landes übernahmen[294], betrachteten den Islam als die einzig wahre Religion. Horus und andere ägyptische Götter waren aber noch immer nicht völlig vergessen.[295] Der Verfasser des oben zitierten Textes glaubte offensichtlich noch an sie, und Jesus wurde wohl nur deshalb am Ende des Zauberspruchs genannt, damit sich der Verfasser nötigenfalls gegen die Beschuldigung verteidigen konnte, er sei ein Anhänger des Heidentums.

Wir haben Texte aus drei Epochen der ägyptischen Zauberei analysiert. Inhalt und Stil der Texte lassen gewisse Veränderungen erkennen, der entscheidende Unterschied in den verschiedenen Perioden zeigt sich aber in der Verbreitung der Zauberei und in der Veränderung ihrer Funktion. Der mythologische Rahmen gehört zu den konstanten Bestandteilen der magischen Texte. Einige Götter wie Horus blieben durchgehend beliebt, unabhängig davon, gegen welches Übel der Text sich richtete.

V. Große Zauberer

Hotepi

In Paris befindet sich in der ägyptischen Sammlung des Louvre eine interessante hölzerne Statue. Sie stammt aus der Zeit um 2000 v. Chr. und stellt einen stehenden Mann mit ernstem Blick dar, der einen langen Schurz trägt (Abb. 17). Den linken Arm angewinkelt, hielt er ursprünglich einen Stab in der Hand. Mit der rechten Hand hält er eine Tasche, die vielleicht für Zaubermittel bestimmt ist, denn aus den Inschriften auf dem Sockel ergibt sich, daß der dargestellte Mann der „beliebte große Bekannte des Königs", der in der Gunst der Götter Ptah-Sokar und Thot stehende Hotepi, der Schreiber und *Vorsteher der Zauberer,* war.[296]

Hotepi ist der einzige ägyptische Zauberer, dessen Statue aus einer so frühen Zeit erhalten geblieben ist. Von den Zauberern des Alten Reiches gibt es nur schriftliche Zeugnisse. Allgemein fällt auf, daß die Persönlichkeit der Zauberer trotz der Vielzahl magischer Texte im Hintergrund bleibt. Die Verfasser der meisten Zaubertexte sind unbekannt, was verständlich ist, da sonst das Priestertum den göttlichen Ursprung dieser Schriften nicht hätte behaupten können. Anscheinend hatten die Zauberer gemäß der Lehre der Priester ihre hilfreiche oder schadenbringende Macht der genauen Kenntnis der göttlichen Bücher zu verdanken, sie selbst hingegen verfügten über keine geheimnisvollen, übernatürlichen Fähigkeiten.

Bei der ägyptischen Bevölkerung gab es selbstverständlich andere Vorstellungen über die Zauberer. Phantastische Geschichten von ihren Wundertaten und ihren ungewöhnlichen Fähigkeiten und Kräften waren im Umlauf. Das Motiv des wundertätigen Zauberers gelangte in einige literarische Werke, und eigentlich haben wir es nur diesem Umstand zu verdanken, daß die Vertreter der Magie nicht vollkommen hinter dem Schleier der Anonymität verschwanden. Die Hauptgestalten des im Berliner Ägyptischen Museum aufbewahrten Papyrus Westcar[297] sind Zauberer, die in der Epoche der Pyramidenerbauer lebten.

Der Papyrus Westcar

Schauplatz der Erzählung ist der Hof des Königs Cheops (Chufu). Den Herrscher, der die größte Pyramide bauen ließ, unterhalten seine Söhne mit Wundergeschichten. Der Held der einen Geschichte ist ein Priester (der Oberste Vorlesepriester) namens Uba-Aner, dessen Frau ein Verhältnis mit einem Mann geringeren Standes hatte. Sie verbrachten gemeinsam angenehme Stunden in einem Lusthaus, welches sich inmitten des Gartenteiches befand, der dem Priester gehörte. Die Stunde der Rache ließ aber nicht lange auf sich warten. Die Abrechnung geschah selbstverständlich nicht in alltäglicher Weise, sondern so, wie es eines Zauberers würdig ist. Uba-Aner verfertigte ein sieben Finger langes Krokodil aus Wachs und las einen Zauberspruch über ihm. Als der Verführer seiner Frau in den See stieg, warf der Gartenaufseher das Krokodil ins Wasser. Das Krokodil wuchs plötzlich bis zur Größe von sieben Ellen an, wurde lebendig und ergriff den Ehebrecher. Uba-Aner verweilte ruhig noch 7 Tage bei dem damaligen König Nebka, lud dann den Herrscher in sein Haus ein und zeigte ihm den See.

„Die Majestät des Königs Nebka sagte:

‚Gewiß, dieses Krokodil ist furchtbar!'

Uba-Aner bückte sich, ergriff das Krokodil, und dieses wurde in seiner Hand wieder zu Wachs. Dann erzählte Uba-Aner seiner Majestät, dem König von Ober- und Unterägypten Nebka, was der Mann mit seiner Frau in seinem Haus getan hatte. Seine Majestät sagte zum Krokodil:

‚Hole dir, was dir gehört!'

Da tauchte das Krokodil in die Tiefe des Teiches hinab. Niemand kennt den Ort, wohin es mit ihm (dem Mann) ging. Seine Majestät, der König Nebka, ließ die Frau des Uba-Aner in das Gebiet nördlich der Residenz bringen. Dort ließ er sie verbrennen und (ihre Asche) in den Fluß streuen."

Das verzauberte Krokodil kann seine Aufgabe auch ohne Anwesenheit des Zauberers vollenden. Aus Wachs hergestellte Figuren waren zu jeder Zeit beliebte Mittel der Magie. Wachs ist billig, leicht zu formen und leicht zu beseitigen ...

Eine andere, erfreulichere Geschichte handelt zur Zeit des Königs Snofru, des Vaters des Cheops. Damals zeigte der Zauberer Djadjaemanch seine Künste. Der König Snofru versuchte nämlich seine schlechte Laune damit zu vertreiben, daß er sich schöne Mädchen anschaute, die in Booten ruderten und nur mit Netzen bekleidet waren. Der fischförmige, aus Türkis hergestellte Schmuck des einen Mädchens fiel ins Wasser, worauf das Mädchen mit Rudern aufhörte. Für den Zauberer war es selbstverständlich keine schwierige Aufgabe, den verlorengegangenen Schmuck wieder herbeizuschaffen: „Er legte die eine Seite des Wassers des Sees auf die andere", das heißt, er klappte den See auf, und gab dem Mädchen den Schmuck zurück. Anschließend ließ der Zauberer dann das Wasser mit Hilfe eines magischen Spruches wieder zurückfließen.

Diese Zauberei mit dem Austrocknen des Wassers erinnert an den wohlbekannten Bericht der Bibel über den Durchzug der Israeliten durch das Schilfmeer (Exodus 14, 15—31).

Nach dieser Geschichte folgt eine interessante Wendung. Prinz Djedefhor, den die Nachwelt als großen Gelehrten und Schriftsteller verehrt hat, sagte seinem Vater, daß man bei diesen alten Berichten aus der Vergangenheit nicht wissen könne, ob sie Wahrheit oder Lüge seien, doch gebe es auch gegenwärtig unter den Lebenden einen Zauberer, den man selbst befragen könne.

„,Wer ist das, o Djedefhor? ...'

Djedefhor sprach:

,Ein gewöhnlicher Mann, dessen Name Djedi ist und der in Djed-Snofru-Maa-Cheru wohnt. Er ist hundertzehn Jahre alt, er ißt fünfhundert Brote und an Fleisch eine Ochsenkeule, dazu trinkt er hundert Krüge Bier bis auf den heutigen Tag. Er kann einen abgeschnittenen Kopf wieder aufsetzen und bewirken, daß ein Löwe ihm folgt, während sein Strick auf der Erde schleift. Er kennt die Zahl (oder die Maße) der Kammern des Heiligtums des Thot.'"

Der König wollte Djedi sehen und schickte seinen Sohn fort, um den Alten an seinen Hof zu holen.

Der Prinz fuhr zu Djedi. Sie begrüßten sich höflich und wortreich, dann machten sie sich auf den Weg zu Cheops.

„Prinz Djedefhor reichte ihm den Arm, half ihm auf die Beine, und sie gingen Arm in Arm zum Hafen.

Djedi sagte:

‚Laß mir ein Schiff geben, damit es meine Kinder und meine Bücher holt.'

Zwei Schiffe mit Besatzung wurden für ihn bereitgestellt. Djedi fuhr mit dem Schiff, auf dem auch der Prinz war, nach Norden. Als er die Residenz erreichte, ging Prinz Djedefhor hinein, um seiner Majestät, dem König von Ober- und Unterägypten, Cheops dem gerechtfertigten, Meldung zu erstatten. Prinz Djedefhor sprach:

‚König — Leben, Heil, Gesundheit — mein Herr! Ich habe Djedi gebracht.'

Seine Majestät sagte: ‚Geh und bringe ihn mir!'

Seine Majestät ging in die Säulenhalle des Palastes — Leben, Heil, Gesundheit. Djedi wurde ihm vorgeführt. Seine Majestät sprach:

‚Was bedeutet es, Djedi, daß es mir bisher nicht vergönnt war, dich zu sehen?'

Djedi sagte:

‚Wer gerufen wird, der kommt, o König — Leben, Heil, Gesundheit! Man hat mich gerufen und siehe, ich bin gekommen.'

Seine Majestät fragte:

‚Ist es wahr, was man erzählt, daß du einen abgeschnittenen Kopf wieder aufsetzen kannst?‘

Djedi sagte:

‚Ja, ich kann es, o König — Leben, Heil, Gesundheit —, mein Herr!‘

Seine Majestät sagte:

‚Führt mir einen Gefangenen vor, der im Gefängnis ist, um seine Strafe zu vollziehen.‘

Djedi sagte:

‚Doch nicht einen Menschen, o König — Leben, Heil, Gesundheit —, mein Herr! Nicht soll es befohlen werden, so etwas an der heiligen Herde (d.h. an den Menschen) zu tun.‘

Man holte ihm eine Gans und schnitt ihr den Kopf ab. Die Gans wurde an die westliche Seite der Halle gelegt, ihr Kopf an die Ostseite. Djedi sprach Zaubersprüche. Die Gans stand watschelnd auf, und ihr Kopf tat ebenso. Schließlich erreichten sie sich, und da stand die Gans gackernd da.“

Diese Geschichte und auch ähnliche Berichte von Wundern sind offenbar Produkte der Phantasie des Volkes; es wäre zu gewagt, hier eine Massensuggestion anzunehmen.

Wie der Papyrus Westcar erkennen läßt, bereitete der Besuch des Zauberers dem König außer dieser Vorführung jedoch keine weitere Freude, denn Djedi kannte auch die Geheimnisse der Zukunft und prophezeite, daß nach dem Enkel des Cheops eine andere Dynastie den Thron besteigen werde.

Der unbekannte Verfasser des Papyrus schildert den Zauberer als einen heiteren alten Herrn mit gewaltigem

Appetit, er erscheint nicht im entferntesten so dramatisch und dem normalen Leben abgewandt wie etwa Nanoferkaptah im Setnaroman. Seine humane Gesinnung stellt Djedi unter Beweis, als er es ablehnt, seine Zauberkunststücke an einem Menschen vorzuführen. Djedi ist standhaft und fürchtet sich auch nicht, dem König ins Gesicht zu sagen, daß die Herrschaft seiner Dynastie bald zu Ende gehen werde.

Geschrieben wurde der Papyrus Westcar wahrscheinlich im 17. Jahrhundert v. Chr., doch scheint der Text auf ältere Vorlagen zurückzugehen, die vielleicht im Mittleren Reich entstanden sind. Das Alte Reich, die Zeit der großen Pyramidenerbauer, war für das Volk inzwischen schon ein märchenhaftes, fast mythisches Zeitalter geworden. Es ist nicht feststellbar, ob die im Papyrus Westcar genannten Zauberer wirklich historische Persönlichkeiten gewesen waren, deren Leben und Taten die Phantasie der Nachwelt, die sich in die ferne Vergangenheit zurücksehnte, mit Wundern ausschmückte, oder ob es sich bei ihnen nur um erdichtete Märchengestalten handelt. Es ist die Verehrung eines gewissen Gottes Djed aus der letzten Periode des Alten Reiches bekannt, doch ist nicht sicher, daß dieser der Zauberer Djedi war. Möglicherweise besteht aber ein Zusammenhang mit dem heiligen Symbol des Djed-Pfeilers.[298] In den Inschriften des Alten Reiches kommen mehrere Personen vor, deren Name als Djadja-em-Anch zu lesen ist, keiner von ihnen läßt sich aber mit dem gleichnamigen Zauberer identifizieren.[299]

Cheops erscheint im Papyrus Westcar als ein Herrscher, der völlig im Banne der Zauberei steht. Die Denkmäler aus seiner Zeit lassen die Vermutung zu, daß Cheops der

Religion gegenüber ziemlich gleichgültig war. Immerhin gibt es in seinem Grab keine Totentexte. Nach dem Bericht des Herodot ließ Cheops die Tempel der Götter schließen.[300] Diese Feststellung ist aber sicher als eine Übertreibung der Spätzeit zu werten. In der ägyptischen Geschichte gab es aber mehr als zweitausend Jahre nach Cheops einen anderen Herrscher, der den Ruf eines Zauberers tatsächlich verdient hat. Wir denken an einen Pharao der 30. Dynastie, der der letzte einheimische König Ägyptens war.

König und Zauberer

Nektanebos II. (Nacht-Hor-Hebit, 360—342 v. Chr.)[301] bestieg nach einem Aufstand gegen seinen Vorgänger Tachos den Thron Ägyptens. Seine Macht konnte er aber erst nach einem erbitterten Kampf gegen einen anderen Rebellen stabilisieren. Die damals größte Macht des Nahen Osten, das Perserreich, erlebte zur Zeit Nektanebos' II. einen letzten Aufschwung und war bestrebt, die ehemaligen Grenzen wiederherzustellen. Im Jahre 351 begannen die Perser einen großen Feldzug gegen Ägypten, doch blieb der Pharao Sieger. Nach diesem mißlungenen Unternehmen der Perser brach in Phönizien ein Aufstand gegen deren Herrschaft aus, wobei Sidon die Führung übernahm. Ägypten konnte den Aufständischen allerdings keine aktive Hilfe leisten, und nach der blutigen Niederwerfung Sidons begann der Angriff der Perser gegen Nektanebos (343). Die Ägypter erlitten eine vollständige Niederlage, Nektanebos II. zog sich nach Süden zurück. Er konnte sich in Oberägypten noch zwei Jahre lang behaupten, dann geriet das ganze Land unter persische Herrschaft. Der Pharao sammelte seine Schätze und flüchtete nach Äthiopien. Über sein weiteres Schicksal weiß die historische Überlieferung nichts zu berichten, um so mehr aber die volkstümliche Legende.

In der sogenannten Demotischen Chronik ist eine Prophezeiung zu lesen, die sich auf Nektanebos II. bezieht: „Ich erscheine mit der goldenen königlichen Krone. Man wird sie nicht von meinem Kopf nehmen.“[302]

Bevor wir auf die legendären Berichte über diesen König zu sprechen kommen, müssen die zeitgenössischen Denkmäler untersucht werden, denn nur auf dieser Grundlage ist zu entscheiden, inwiefern die spätere Tradition begründet war, die ihn zu den größten Zauberern rechnete. Aus seiner verhältnismäßig kurzen Regierungszeit sind uns zwei wichtige magische Denkmäler bekannt, die auch seinen Namen erwähnen. Es handelt sich um die Metternichstele und um eine in Bubastis gefundene, mit magischen Inschriften versehene Statue.[303] Sie stellt Anch-Hap dar, den „Siegelbewahrer des Königs von Unterägypten“. Die Texte beginnen mit einer Beschwörung gegen Apophis und enthalten nachfolgend hauptsächlich Zaubersprüche gegen Schlangen, Skorpione.

Der magische Papyrus 10 081 des Britischen Museums in London, der bereits im Zusammenhang mit den Zauberpraktiken zum Schutze des Königs behandelt worden ist, entstand wahrscheinlich ebenfalls während der Regierungszeit Nektanebos' II.[304]

Die archäologischen Funde und die Inschriften jener Zeit weisen darauf hin, daß sich der König intensiv um die

Instandhaltung bzw. Wiederherstellung der Tempel und die Errichtung religiöser Denkmäler kümmerte. Er leistete besonders viel zur Förderung der Verehrung des Thot.

An seine Wohltaten für die Götter knüpft der erste romanhafte Bericht in griechischer Sprache über eine Episode aus dem Leben Nektanebos' II. an. Nach Aussage eines im Serapeum von Memphis gefundenen Papyrus[305] aus dem 4. Jahrhundert v. Chr., der also offensichtlich kurz nach dem Tode des Königs verfaßt wurde, fuhr der Pharao einmal nach Memphis, um dort den Göttern ein Opfer darzubringen. Er bat sie, ihm die Zukunft zu offenbaren. Im Traum sah er eine Barke aus Papyrus-Schilf in Memphis landen. Auf der Barke stand ein gewaltiger Thron, auf dem Isis, die Königin der Götter, saß. Links und rechts von Isis standen alle Götter. Einer von ihnen, der riesige Onuris, beklagte sich über den König, der seinen Tempel vernachlässige. Nach seinem Erwachen aus diesem Traum war Nektanebos dann bestrebt, das Versäumte nachzuholen.

Es ist möglich, daß die Geschichte von den Priestern des Onuris erfunden wurde, um auf diese Weise das Ansehen ihres Gottes zu vergrößern. Für diesen Gott tat Nektanebos nach Aussage der Denkmäler von Sebennytos tatsächlich sehr viel. Er ließ den Tempel des Onuris wiederherstellen und für seine Statue einen steinernen Schrein *(Naos)* anfertigen.[306]

Zur Zeit Nektanebos' II. wurde einem anderen griechischen Papyrus zufolge ein uraltes Buch, die Schrift des zum Gott erhobenen Asklepios (Imhotep), gefunden.[307]

Aus ähnlichen kleinen Episoden konnte dann der Roman von Nektanebos entstehen, der seiner Form nach kein selbständiges Werk ist, sondern nur die Einleitung des irrtümlich dem Kallisthenes zugeschriebenen Alexanderromans aus der römischen Zeit darstellt.

Die magischen Praktiken des Königs, mit denen er dem Roman zufolge die feindliche Flotte vernichten wollte, haben wir bereits besprochen. Als die Zaubereien jedoch offenbarten, daß seine Niederlage unvermeidlich war, flüchtete er — dem Roman nach — nach Makedonien (nicht nach Äthiopien), wo er bei König Philipp II. und Königin Olympias, den Eltern von Alexander dem Großen, Zutritt erhielt. Die Königin verehrte den gelehrten Zauberer, der auch auf dem Gebiet der Astrologie ein Experte war.

Nektanebos zeigte der Königin seine mit Gold und Elfenbein geschmückte Horoskoptafel, auf der die sieben Planeten durch unterschiedliche Steine symbolisiert waren. Die Sonne bestand aus Kristall, der Mond aus Diamant, der Jupiter aus blauem Stein. Der Saturn war aus Serpentin, der Venusstern aus Saphir, der Merkur aus Smaragd, und der Mars war wahrscheinlich blutig dargestellt.

Die Tafel übte auf Olympias eine große Wirkung aus, sie schenkte dem Zauberer, der leidenschaftlich in sie verliebt war, ihr Vertrauen. Sie verriet ihm ihre Angst, daß Philipp sie nach seiner Rückkehr aus dem Krieg verstoßen und eine andere Frau heiraten werde.

Nektanebos schaute das Horoskop der Königin an und bestätigte ihren Verdacht. Gleichzeitig versprach er aber, ihr mit seiner ägyptischen Wissenschaft helfen zu können. Er teilte Olympias mit, daß sie die Liebe eines Gottes erfahren und einen Sohn zur Welt bringen werde.

Nektanebos sagte ihr auch, daß Ammon (Amun) der Gott sei, der zu ihr kommen werde, und prophezeite, die Königin werde den Gott vorher im Traum sehen. Nachdem er sich von der Königin entfernt hatte, sammelte Nektanebos verschiedene Pflanzen, die eine einschläfernde Wirkung hatten. Er preßte deren Saft aus, formte aus Wachs einen kleinen weiblichen Körper und schrieb den Namen der Königin darauf. Er formte auch ein Bett, legte die kleine Statue darauf und zündete ein Licht neben ihr an. Den Saft der Pflanzen goß er auf die Statue und sprach währenddessen einen geheimen Zauberspruch von großer Wirkung, und die Königin erlebte im Traum alles, was der Zauberer dem Wachsbild sagte.

Danach prophezeite Nektanebos der Königin die baldige Erfüllung ihres Traumes, und er bat, in ihrer Nähe bleiben zu dürfen, um ihr helfen zu können, wenn sie sich ängstige. Nektanebos sagte auch voraus, daß der Gott in Gestalt eines Drachen erscheinen werde.

Nektanebos erhielt ein kleines Zimmer, wo er sich auf den Betrug an der Königin sorgfältig vorbereitete. Er zog sich ein weiches Lammfell mit Widderhörnern an, nahm ein Zepter in die Hand und staffierte sich wie ein Drache aus. Als der Abend anbrach, besuchte er dann in dieser Gestalt die Königin.

„Sobald die Königin den Drachen erblickte, befahl sie allen, aus dem Zimmer zu gehen, legte sich ins Bett, veschleierte ihr Gesicht und schaute aus dem Winkel ihres Auges nach der Ankunft des Gottes aus, nach dem sie sich so sehr gesehnt hatte. Der Gott legte seinen Stock ab, legte sich ins Bett und hielt Beischlaf mit der Königin. Danach legte er seine Hand auf den Leib der Frau und sagte:

‚Freue dich, Weib, da du von mir schwanger geworden bist und einen Sohn zur Welt bringst, der die Herrschaft über die ganze Welt erwerben wird!'" (Alexander der Große)

Nektanebos betrieb hier eine Art psychische Liebeszauberei, um seinem Streich von vornherein den Erfolg zu sichern. Es gelang ihm, mit Zaubereien und Träumen auch Philipp zu überlisten.

Diese Geschichte[308] entstand zweifellos in Ägypten, wo die Texte wiederholt den Umgang irdischer Frauen mit Göttern beschreiben. Nach dem Bericht des Papyrus Westcar wird die Frau eines Priesters des Sonnengottes von Re schwanger und bringt drei Söhne mit goldener Haut zur Welt. Von der Königin Hatschepsut sowie von König Amenophis III. wird berichtet, daß sie von dem Gott Amun abstammen.[309]

Im 1. Jahrhundert n. Chr., während der Herrschaft des Kaisers Tiberius, war der Isis-Tempel in Rom Schauplatz eines aufsehenerregenden Skandals. Nachdem der Ritter Decius Mundus sich vergeblich um die Liebe einer Frau namens Paulina bemüht hatte, die zu den Verehrerinnen der Isis gehörte, erkaufte er sich die Beihilfe der Priester dieser Göttin. Er beauftragte sie, Paulina zu sagen, daß der Gott Anubis selbst zu ihr kommen wolle. Die Frau glaubte dies, und so gewann der Ritter in der nächsten Nacht als Anubis verkleidet im Heiligtum der Isis die Liebe Paulinas. Der Fall kam ans Tageslicht und hatte das Verbot des Isis-Kultes zur Folge.[310] Den Vorfall muß man sich so vorstellen, daß Mundus sich eine Schakalmaske über den Kopf gesetzt hatte. Solche Masken wurden von den ägyptischen Priestern bei den Prozessionen getragen.[311]

Es gab nur wenige ägyptische Könige, die nach ihrem Tod so populär wurden wie Nektanebos. Das zeigt sich nicht nur an der Anzahl der Legenden um seine Person, sondern auch an dem offiziellen Kult seiner Statuen. In den Inschriften sind Priester von Statuen des Nektanebos belegt. Dieser wird mit Vorliebe als Falke oder von einem Falken beschützt dargestellt (Abb. 18).[312] In den Inschriften wird er auch als „Nektanebos der Falke"[313] erwähnt. Die Blütezeit der Verehrung seiner Statuen war aber erst unter der Regierung der Ptolemäer, während der persischen Herrschaft mußte die Sympathie gegenüber Nektanebos noch geheim gehalten werden.

Nach der Eroberung ihres Landes durch die Römer trösteten sich die Ägypter damit, daß ihr letzter einheimischer König der Vater des großen Alexander gewesen sei. Dem Alexanderroman zufolge gab es eine Statue, auf der geschrieben stand, daß Nektanebos einst verjüngt zurückkehren werde, um seine Feinde zu besiegen. Angeblich erkannte sich Alexander der Große selbst in dieser Inschrift.[314]

Dem verworrenen Gewebe der Legenden ist nur schwer zu entnehmen, in welcher Form Nektanebos die Zauberei in Wirklichkeit betrieb. Im 4. Jahrhundert v. Chr. breitete sich die Magie in Ägypten immer mehr aus. Außer den erwähnten magischen Texten aus der Zeit Nektanebos' II. sind zwei große Zauberspruchsammlungen mit Sicherheit in dieses Jahrhundert zu datieren: der Papyrus Bremner-Rhind, aus dem bereits Zaubersprüche gegen die Schlange Apophis zitiert worden sind, und die mit magischen Texten versehene Statue des Djedhor, des „Retters".[315] Beide entstanden zu Beginn der Ptolemäerzeit. Der Papyrus

Bremner-Rhind enthält jedoch auch Texte, die aus dem Neuen Reich stammen.

In einem Jahrhundert der Magie war es nicht verwunderlich, daß sich auch ein König über die mit seinem Amt verbundenen obligatorischen Zeremonien hinaus mit der Zauberei beschäftigte, ja diese offenbar sogar selbst praktizierte.

Nanoferkaptah, Setna (Setom) und Siusire

Während der Papyrus Westcar die wundertätigen Wirkungen der Zauberei vorführt, schildert eines der spätesten Werke der ägyptischen Literatur, der Setnaroman[316], ihren psychologischen Hintergrund. In der Geschichte stehen sich zwei Zauberer — man kann auch von zwei typischen Charakteren sprechen — einander gegenüber. Der Königssohn Nanoferkaptah zeigt für die alltäglichen Dinge des Lebens kein Interesse, sein ganzes Wesen wird von der Begeisterung für die Zauberei und die Vergangenheit erfüllt. Sein Wissensdrang vernichtet schließlich nicht nur ihn, sondern auch seine unschuldige Familie. Auf dem Friedhof von Memphis studiert er mit großem Interesse die uralten Inschriften. Einmal berichtet ihm ein Priester von einem versteckten Zauberbuch des Gottes Thot, dessen Besitzer die Geheimnisse der Natur kennenlernen, die Sprache der Tiere verstehen kann, sich die Mysterien des Himmels erschließen und das wahre Wesen der Götter erkennen kann. Von nun an kennt Nanoferkaptah nur noch ein einziges Ziel: dieses Buch um jeden Preis zu erwerben. Dank seiner Kenntnisse auf dem

Gebiet der Magie gelingt ihm das auch schließlich, die Rache des Gottes Thot läßt aber nicht lange auf sich warten; er und seine ganze Familie müssen sterben. Die gefährliche Schrift wird zusammen mit Nanoferkaptah begraben.

Nach langer Zeit erfährt Setna (Setom), ein anderer Zauberer, daß auf dem Friedhof von Memphis in einem Grab ein äußerst wirksames Zauberbuch liegen soll. Nach langem Suchen findet er mit Hilfe einer wieder zum Leben erweckten Mumie und der Vögel das Grab von Nanoferkaptah und will das Buch an sich nehmen. Da erzählt ihm Ahure, die tote Gattin von Nanoferkaptah, die Tragödie der Familie, um ihn vom Raub des Buches zurückzuhalten. Die Leichen der Gattin und des Kindes sind zwar im fernen Koptos begraben, doch Nanoferkaptah erreichte mit Hilfe seiner Zauberkraft, daß ihre Seelen bei ihm weilen. Trotzdem nimmt Setna das Buch gewaltsam an sich, aber die bald eintretenden unheilvollen und bedrohlichen Ereignisse und die Warnungen des Königs veranlassen ihn, das Buch reuevoll zu Nanoferkaptah zurückzubringen, weil er spürt, daß er anders der Verfolgung durch den Toten nicht entkommen kann.

Im tragischen Lebensweg des Nanoferkaptah führt das Streben nach Wissen zur Katastrophe. Nach Meinung des Verfassers des Setnaromans, der die volkstümliche Magie verachtete, war sein Untergang deshalb unvermeidlich, weil er das den Menschen verbotene Wissen nicht mit Hilfe der Götter, sondern gegen deren Willen mit Gewalt erwerben wollte. Er kannte die Geheimnisse der Magie gründlich, aus Wachs verfertigte er Schiffe und Mannschaften und machte sie lebendig. Er besiegte die Tiere des

Gottes Thot, die das Zauberbuch bewachten, er konnte Tote zum Sprechen bringen, und sein Zorn war selbst nach seinem Tode furchterregend. Seine Zauberkraft verwendete er fast mit dem Wissensdrang eines Faust zur Erkenntnis des Universums, er war nicht durch kleinliche und niedere Ziele oder durch Ruhmsucht motiviert.

Setna stellt einen anderen Charakter dar. Sein tragikomisches Liebesabenteuer mit einer Kurtisane und Priesterin der Bastet weist darauf hin, daß er auch die alltäglichen Freuden des Lebens nicht verachtet. Seine Verliebtheit verblendet ihn dermaßen, daß er selbst die eigenen Kinder zu töten bereit ist. Auch er ist ein mächtiger Zauberer, und mit Hilfe von Amuletten besiegt er vorübergehend den toten Nanoferkaptah.

Eine andere Geschichte behandelt die wundersamen Taten von Setnas Sohn Siusire. Der erste Teil des Textes enthält eine gesellschaftskritische Aussage. Setna und Siusire steigen in die Unterwelt, in das Reich des Osiris, hinab. Siusire zeigt seinem Vater, daß Reichtum und eine prächtige Grabausstattung niemanden vor dem gerechten Urteilsspruch des Jenseitsgerichtes zu retten vermögen. Dem bösen Reichen wird eine entsetzliche Qual zuteil, der Arme dagegen, den niemand auf den Friedhof begleitet hat, gelangt unter die Verklärten des Osiris.

Die große Gelegenheit, sein magisches Können zu zeigen, ergab sich für Siusire, als ein äthiopischer Zauberer zum Hof kam und verkündete, er werde zu Hause niederträchtige Dinge über Ägypten berichten, wenn es am Königshof niemanden gäbe, der seine versiegelte Schrift lesen kann, ohne sie zu öffnen. In dieser schwierigen Situation wandte sich der Pharao an Setna, dem die

Herausforderung ebenfalls große Sorgen bereitete. Sein Sohn tröstete ihn jedoch und zeigte ihm, daß er die Bücher, die sein Vater im Keller in die Hand nahm, oben im Haus lesen konnte, selbst dann, wenn der Vater sie nicht öffnete.

Das Buch des äthiopischen Zauberers, das zu lesen Siusire sich anschickte, enthielt die Beschreibung eines früheren Wettkampfes zwischen einem ägyptischen und einem äthiopischen (nubischen) Zauberer:

Der König von Äthiopien belauschte einmal das Gespräch dreier Fürsten, die Zauberer waren. Er erfuhr, daß der erste Ägypten für drei Tage in Finsternis hüllen, der andere das Land für drei Jahre unfruchtbar machen kann; am besten gefielen ihm aber die Worte des dritten Zauberers, der sich rühmte, er könne den Pharao ins Land der Äthiopier holen, um ihn dort auszupeitschen.

Der äthiopische Zauberer verfertigte eine Trage und Zauberfiguren aus Wachs, diese Wachsfiguren brachten den Pharao in der Nacht nach Äthiopien. Nachdem er 500 Peitschenhiebe erhalten hatte, wurde er zurückgebracht. All dies geschah in wundersamer Eile, innerhalb von sechs Stunden. Als der Pharao am Morgen seine Hofleute fragte, was in Ägypten in seiner Abwesenheit geschehen sei, dachten sie, er habe den Verstand verloren. Sie glaubten ihm seinen Bericht über die fürchterliche Nacht erst, als er ihnen die Striemen auf seinem Rücken zeigte.

Schließlich konnte ein Zauberer namens Horus, Sohn des Pa-nesche, dem Pharao helfen. Er las einen Zauberspruch über ihm und band ihm ein Amulett um. Als die Zauberfiguren in der nächsten Nacht wieder erschienen, konnten sie dem Pharao nichts mehr anhaben. Horus wandte nun dieselbe Zauberei wie der Äthiopier an, und in der folgenden Nacht wurde der äthiopische König nach Ägypten gebracht und mit 500 Peitschenhieben gezüchtigt.

So ging es drei Nächte lang, dreimal wurde der äthiopische König zur Genugtuung für den Pharao verprügelt. Daraufhin reiste der äthiopische Zauberer nach Ägypten, um zu sehen, wer der gewaltige Feind sei, vor dem sein Herr nicht zu retten war.

Es kam zu einem Kampf auf Leben und Tod in Anwesenheit des Pharao. Der Äthiopier zauberte zuerst Feuer in den Hof, der Ägypter Horus löschte es aber mit Regen. Dann bedeckten dunkle Wolken den ganzen Himmel, so daß man einander nicht sehen konnte, der ägyptische Zauberer aber zerstreute die Wolken. Dann schuf der Äthiopier mit Hilfe seiner Zaubersprüche ein riesiges Steingewölbe, das den König von seinem Volk trennte. Der Pharao und der Hof schrien erschrocken auf, das himmlische Schiff des Horus nahm aber das Gewölbe mit sich.

Der Äthiopier sah seine Niederlage ein und dachte nur noch an Flucht. Zuerst wurde er unsichtbar, durch die Zauberei des Horus erschien aber seine Gestalt wieder. Dann verwandelte er sich in eine Wildgans, Horus aber bewirkte, daß er sich auf den Rücken legte und über ihm ein Vogelfänger mit einem Messer erschien. Die Mutter des Äthiopiers, die auch eine Zauberin war, eilte ihrem Sohn, der in Lebensgefahr war, in Vogelgestalt zu Hilfe. Es erging ihr aber genauso, und sie verwandelte sich wieder in eine Frau und flehte um Gnade. Nachdem ihr Sohn geschworen hatte, eintausendfünfhundert Jahre lang nicht nach Ägypten zurückzukehren, ließ Horus sie beide frei.

Das stand also in der Schrift. Und jetzt, im Augenblick

seines großen Triumphes, erfolgte eine neue Überraschung. Siusire gab sich zu erkennen: Er sei der Zauberer Horus, der vor tausendfünfhundert Jahren gelebt hatte. Er war bereits gestorben, als er aber erfuhr, daß der Äthiopier wieder nach Ägypten kommen wolle, flehte er zu Osiris, auf die Erde zurückkehren zu dürfen.

Danach vernichtete er den Äthiopier mit Feuer und verschwand dann plötzlich wie ein Schatten.

Die Macht des Zauberers erstreckt sich also auch über den Tod. Er kann eintausendfünfhundert Jahre lang leben wie der Äthiopier oder nach dem Tod wieder zum Leben erwachen wie Siusire.

Einer der drei Zauberer, Setna, ist eine historische Person. Der Sohn Ramses' II., Chaemwaset (Chaemwese), der weise Hohepriester von Memphis, wurde in ptolemäischer bzw. römischer Zeit so genannt. Einer seiner Priestertitel wurde nämlich mißverstanden und als Eigenname interpretiert. Der Prinz zeigte für die Bauten des Alten Reiches[317], die bereits damals mehr als tausend Jahre alt und dem Einsturz nahe waren, reges Interesse, und mehrere von ihnen ließ er auch restaurieren. Wie erwähnt, ließ er ferner für die heiligen Apisstiere das erste große *gemeinsame* unterirdische Grabgewölbe statt der früheren kleinen Gräber errichten.

Das Volk bewahrte sein Andenken, und nach seinem Tod wurde er eine legendäre Gestalt, ein großer Zauberer. Aus diesem Volksmärchen schufen ein oder mehrere begabte Schriftsteller die genannten Erzählungen, in denen aber zum historischen Chaemwese eher die Charakterzüge des Nanoferkaptah Verwandtschaft zeigen, nicht die des weltlich eingestellten Setna.

Pankrates

Lukian, der als Voltaire des Altertums bezeichnet wurde, macht in vielen seiner satirischen Schriften die unwissenden und überheblichen Philosophen seiner Zeit, die als Wundertäter auftretenden Schwindler sowie jede Form des Aberglaubens lächerlich. Er sah wohl, daß die alte griechisch-römische Religion die Verbreitung der orientalischen Kulte nicht verhindern konnte. In seinem Werk „Die Götterversammlung" herrscht auf dem Olymp bereits völliges Durcheinander, denn tiergestaltige Barbarengötter, die nicht einmal die griechische Sprache beherrschen, breiten sich schon sogar auf dem erhabenen Wohnsitz des Zeus und seiner Gefährten aus.

In dem Werk „Der Lügenfreund oder der Ungläubige" (Philopseudes)[318] macht er die Zauberei zur Zielscheibe seines Spottes. Selbstverständlich schont er auch nicht den ägyptischen Wundertäter. Einer der Teilnehmer des Gespräches, Eukrates, lernte während seiner Nilfahrt auf einem Schiff den weisen Pankrates kennen, der 23 Jahre lang unter der Erde gelebt und die Zauberei von Isis gelernt hatte. Er konnte auf Krokodilen reiten, und schon allein das zeigte, daß er ein außergewöhnlicher Mensch mit besonderen Fähigkeiten war.

Eukrates schloß sich dem Zauberer an, und dessen Gesellschaft brachte ihm eine Reihe von sensationellen Erlebnissen ein. Immer wenn sie in einem Gasthof ankamen, sorgte der Zauberer sogleich für Bedienung. Er machte Gebrauchsgegenstände wie Besen, Mörser und Türriegel lebendig, stattete sie mit menschlichen Kleidern aus, ließ sie wie Knechte Wasser holen, einkaufen und kochen. Sobald sie ihre Aufgabe vollbracht hatten, machte sie Pankrates mit einer anderen Beschwörung wieder leblos. Einmal versteckte sich Eukrates und erlauschte den Zauberspruch. Am folgenden Tag, als der Zauberer auf den Markt ging, nutzte er diese Gelegenheit, um seine Zauberkunst heimlich zu erproben. Es gelang ihm, den Mörser zu beleben, und er befahl ihm, Wasser zu holen, doch als er ihn aufforderte, damit aufzuhören, stellte sich das Übel heraus, denn er kannte die Formel dafür nicht. Der Mörser trug fortwährend Wasser, welches nun das Haus überschwemmte. Eukrates schlug ihn mit einer Axt entzwei, dadurch geriet er aber in eine noch schwierigere Lage, da jetzt beide Hälften des Mörsers Wasser trugen. Die Rückkehr des Pankrates bereitete dem heillosen Tun des eifrigen Gehilfen durch den richtigen Zauberspruch dann schließlich ein Ende. Es ist verständlich, daß Pankrates nach diesem Vorfall nicht mehr mit Eukrates zusammenbleiben wollte. Er verließ ihn und verschwand auf Nimmerwiedersehen.

Diese Geschichte, die durch den „Zauberlehrling" von Goethe und Dukas allgemein bekannt wurde, erinnert ironisch an das, was im Setnaroman sich so tragisch gezeigt hat, daß nämlich die Zauberei auch Gefahren mit sich brachte.

Ein Regenwunder und die Zauberei der römischen Kaiserzeit

Unter der Herrschaft des Mark Aurel mußten die Römer schwere Kämpfe gegen die von Norden her angreifenden Quaden und Markomannen führen. Auch das Gebiet

Pannoniens wurde Kriegsschauplatz. Als sich die Situation schließlich für die römischen Legionen günstiger gestaltete, begann Mark Aurel dort den Gegenangriff auf die Gebiete nördlich der Donau.

Im Jahre 172 n. Chr. geriet das kaiserliche Heer jedoch in eine schwierige Lage. Die Römer wurden von den Quaden eingeschlossen und litten in der Hitze des Hochsommers furchtbaren Durst. Als sie dann durch einen unerwarteten Regen gerettet wurden, der dem Feind zudem schweren Schaden zufügte, sah das Heer darin das gnädige Walten übernatürlicher Kräfte. Man erzählte, der den Kaiser begleitende ägyptische Magier namens Harnuphis habe sich an einige Dämonen und den Gott Hermes-Aerios gewandt und so den Regen herbeigezaubert.[319] Andere waren hingegen der Meinung, daß die Römer durch das Gebet der christlichen Legion des Heeres gerettet wurden.

Der Kaiser verewigte das Regenwunder auch auf seiner Säule, die heute noch in Rom zu sehen ist, und gab Münzen zu Ehren des Merkur heraus, der dem griechischen Hermes entsprach.[320]

Eine lateinische Inschrift aus Aquileia in Venetien bezeichnet Harnuphis als „ägyptischen Hierogrammateus“[321], was die nicht ganz exakte Übersetzung des ägyptischen Titels „Schreiber des Gottesbuches“ ist. Der Zauberer ist also eine historisch bezeugte Persönlichkeit, anscheinend war er ein in der ägyptischen religiösen Literatur bewanderter Priester.

Ägyptische Zauberer und Astrologen kommen häufig vor in Schriften, die sich mit einzelnen Ereignissen der römischen Geschichte oder mit dem Leben einzelner Persönlichkeiten beschäftigen.

Beispielsweise wurde Antonius nach dem Bericht Plutarchs von einem ägyptischen Astrologen nachdrücklich vor Octavian gewarnt[322], und angeblich prophezeite der ägyptische Wahrsager Apollonios den Tod des Caligula.[323]

Ein Prophet von Heliopolis namens Pachrates, der vielleicht mit Lukians Pankrates identisch ist, zeigte nach dem Bericht des großen Pariser Zauberpapyrus dem Kaiser Hadrian während dessen Ägypten-Reise seine Wissenschaft, die sich mit der Verursachung von Krankheiten und Mord sowie mit Träumen und magischem Zwang befaßte.[324]

Nachdem der Wahrsager Serapion den Tod des Kaisers Caracalla prophezeit hatte, wurde er einem Löwen vorgeworfen. Als er aber seine Hand vor den Löwen hielt, berührte dieser ihn nicht. Er wurde dann auf andere Weise umgebracht, behauptete aber, mit Hilfe von Dämonen hätte er auch diese Hinrichtug vermeiden können, wenn ihm noch ein Tag zur Verfügung gestanden hätte.[325]

Die beiden Zauberer Iannes und Mambres (oder Iambres) kommen in der christlichen Literatur wiederholt vor. Der zweite Brief des Paulus an Timotheus[326] ist die erste christliche Quelle, die sie erwähnt. Diese zwei Magier, die im Alten Testament noch ohne Namen auftreten, sind die Widersacher von Mose und Aaron.

Ihr Grab hielt man für einen gefährlichen Ort, der von Dämonen und vom Teufel persönlich bewacht wurde.[327]

Die jüdische und die christliche Literatur maß der verderblichen Tätigkeit der ägyptischen Zauberer große Bedeutung bei. Ausgangspunkt ist die Beschreibung des nicht leichten Sieges von Mose und Aaron über die Zauberer des Pharao im Alten Testament.

Hier sei die berühmte Stelle zitiert:[328]

„Mose und Aaron kamen zu dem Pharao und taten wie Jahwe ihnen befohlen hatte. Aaron warf seinen Stab vor den Pharao und vor seine Diener hin, und er wurde zu einer Schlange. Da ließ der Pharao die Weisen und Zauberer rufen, und die ägyptischen Zauberer taten dasselbe mit ihren Zauberkünsten. Alle warfen ihre Stäbe hin, und diese wurden zu Schlangen. Aber der Stab Aarons verschlang ihre Stäbe. Doch das Herz Pharaos blieb verstockt, und er hörte nicht auf sie ...“

Die Verwandlung des Stabes in eine Schlange erscheint hier als ein Wunder, gehört aber heute noch zu den geläufigsten Vorführungen der Schlangenbeschwörer, wie es der Verfasser selbst in Kairo gesehen hat, das Tier erstarren zu lassen, als wäre es ein lebloser Gegenstand. Die Darstellung schlangenförmiger Stäbe ist in Ägypten häufig.

Im Buch Exodus folgt dann die Beschreibung der zehn ägyptischen Plagen. Die beiden ersten Plagen (Verwandlung von Wasser in Blut, Aufsteigen der Frösche aus dem Nil) konnten auch die ägyptischen Zauberer imitieren, erst bei der dritten mußten sie ihre Niederlage eingestehen:

„Nun sagte Jahwe zu Mose: ‚Sprich zu Aaron: Strecke deinen Stab aus und schlage damit den Staub des Bodens, und er wird in ganz Ägypten zu Stechmücken werden.‘ Aaron streckte seine Hand mit dem Stab aus und schlug damit in den Staub des Bodens. Da kamen Stechmücken über Menschen und Vieh. Aller Staub des Bodens wurde in ganz Ägypten zu Stechmücken. Die ägyptischen Zauberer suchten mit ihren Zauberkünsten ebenfalls Stechmücken hervorzubringen; aber sie konnten es nicht. Die Stechmücken kamen über Menschen und Vieh. Da sagten die Zauberer zu dem Pharao: ‚Das ist der Finger Gottes!' " (Exodus 8, 12—15)

Diese Passage lieferte den Schlüssel zum Verständnis dafür, daß Juden und Christen die heidnischen Zauberer und unter diesen besonders die ägyptischen als gefährliche Feinde betrachteten.

Einen Kampf zwischen christlichen und heidnischen Zauberern beschreibt auch die Historia Lausiaca von Palladius. Ein wollüstiger Mann wollte die Liebe einer tugendhaften verheirateten Frau erlangen. Als er sein Ziel nicht erreichte, wandte er sich an einen Zauberer. Doch auch dieser konnte die Sympathie der Frau für den fremden Mann nicht erwecken; mit Hilfe von Zauberpraktiken bewirkte er aber immerhin, daß jeder von der Frau glaubte, sie sei eine Stute. Daraufhin führte der Ehemann seine Frau, die auch er für ein Pferd hielt, zu dem ägyptischen Heiligen Makarius dem Großen. Der Heilige erkannte sogleich, daß sie kein Pferd, sondern eine Frau war, und erreichte mit Hilfe von Weihwasser und Gebeten, daß man sie wieder für ein Weib hielt.[329] Hier hatte also der heidnische Zauberer keine Macht, die Frau tatsächlich in ein Pferd zu verwandeln, er konnte nur erreichen, daß andere sie für ein Pferd hielten.

Aus christlichen Quellen wissen wir, daß die ägyptischen Zauberer den heidnischen Kaisern bei verschiedenen Angelegenheiten behilflich waren. An den Kindesopfern und anderen Verbrechen Valerians war ein ägyptischer Zauberer beteiligt.[330]

Als der mit dem Christentum sympathisierende Kaiser Konstantin mit Licinius, dem Herrscher der östlichen Hälfte des Reiches, Krieg führte, umgab sich dieser mit ägyptischen Priestern und Zauberern.[331]

Zu den interessanten kulturgeschichtlichen Erscheinungen des 4. Jahrhunderts gehört die Angst der sich zum Christentum bekennenden Kaiser vor den heidnischen Zauberern. Davon zeugen die mit den mittelalterlichen Hexenprozessen vergleichbaren Gerichtsverfahren und Massenhinrichtungen.

Ammianus Marcellinus, der große Geschichtsschreiber der damaligen Zeit, betrachtete diese Orgie des Aberglaubens mit Schauder:

„Wenn nämlich jemand einen erfahrenen Mann über das Pfeifen einer Spitzmaus oder die Begegnung mit einem Wiesel oder wegen eines ähnlichen Zeichens befragte oder sich von einer alten Frau zur Linderung von Schmerzen besprechen ließ, ein Mittel, das sogar die Autorität der ärztlichen Wissenschaft empfiehlt, so wurde er, ohne zu ahnen, von welcher Seite, denunziert, vor Gericht gestellt und büßte dafür mit dem Tode."[332]

„Denn wenn jemand ein Amulett gegen das Wechselfieber oder eine andere Krankheit am Hals trug oder durch Anzeigen seiner Neider beschuldigt wurde, abends durch ein Grabmal geschritten zu sein, als ob er ein Giftmischer wäre oder die Schauder der Gräber und nichtige Wahnbilder der hier umherirrenden Seelen sammelte, wurde er zum Tode verurteilt und fand so sein Ende. Die ganze Angelegenheit wurde geradezu so betrieben, als ob viele Menschen Klaros, die Eichen von Dodona und die einst berühmten Sprüche von Delphi zum Untergang des Kaisers aufgewiegelt hätten."[333]

(Ammianus Marcellinus: Römische Geschichte, Berlin, 1968, übersetzt von Wolfgang Seyfarth)

Schon allein das Tragen von Amuletten oder der Verdacht der Totenbeschwörung reichte aus, um jemanden töten zu lassen. Das größte Verbrechen war es aber, wenn jemand durch Wahrsagerei erfahren wollte, wer der Nachfolger des Kaisers sein werde.

In der ägyptischen Stadt Abydos bestand noch im 4. Jahrhundert n. Chr. die Wahrsagestätte des Gottes Bes. Die meisten heidnischen Heiligtümer waren damals noch nicht geschlossen. An dieser Orakelstätte hatte man die Fragen den Göttern meist auf Zetteln vorgelegt. Unter ihnen gab es angeblich auch einen Zettel, auf dem sich jemand erkundigte, wie er den Kaiserthron sich erwerben könne.[334] Derartige Anfragen hatten Prozesse und grausame Folterungen zur Folge.

Es galt als ein großer Triumph, wenn ein Zauberer seine Schuld einsah und sich zum Christentum bekehrte. Religionsgeschichtlich ist die Bekehrungsgeschichte Cyprians, des Bischofs von Antiochia, eine der interessantesten Schöpfungen der Legendenliteratur. Als historische Persönlichkeit ist Cyprian jedoch nicht nachweisbar. Ausgangspunkt der interessanten Legende ist vermutlich der Name des Märtyrers Cyprian von Karthago gewesen.[335]

Wie die dem Cyprian zugeschriebenen Konfessionen berichten, lernte der spätere Heilige in seiner Jugendzeit alle wichtigen Religionen und Mysterien kennen. Er diente im Tempel des Apollo und huldigte der Pallas Athene. Er wurde von den Priestern des Teufels unterrichtet und in die Mysterien von Helios und Artemis eingeweiht. Die Wahrsagerei lernte er bei den Phrygern. Er besuchte auch Memphis und Heliopolis. Hier lernte er die bösen Geister, die er in gnostischer Terminologie Archonten (Herrscher) nannte, und die grotesken Gestalten von anderen Dämonen kennen. Aus einigen Teilen der „Confessiones" geht hervor, daß Cyprian mit der ägyptischen Religion einigermaßen vertraut war. Nach seinem Aufenthalt in Ägypten ging Cyprian auch zu den Chaldäern, um dort weitere Studien zu betreiben.

Cyprian wurde nach und nach zu einem großen Zauberer, als aber alle seine magischen Künste bei einem christlichen Mädchen namens Justina versagt hatten, da sah er ein, daß es eine höhere Macht als die Dämonen gibt. Er trat zum christlichen Glauben über, wurde Bischof und starb schließlich als Märtyrer.

Aus dem Text selbst geht hervor, daß der Verfasser den in Ägypten erworbenen Kenntnissen des Cyprian große Bedeutung beimaß. Die „Confessiones" wurden auch ins Koptische übersetzt, und es ist zudem ein dem Cyprian zugeschriebenes Zauberbuch in koptischer Sprache bekannt. Gebete des Cyprian sind in mehreren Sprachen erhalten geblieben.

Bis zum 17. Jahrhundert war eine Schrift mit dem Titel „Geheimnisse des Cyprian" bekannt, seit 1682 ist sie jedoch verschollen.

Die Christen waren natürlich bestrebt, die Manipulationen der heidnischen Zauberer, mit denen diese ihrem Publikum Wunder vorgaukelten, zu entlarven.[336] So konnte zum Beispiel auf der Leber des Opfertieres ein

Orakeltext angebracht werden, indem der Wahrsager diesen Text vorher seitenverkehrt, also in Spiegelschrift, mit ätzender Farbe auf seine Handfläche schrieb und dann die Leber des Opfertieres umfaßte. Mit Hilfe von aufgeklebten Fischschuppen, die schon bei der geringsten Lichteinwirkung flimmerten, war es möglich, den Sternenhimmel in einem dunklen Zimmer vorzutäuschen. Selbst das Erscheinen von Göttern ließ sich ohne besondere Schwierigkeiten bewerkstelligen. Die glühende Gestalt der Unterweltsgöttin Hekate wurde zum Beispiel in der Weise vergegenwärtigt, daß nach der Rezitierung der Zaubersprüche ein Gehilfe des Zauberers einen Geier mit brennendem Werg freiließ. Beim Anblick des leuchtenden Vogels mußte der Zuschauer sein Gesicht verbergen und niedersinken. Die Gestalt des Gottes Asklepios wurde an die Wand gezeichnet und mit leicht brennbarem Stoff versehen. Nach dem Verlesen der Zaubersprüche konnte man dann für einige Sekunden das leuchtende Bild des Gottes in der Dunkelheit sehen. Wahrscheinlich wandten auch die ägyptischen Zauberer derartige Betrügereien an.

Der Ruhm der Zauberer Ägyptens hat sich auch in der arabischen Literatur erhalten. Murtadi schreibt zum Beispiel über die wunderbaren Lichteffekte, die sie hervorrufen konnten. Das Gesicht des einen Magiers leuchtete wie die Sonne, der andere erschien auf einem Löwen sitzend und von Schlangen umgeben.[337]

Die Märchen von den ägyptischen Zauberern bedeuteten nicht nur für die Bewohner des Landes am Nil eine spannende Lektüre, sie waren — wie es die antike Romanliteratur[338] bezeugt — auch bei anderen Völkern beliebt.

VI. Amulette, magische Statuen und Ringe

Die Priester des Tempels von Dendera fertigten jedes Jahr mit komplizierten Zeremonien eine symbolische Mumie an, die den toten Osiris darstellte. Von den Amuletten, die zu seinem Schutz nötig waren, stellte die Priesterschaft ein genaues Verzeichnis zusammen: „Die Liste der 104 Amulette aus Gold und allerlei Edelsteinen, die die Goldwerkstatt der Majestät dieses Gottes zum Schutz seiner Mumie ... bei dem Fest seiner Bestattung bringt."[339]

Der Text fährt dann fort mit der Aufzählung der Amulette. Mit deren Hilfe wollte man den Gott vor jeder möglichen Gefahr bewahren. Bei der Freilegung ägyptischer Gräber fand man übrigens manchmal auch an den Mumien zahlreiche Amulette, die im Text von Dendera angegebene Zahl erreichten sie aber — von den königlichen Bestattungen abgesehen — meistens nicht.

Die in die Gräber der Privatleute beigegebenen Amulette waren in der Regel aus der sogenannten „ägyptischen Fayence"[340], aus Stein, Halbedelstein oder Bronze angefertigt. Bei Königen und hohen Würdenträgern sind auch Amulette aus Gold nicht selten.

Als Schutz und zwecks Heilung von Krankheiten konnten auch einzelne Teile menschlicher und tierischer Körper verwendet werden. Die Berliner Zaubersprüche für Mutter und Kind schreiben zum Beispiel vor, daß das Kind eine gekochte Maus essen und deren Knochen in einem Säckchen am Hals tragen soll.[341]

Nach einer anderen Vorschrift muß man aus einer Locke vier Knoten binden und diese anschließend um den Hals des Kindes binden.[342]

In der ägyptischen Sprache sind mehrere Bezeichnungen für Amulette bekannt: *udjau* (von dem Wort *udja* „heil sein"), *meket-ha* („Schutz des Körpers"), *nehet* und *sa* („Verteidigung, Schutz"). Das Wort *sa* wird mit einer Hieroglyphe geschrieben, die einen Knoten darstellt. Der Begriff „Amulett" geht zurück auf das lateinische Wort *amuletum*. Den Amuletten wurden übernatürliche Kräfte und Wirkungen zugeschrieben, deren Art und Ausmaß von ihrem Material und gegebenenfalls von den auf ihnen angebrachten oder über ihnen gesprochenen Zaubersprüchen abhingen.

Auch in der Antike war man der Meinung, daß selbst die Götter ohne Amulette nicht existieren könnten. Als Isis bemerkte, daß sie schwanger war, hängte sie sich ein Amulett um.[343] Später heilte sie ihren Sohn Horus mit einem Amulett der Göttin Sachmet.[344] Der Gott Schu hängte sich ein Zauberbuch als Amulett um den Hals, als sein Sohn gegen ihn einen Aufstand unternahm.[345]

Djed-Pfeiler und Isis-Knoten

Unter den ägyptischen Amuletten gibt es zwei, die eine enge Beziehung zu Osiris und Isis haben: der *Djed*-Pfeiler und der *Tjet*-Knoten.

Der *Djed*-Pfeiler[346] gehört zu den ältesten Symbolen des Gottes (Abb. 19d). Er erscheint bereits während der 1. Dynastie auf dem Friedhof von Heluan[347] zusammen mit dem *Tjet*-Emblem. Das ist ein wichtiger Beweis dafür, daß die Verehrung des Osiris uralt ist.[348] Obwohl der *Djed*-Pfeiler nicht nur das Emblem des Osiris, sondern auch des Seth sein kann[349] und zudem mitunter bei Ptah erscheint[350], so beweisen doch die Pyramidentexte[351], die die Stadt Busiris, den heiligen Ort des Osiris im Delta, mit dem *Djed*-Pfeiler in Zusammenhang bringen, daß dieser bereits zur Zeit des Alten Reiches ein Symbol des Osiris war. Auch im Jenseits spielte der *Djed*-Pfeiler eine Rolle. In den Pyramidentexten begegnet uns die Vorstellung, daß der Tote auf zwei *Djed*-Pfeilern in den Himmel geht.[352] Später brauchten auch die Mumien den Schutz des *Djed*-Pfeilers, man mußte ihn um den Hals der Mumie hängen.

Das Kapitel 155 des Totenbuches befaßt sich mit diesem Amulett: „Spruch für einen *Djed*-Pfeiler aus Gold, der an den Hals des verklärten Verstorbenen gelegt wird. (Der selige N. spricht:) Dein Rückgrat gehört dir, du mit müdem Herzen!

Deine Wirbel gehören dir, du mit müdem Herzen!

Ich stelle mich an deine Seite, ich gebe Dir Wasser. Sieh, ich habe dir den *Djed*-Pfeiler aus Gold gebracht, damit du dich darüber freust.

Dieser Spruch ist über einem *Djed*-Pfeiler aus Gold zu rezitieren, der auf die Fasern einer Sykomore aufgenäht ist. Hänge ihn an den Hals des verklärten Toten, und er wird schnell durch die Tore der Unterwelt eindringen. Er kann nicht ferngehalten und nicht behindert werden. Am ersten Tag des Jahres macht er sich denen ähnlich, die hinter Osiris sind."[353]

Bei diesem Kapitel des Totenbuches gibt es etliche Varianten mit bedeutsamen Unterschieden. Der Papyrus des Nu beginnt beispielsweise folgendermaßen:

„Erhebe dich, Osiris. Wende dich auf deine Seite!"[354]

Der mit Osiris („der mit müdem Herzen") gleichgesetzte Tote erhält also mit Hilfe des *Djed*-Pfeilers symbolisch sein Rückgrat zurück, er kann es wieder gebrauchen. Der Pfeiler hilft ihm auch, unbehindert ins Jenseits zu gelangen.

Der Text beweist außerdem, daß die Ägypter der Spätzeit das Amulett bereits nicht mehr richtig interpretieren konnten. Seine ursprüngliche Symbolik stand zum Rückgrat offensichtlich in keiner Beziehung. Nach einer Theorie war es ein Pfeiler, um den ringsherum Ähren gebunden waren.[355]

Als Hieroglyphe bedeutet *Djed* „Beständigkeit, Dauer". Bei der Krönung und den Jubiläen der Pharaonen war das Aufstellen des *Djed*-Pfeilers eine wichtige Zeremonie; sie symbolisierte die Dauerhaftigkeit der Herrschaft und die Wiedergeburt des Königs.

Das Kapitel 156 des Totenbuches (Abb. 19c) befaßt sich mit dem Isis-Knoten:

„Spruch für ein *Tjet* aus rotem Jaspis. Der selige N. spricht: ‚Dein Blut gehört dir, Isis, deine Zaubermacht gehört dir, Isis. Deine Zauberkraft gehört dir, Isis, das

Amulett, das diesen Großen beschützt. Es beschützt ihn vor dem, der Böses an ihm tut.'

Rezitiere diese Worte über das Tjet-Amulett aus Jaspis, angefeuchtet mit dem Saft der Pflanze anch imi, *auf die Fasern einer Sykomore aufgenäht und am Tag der Bestattung an den Hals des verklärten Toten gelegt. Wenn man das mit ihm* (d. h. dem Toten) *tut, wird die Zauberkraft der Isis seinen Körper beschützen, und Horus, der Sohn der Isis, wird jubeln, wenn er ihn sieht. Für ihn gibt es keinen verschlossenen Weg.* (Der eine) *Arm gegen den Himmel,* (der andere) *Arm gegen die Erde. Es ist wirklich gut. Lasse nicht zu, daß es irgend jemand erblickt. Wahrlich, es gibt nichts, was ihm gleichkommt!*"[356]

Da die Isis-Knoten meist aus rotem Stein hergestellt wurden und auch im Text von Blut die Rede ist, brachte die Forschung das Amulett mit der Monatsblutung der Göttin in Zusammenhang. Es wird ferner angenommen, daß es die Menstruationsbinde der Göttin darstellt.[357] Bis jetzt gelang es jedoch nicht, für die Form des Amulettes eine sichere Erklärung zu finden.

Manchmal gibt es neben dem *Djed*-Pfeiler zwei Isis-Knoten. In solchen Fällen symbolisieren sie Isis und Nephthys.

Die Uadj-Säule

Die *Uadj*-Säule, die die Form einer Papyruspflanze hat, gehört zu den am meisten verbreiteten ägyptischen Amuletten (Abb. 19e).[358] Die Bedeutung des Wortes *uadj* („Papyrus, grün sein, frisch sein") weist darauf hin, daß die

Säule mit dem ewigen Leben und mit der Verjüngung des Toten in Verbindung gebracht wurde. Einige Göttinnen wie zum Beispiel Hathor oder Bastet halten oft die *Uadj*-Säule als Zepter in der Hand. Der reichlich unklare mythologische Text der Kapitel 159 und 160 des Totenbuches, die sich auf dieses Amulett beziehen, enthält zur *Uadj*-Säule leider nur einige wenige Informationen: Sie wird von der Hand des Thot gehalten und muß um den Hals des Toten gebunden werden.

Entsprechend ihrem pflanzlichen Wesen wurde die *Uadj*-Säule meist aus grüner Fayence oder aus Stein hergestellt.

Das Udjat-Amulett
Das Auge in der Theologie und im Volksglauben

Ähnlich populär wie die *Uadj*-Säule war auch das Augen-Amulett (Abb. 20).[359]

Die Partie unterhalb des Auges sollte ursprünglich vielleicht die aus dem Auge rinnenden Tränen darstellen, später wurde damit jedoch eine sekundäre symbolische Deutung verbunden, wie noch zu zeigen sein wird.

Die Symbolik des *Udjat*-Auges ist übrigens recht kompliziert, und nachfolgend können hier nur einige wenige Aspekte besprochen werden. Der Mythos von dem göttlichen Auge tritt in der ägyptischen Religion in mannigfaltigen Formen auf. Die am meisten verbreitete Variante berichtet davon, daß das Auge des Horus im Kampf von Seth verletzt und anschließend von Thot wieder gesund *(udjat)* gemacht wurde.

Auf der Metternichstele stellt das *Udjat*-Auge sowohl

die Sonne als auch den Mond dar, und zwar ist das rechte Auge die Sonne und das linke der Mond. Bei der Entstehung des Mythos von der Verletzung des göttlichen Auges spielte wahrscheinlich die Beobachtung der Mondphasen eine entscheidende Rolle. Das verletzte Auge wurde mit dem abnehmenden Mond in Verbindung gebracht, doch auch die Sonne konnte nach dem Glauben der Ägypter infolge einer Sonnenfinsternis verletzt werden.

Das mythische Denken betrachtete die Sonne und den Mond als die beiden Augen des Himmelsgottes. Der Symbolgehalt und die mythologische Bedeutung des *Udjat*-Auges erweiterten sich immer mehr. Auch die Uräusschlange des Gottes Re, die Königskronen und mehrere Göttinnen wie zum Beispiel Tefnut wurden in diese Symbolik einbezogen.

Nach einer Legende wanderte die Löwengöttin Tefnut, die zugleich als Auge des Sonnengottes Re betrachtet wurde, nach Süden, da sie dem Sonnengott zürnte. Re wollte, daß Tefnut wiederkehre, und sandte deshalb Thot als Boten zu ihr, um sie auszusöhnen. Thot suchte die Göttin in Affengestalt auf. Schließlich gelang es ihm, den Zorn der Tefnut zu besänftigen und sie nach Ägypten zurückzuführen (Abb. 21).[360]

Auf diese Legende weisen die einleitenden Zeilen des Kapitels 167 im Totenbuch hin, wo das *Udjat*-Auge behandelt wird. „Thot hat das *Udjat*-Auge geholt. Er hat das *Udjat*-Auge besänftigt, nachdem Re es ausgesandt hatte, als es schrecklich wütend war. Thot nämlich war es, der es besänftigte, als es wütend wurde ...“[361] (Übersetzt von E. Hornung, Das Totenbuch der Ägypter, Zürich—München 1979, 340 f.)

In anderen Texten des Kapitels wurden zwei Mythen verschmolzen.[362] Der erste Mythos behandelt die Bestrafung der Menschheit, die Anschläge gegen den Sonnengott plant und zu deren Vernichtung Re sein eigenes Auge in Gestalt einer blutdurstigen Löwengöttin entsandte. Der zweite Mythos handelt von der Besänftigung des Auges im fernen Süden.

Die Mythen von dem göttlichen Auge geben Einblick in die komplizierten Identifikationen, die abstrakte und auf den ersten Blick schwer verständliche Symbolsprache der ägyptischen Theologie.

Die als Amulette auf beiden Seiten bearbeiteten *Udjat*-Augen stellen Sonne und Mond dar, vier Augen auf einem Stück weisen vermutlich auf die vier Himmelsrichtungen hin. Die einzelnen Teile des *Udjat*-Auges konnten auch die Bruchteile des Getreidehohlmaßes bezeichnen, weil „der Scheffel das Auge des Re ist", wie es Amenemope in seiner Lehre schreibt.[363]

In einigen Texten findet man interessante volkstümliche Vorstellungen über das Horusauge. Nach der Erzählung vom Streit zwischen Horus und Seth, die aus dem Neuen Reich stammt, hatte Seth die Augen des Horus herausgerissen und vergrub sie später auf einem Berg, damit sie die Erde erleuchten. Die Pupillen der beiden Augen wurden zu Knospen und wuchsen als Lotosblumen aus der Erde.[364]

Nach dem Bericht eines anderen mythologischen Papyrus[365] verwahrte Seth die *Udjat*-Augen des Horus in zwei Kästen auf einem Berg, und er selbst wachte in Gestalt eines Krokodils neben ihnen. Der Gott Anubis verwandelte sich darauf in eine Schlange, kämpfte mit Seth und erbeutete von ihm die beiden Kästen. Die Augen nahm er heraus und vergrub sie. Isis und Horus gingen dorthin, wo die Augen in der Erde lagen, und bemerkten, daß aus ihnen Weinstöcke gewachsen waren. Sie blieben beide dort und pflegten die Reben. Auf die Bitte der Isis hin willigte Re schließlich ein, daß Horus seine Augen zurückbekommen und den Thron seines Vaters besteigen solle. Der Papyrus berichtet davon, daß sich der Weingarten „bis auf den heutigen Tag" erhalten habe, und gibt für die Symbolik der *Udjat*-Augen eine interessante Erklärung: Der Weingarten ist der Rahmen, welcher das Auge schützt, die Weinbeere ist die Pupille, und der Wein ist die Träne des Horus.

Viele Darstellungen des *Udjat*-Auges sind nämlich von einem rechteckigen Rahmen umgeben. Von den Tränen abgesehen, haben die anderen Erklärungen mit der ursprünglichen Bedeutung des Auges aber offensichtlich nichts zu tun.

Götter, Menschen und heilige Tiere trugen dieses Amulett gleichermaßen häufig. Das *Udjat*-Auge ist auch am Hals der Statuetten heiliger Katzen zu sehen.[366] Einerseits beschützte es sie, andererseits wies es auf ihre Beziehung zum Sonnenauge hin. Im Mythos vom Sonnenauge erwähnt Thot gegenüber der Löwengöttin die aus grünem Stein angefertigten „versöhnenden" Augenamulette.[367]

Das *Udjat*-Auge wurde auch an Schiffen angebracht[368], was ein Beweis dafür ist, daß die Seeleute sich ebenfalls seinem Schutz anvertrauten.

Dieses Amulett kann sich auf magische Weise selbst mit den Augen des Toten identifizieren. Seit dem Ende des Alten Reiches wurden auf die Seitenwände einiger Särge zwei Augen gemalt, damit der Tote herausblicken konnte.

Udjat-Augen erscheinen auch im Giebelfeld der Totenstelen. Hier können sie auf Sonne und Mond hinweisen, oft symbolisierten sie jedoch wahrscheinlich die Augen des Toten.

Das Auge konnte auch eine übelabwehrende (apotropäische) Funktion erfüllen. In ägyptischen Texten kommt erstmals der heute in der ganzen Welt verbreitete Glaube an den „bösen Blick" vor.[369] Der sich im Blick mitunter auch unabsichtlich äußernden schlechten Absicht wurde eine effektive Wirkungskraft zugeschrieben, und die Angst davor wurde durch die geheimnisvolle Struktur und Funktion des Auges wahrscheinlich noch gesteigert.

Zum Schutz gegen den bösen Blick diente auch ein tafelförmiges Amulett mit einer Hieroglyphenaufschrift, die aus 10 Zeilen bestand:[370]

„Der Pfeil der Sachmet sei in euch, der Zauber Thots in eurem Leib! Isis verflucht, Nephthys vernichtet euch. Der Speer des Horus sei in euren Köpfen. Sie machen euch immer wieder zu etwas, was im Feuerbecken des Horus Imi-Schenut, des großen Gottes, im Haus des Lebens ist. Er soll eure Augen blind machen, jeder Mensch, jedes Volk, jede Menge, Volk des Sonnengottes, ... die ihr in irgendeiner unheilvollen, üblen Weise auf *Padi-Imenneb-nesut-taui,* das Kind der *Nehet-em-usecht,* einen bösen Blick werfet. Ihr werdet vernichtet wie Apophis, werdet sterben, ihr werdet nicht leben, ewiglich."

Die 11. Zeile besteht aus sieben *Udjat*-Augen, deren Zauberkraft geeignet erschien, den bösen Blick abzuwehren. Die Nennung des Apophis wird durch das Kapitel 108 des Totenbuches verständlich. Wie bereits erwähnt, gerät der Sonnengott im Horizont des Westens jeden Abend in

Gefahr, wenn Apophis durch seinen lähmenden Blick die Sonnenbarke aufhält und das Wasser austrinkt, auf dem das Schiff des Gottes fährt. Seth aber, der in dieser Geschichte die Rolle des Beschützers der Sonne spielt, macht Apophis mit Hilfe seiner Zauberkraft und durch seine Lanze unschädlich. So ist die Gefahr beseitigt, daß der Rhythmus der Sonnenbahn unterbrochen wird.

Seth wird auf dem Amulett nicht mehr genannt, denn um die Mitte des 1. Jahrtausends v. Chr., als dieses Täfelchen entstand, war er bereits endgültig ein verfemter Gott geworden, er galt gewissermaßen als der Teufel der Ägypter.

Dem starren, kalten Blick der Schlange wird auf der ganzen Welt besondere Kraft zugeschrieben.[371] Auch aus dem Altertum gibt es Zeugnisse dafür, und selbst heute noch erzählt man sich Geschichten, wonach die Schlange mit ihrem Blick ihr Opfer geradezu lähmt, so daß dieses sich dann fast ohne Widerstand verschlingen läßt.

Nicht nur der Blick des Apophis, sondern auch der sonst wohlwollenden Götter kann böse sein und eine tödliche Kraft ausstrahlen. Nach dem Bericht von Plutarch machte sich Isis, nachdem sie den Leichnam des Osiris in Byblos gefunden hatte, mit dem Sarg auf den Rückweg nach Ägypten. Sie nahm auch den kleinen Königssohn mit, den sie sehr liebte. Unterwegs öffnete Isis den Sarg und trauerte um Osiris. Als sie aber bemerkte, daß der Königssohn sie heimlich beobachtet hatte, warf sie ihm einen so zornigen Blick zu, daß das Kind auf der Stelle starb.[372]

Die bisher erwähnten Zeugnisse stammen aus dem 2. und 1. Jahrhundert v. Chr. Plutarch lebte noch später (1.—2. Jahrhundert n. Chr.). Aus den Pyramidentexten wissen wir aber — wie es übrigens auch aufgrund ethnographischer Parallelen zu vermuten ist —, daß der Glaube an den bösen Blick bereits in der frühesten Periode der ägyptischen Geschichte existierte. Nach einer Stelle, wo die Pyramide aufgefordert wird, alle Götter von dem Toten fern zu halten, ist die Tür der königlichen Grabstätte mit zwei „bösen Augen versiegelt".[373]

In einem anderen Text erschreckt Horus die Feinde mit seinen eigenen Augen: „Horus mit blauen Augen kommt gegen euch, hütet euch vor Horus mit roten Augen. Sein Zorn ist schlimm, und seiner Macht kann man sich nicht widersetzen."[374]

Als sich die magischen Elemente im Denken der Ägypter immer mehr ausbreiteten, wurde der Aberglaube im Zusammenhang mit dem bösen Blick immer häufiger schriftlich fixiert. Nach dem Bibliothekskatalog des Horustempels in Edfu wurden die zur Fernhaltung des bösen Blickes dienenden Zaubersprüche in einem speziellen Werk gesammelt.[375]

Auch mit Hilfe der Namensmagie versuchte man sich gegen den bösen Blick zu verteidigen. Aus den späteren Perioden der ägyptischen Geschichte sind solche Namen bekannt wie „der Gott Chons tötet das böse Auge" oder „die Vernichtung des bösen Auges".[376]

Die Macht des bösen Blickes versuchte der Ägypter aber auch für sich auszunutzen, indem er durch die Behexung anderer sich selbst zu schützen trachtete.

Darauf weist eine andere Gruppe von Namen hin: „Amuns Auge sei gegen sie gerichtet", „das Auge sei gegen sie gerichtet" u. a. m.[377]

Auch in einem Zauberspruch gegen Diebe begegnet man dem *Udjat*-Auge. Nach der dort gegebenen Vorschrift sollte man aus Pflanzen eine Salbe anfertigen und damit ein *Udjat*-Auge an die Wand zeichnen. Danach wurde das Bild mit einem Holzhammer geschlagen, was zur Folge hatte, daß sich das Auge des Diebes entzündete.[378]

Der Glaube an den bösen Blick gehört zu denjenigen Formen der Volksreligion, deren Geschichte vom Zeitalter der Pyramidenbauer bis heute am besten bekannt ist. Auf vielen Autos in Ägypten wird auch heute noch ein Auge mit einem darauf gerichteten Pfeil auf den Kotflügel oder anderswohin gemalt. Der böse Blick kann also auch Verkehrsunfälle verursachen (Abb. 22).

Weitere Amulette

Als Amulett wurde auch das Hieroglyphenzeichen des Herzens *(ib)* verwendet. Diese Amulette waren gewöhnlich aus Stein, sie verdanken ihre Existenz wahrscheinlich der Angst der Ägypter, ihr Herz könne geraubt werden, wie es auch im Totenbuch mehrfach bezeugt ist.[379] Die herzförmigen Amulette wurden auf die Mumien gelegt.

Man begegnet außerdem Amuletten in Form von kleinen Händen, manche von ihnen zeigen „die Feige".[380] Sie hatten eine apotropäische Funktion. Die Krone und der Namensring des Königs (Kartusche) besaßen nach dem Glauben der Ägypter ebenfalls Zauberkraft. Unter den Amuletten kommen die Kronen von Ober- und Unterägypten sowie die Namensringe öfters vor. Ihr Gebrauch beweist, daß sich nach dem Zerfall des Alten

Reiches jeder Tote im Jenseits königliche Rechte anmaßen konnte. Auch der Hieroglyphe des Wortes „Leben" *(anch)* wurde besondere Kraft zugeschrieben (Abb. 19a).[381] Das Amulett, das die Hieroglyphe *sema* („vereinigen") darstellt, sollte vielleicht die Unversehrtheit des Körpers und den Zusammenhalt der einzelnen Körperteile garantieren (Abb. 19b).

Zu den beliebtesten Amuletten gehörten die Statuetten des Gottes Bes[382] und der Göttin Thoëris.[383] Bes besitzt ein abschreckendes Gesicht, einen grotesken Körper, Vollbauch, krumme Beine, einen Tierschwanz und Tierohren. Es kamen auch große Bes-Statuen zum Vorschein (Abb. 23). Die Göttin Thoëris hat einen Nilpferdkopf, Krokodilschwanz und Löwenbeine. Ihr Körper wurde als eine schwangere Frau gestaltet (Abb. 24). Trotz ihres abschreckenden Äußeren sind sowohl Bes als auch Thoëris gutmütige Wesen, sie beschützen gleichermaßen die Lebenden und die Toten.

Übrigens konnte die Statuette eines jeden Gottes als Amulett getragen werden. Sogar einige Kleidungsstücke von Götterstatuen besaßen beschützende Kraft. Bei einer bestimmten magischen Handlung war dem Pariser Zauberpapyrus zufolge ein übelabwehrendes Amulett nötig:

„Schutzmittel der Handlung, das du tragen mußt, aufgelegt zum Schutze deines ganzen Körpers: nimm (einen Fetzen) vom Linnen eines steinernen Harpokratesbildes in irgendeinem Tempel, darauf schreibe mit Myrrhe folgendes: ‚Ich bin Horus Alkib Harsamōsis Iaō (Zauberwörter) Abraiaōth, Sohn der Isis (Zauberwörter) und des Osiris Osoronōphris. Bewahre mich gesund, unverletzt, von Dämonen nicht geschlagen, unerschreckt für meines

Lebens Zeit.'"[384] (Übersetzt von K. Preisendanz) Das Leinen mußte am Hals getragen werden.

Kleine Götterstatuetten dienten auch in anderen Kulturen häufig als Amulette. Sulla trug immer eine goldene Apollo-Statuette auf seiner Brust.[385] Der Schriftsteller Apuleius, der in die Mysterien der Isis eingeweiht wurde, besaß eine hölzerne Statuette des Merkur.[386] Der Philosoph Asklepiades trug stets eine Statuette der Dea Caelestis (Himmelsgöttin) bei sich.[387]

Die alten Amulette kamen langsam außer Gebrauch, und in der römischen Zeit wurden dann solche Amulette getragen, die das synkretistische Zusammenspiel mehrerer Religionen verraten.

Diese kleinen, früher „gnostische Gemmen" genannten Gegenstände[388] wurden aus Jaspis, Chalcedon, Achat und anderen Steinen hergestellt. Die Gnosis ist eine religionsphilosophische Richtung, die ihren Anhängern die Seligkeit durch „gnosis" *(Erkenntnis)* sichern will. Nach der Lehre der Gnosis sank die menschliche Seele aus dem Reich des Lichtes in die Materie herab, und von hier soll sie sich durch die Kenntnis der geheimen Lehren wieder zum Licht emporheben. Die Lehren der gnostischen Schulen vereinigten die christlichen Lehren mit den Elementen der orientalischen Religionen und der griechischen Philosophie. Die Blütezeit der Gnosis fällt in die Zeit zwischen dem 2. und 3. Jahrhundert n. Chr., das Christentum hatte in der Gnosis eine ernsthafte Rivalin.

Heute steht fest, daß die Amulette der römischen Kaiserzeit, obwohl sich auf ihnen gnostische Motive und Namen befinden, nicht nur zu dieser Religion, sondern auch und vor allem zur synkretistischen Magie gehören.

Oft wurden auf diesen Amuletten ägyptische Götter dargestellt, so etwa das auf einer Lotosblume sitzende Horuskind (Harpokrates), Skarabäen, pantheistische Bes-Figuren, Sarapis oder Osiris, mitunter auch Anubis und Isis. Ebenfalls ägyptischen Ursprungs ist Chnubis, eine löwenköpfige Schlange mit Strahlenkranz. Auf den Amuletten werden die Götter oft von der sich in den Schwanz beißenden Schlange *(Uroboros)* umrahmt. Dieses ebenfalls aus Ägypten stammende Symbol, das später in der europäischen Alchemie weiterlebte, kann sowohl die Ewigkeit als auch den Kosmos versinnbildlichen.[389]

Eine zahlenmäßig große Gruppe von Amuletten ist noch nicht sicher gedeutet worden. Auf ihnen ist ein hahnenköpfiger Gott zu sehen, der einen römischen Panzer trägt und schlangenähnliche Beine hat. In der einen Hand hält er einen Schild, in der anderen eine Peitsche (Abb. 25).[390] Die Aufschriften auf den Gemmen bezeichnen diesen Gott meist als Iao oder Abrasax. Iao ist abgeleitet von dem hebräischen Namen Jahwe, das Wort Abrasax (oder Abraxas) stammt aus dem System des gnostischen Philosophen Basilides (2. Jahrhundert n. Chr.), wo es der Name des Herrschers der 365 Himmel ist. Der Zahlenwert der griechischen Buchstaben dieses Namens beträgt 365. Der Gott Abrasax ist also gewissermaßen mit der Zeit identisch. Sein Name kommt in den Zauberpapyri häufig vor. Trotz des Zweifels einiger Forscher[391] ist es wahrscheinlich, daß das hahnenköpfige Wesen eine Erscheinungsform des Iao-Abrasax ist. Der Hahnenkopf drückt seine Beziehung zur Sonne aus, der Panzer weist auf sein kämpferisches Wesen hin, die schlangenähnlichen Beine symbolisieren seinen unterirdischen Charakter. In dem gewaltigen, die griechischen und orientalischen Götter vereinigenden Prozeß des Synkretismus wurden die Namen Iao und Abrasax auch auf andere alte Götter anwendbar, sie konnten manchmal auf Gemmen erscheinen, die nicht das Bild des hahnenköpfigen Gottes trugen.

Ein in Lausanne zum Vorschein gekommenes Kreuz ist vielleicht als Denkmal einer gnostischen Sekte zu deuten. Der Name Abraxas steht achtmal auf diesem Kreuz geschrieben.[392] Obwohl das Christentum sich gegen die Anwendung von Amuletten aussprach[393], wurden diese auch in christlicher Zeit in vielfältigen Formen benutzt.

Auch heute sind in Ägypten mancherlei Amulette gebräuchlich. Der Besitzer eines Basars in Kairo hat zum Beispiel auf die Schale eines ausgetrockneten Kürbisses Salomonsiegel (fünfzackige Sterne, Pentagramm), Halbmonde und in sehr stilisierter Form Allahs Namen eingeritzt. Unter den Zeichen, denen das Amulett seine Kraft zu verdanken hatte, kommt auch die Abkürzung des Wortes „kerim" *(gnädig)* vor. Das Amulett wurde in zwei Teile geschnitten und auf die Ferse eines Menschen gebunden; so hoffte man auf Genesung.[394] Wie bereits erwähnt, kann das Salomonsiegel vereinzelt auch als sechszackiger Stern dargestellt werden. Es gibt auf Papier gedruckte arabische Amulette, auf denen dem Bild der Hand und des Auges apotropäische Wirkung zugeschrieben wird (Abb. 26).

Aus diesem kurzen Überblick wird klar, daß die Ägypter viele Amulette benutzten, mit derer Interpretation sich auch ihre Theologen befaßten. Im Unterschied zu anderen Ländern zeigte sich in Ägypten bei der Formgebung der Amulette das gleiche Festhalten an der Tradition wie auf den anderen Gebieten der Religion. Einige Arten von Amuletten waren mehr als zweitausend Jahre lang in Gebrauch. Obwohl sich die Form lange Zeit hindurch kaum veränderte, war die Plazierung und Zahl der Amulette in jeder Periode unterschiedlich und auch vom Reichtum der Besitzer abhängig. In den Leinenstreifen der Mumie des Pharao Tutanchamun fand man zum Beispiel viele prachtvolle goldene Amulette. Der Vorschrift des Totenbuches entsprechend hingen der *Djed*-Pfeiler und der *Isis*-Knoten an einer Halskette. Zwischen Hals und Bauch lag mit vielen anderen Amuletten zusammen ein prächtiges *Udjat*-Auge.[395]

Später sind besonders die Gräber der Saitenzeit (26. Dynastie) reich an Amuletten. Seit dem 4. Jahrhundert v. Chr. wurden dann außerdem oft ein großer geflügelter Skarabäus und um diesen die Darstellungen der vier Horussöhne auf die Brust der Mumie gelegt. Bei den vier Horussöhnen handelt es sich um den menschenköpfigen Amset, den affenköpfigen Hapi, den schakalköpfigen Duamutef und den falkenköpfigen Kebechsenef. Über ihnen wurden auf der Mumie zwei Falkenköpfe dargestellt, während Archäologen auf dem Bauch der Mumien häufig Reihen von *Djed*-Pfeilern und Skarabäen fanden.[396]

Zauberstäbe und Kopftafeln

Andere zu verschiedenen Anlässen im Leben oder bei Bestattungen gebrauchte Zaubergegenstände sind mit den Amuletten eng verwandt. Die bisher vorgestellten Amulette hatten neben ihrer schützenden Funktion noch andere Aufgaben, die Mehrzahl der nachfolgend beschriebenen

Gegenstände dagegen wurde nur zu *einem* bestimmten Zweck hergestellt.

Die aus dem unteren Eckzahn des Nilpferds angefertigten gebogenen Zauberstäbe[397] kamen in Gräbern des Mittleren Reiches zum Vorschein; auf ihnen waren Tiere, Ungeheuer sowie verschiedene dem Bes und der Thoëris ähnliche Gottheiten und Dämonen eingeritzt, die Schutz gewähren sollten (Abb. 27).

Unter den Kopf der Mumien wurden im 1. Jahrtausend v. Chr. und auch noch in der römischen Zeit runde Tafeln, sog. Hypokephale, gelegt (Abb. 28). Meistens wurden sie aus stuckiertem Leinen oder Papyrus, einige Stücke unter ihnen aber auch aus Bronze, Holz und sogar aus Ton hergestellt. Zumeist fand man sie bei den Priestern des Amun und Min. Im Mittelpunkt der Darstellung steht oft der als vierköpfiger Widder abgebildete Amun, der von Affen mit emporgehobenen Armen angebetet wird.[398] Nach dem Kapitel 162 des Totenbuches bewirken diese Tafeln Flammen unter dem Kopf des Toten, er genießt also die Wärme des Sonnengottes Amun-Re. Die Kopftafeln sind nicht von Menschen erfunden, sondern von der heiligen Ahet-Kuh für ihren Sohn Re angefertigt worden. Dementsprechend gewährt er der Mumie Wärme. Übrigens identifizierten die Ägypter die Toten auch mit der aus einer Lotosblüte aufsteigenden Morgensonne.[399]

Uschebtis

Seit der Zeit des Neuen Reiches gibt es in den Gräbern massenhaft mumienförmige, meist aus ägyptischer Fayence, seltener aus Stein oder Holz hergestellte Statuetten, die sogenannten Uschebtis (Abb. 29).[400] Die frühesten Stücke stammen allerdings bereits aus dem Mittleren Reich. Auf vielen Uschebtis ist neben dem Namen des Verstorbenen auch das Kapitel 6 des Totenbuches zu lesen:

„Spruch zu veranlassen, daß ein Uschebti Arbeit leistet im Totenreich. O ihr Uschebti, wenn ich verpflichtet werde, irgendeine Arbeit zu leisten, die dort im Totenreich geleistet wird — wenn nämlich ein Mann dort zu seiner (Arbeits)leistung verurteilt wird —, dann verpflichte du dich (zu) dem, was dort getan wird, um die Felder zu bestellen und die Ufer zu bewässern, um den Sand (Dünger) des Ostens und des Westens überzufahren. ‚Ich will es tun, hier bin ich', sollst du sagen."

(Übersetzt von E. Hornung, a. a. O., 47 f.)

Unter Wirkung des Zauberspruches wurden also diese Statuetten im Jenseits lebendig und arbeiteten anstelle des Toten. Oft sind Hacken in ihren Händen zu sehen. (Die Hacken wurden auch als Schollenbrecher, zur Auflockerung der feuchten, schlammigen Erde nach dem Ende der Nilflut gebraucht.) Der Glaube an das Lebendigwerden von Statuen und Bildern ist übrigens auf der ganzen Welt bekannt.

Um die Mitte des 1. Jahrtausends v. Chr. trugen die Uschebtis bereits die typischen Götterbärte, schon allein dadurch ihre übernatürlichen Eigenschaften betonend.

Durch die Uschebtis werden auch interessante Probleme der ägyptischen Ethik beleuchtet. Die Vorgänger der Uschebtis sind die Dienerfiguren in den Gräbern des Alten und Mittleren Reiches, deren Funktion zwar mit derjenigen der Uschebtis identisch war, die ihre Existenz jedoch anderen magischen Vorstellungen verdankten (Abb. 30). Die Dienerfiguren stellen lebendige Menschen, das Dienstpersonal des Toten dar, sie wurden meistens gruppenweise in die Gräber gelegt. Die Dienerfiguren sind in Werkstätten tätig, sie bilden eine Schiffsmannschaft oder eine Abteilung von Soldaten. Die Uschebtis dagegen sind nicht Diener der Toten, sie sind mit den Toten identisch, sie stellen die Toten dar. Der Name des Toten steht nämlich auf ihnen geschrieben, und die besonders sorgfältig bearbeiteten Uschebtis zeigen sogar die Gesichtszüge des Verstorbenen. Anfangs dominierte also die Auffassung, nach der der Tote die Arbeit auf seine Diener übertragen könne, später gewann dann wieder die Angst Oberhand, daß man der Arbeit auf diese Weise im Jenseits doch nicht entgehen könne. So kam eine Kompromißlösung zustande: Von nun an arbeiteten nicht mehr die Diener anstelle des Toten, sondern dieser verrichtete selbst die Arbeit, aber nicht in eigener Person, sondern durch die ihn vertretenden Uschebtis. Mit diesem Trick, der für die magische Denkweise so charakteristisch ist, wollten die Ägypter ihre ewige Ruhe sichern. Damit die Uschebtis nicht durch zu viel Arbeit allzu schnell ermüdeten, legte man meist sehr viele von ihnen in ein Grab.

Selbstverständlich gab es auch in Ägypten viele Menschen, die die Allmacht der Magie bezweifelten und kein Vertrauen zu den Uschebtis hatten. Deshalb gibt es im Totenbuch[401] auch solche Bilder, die den Toten bei der Arbeit darstellen. Das ist aber keine lästige, mühevolle irdische Arbeit, die Toten arbeiten vielmehr in festlichem Gewand, und die Äcker bringen einen unvorstellbar reichen Ertrag.

Skarabäen

Das Schicksal des vor dem Totengericht erscheinenden Toten wurde durch das Verhalten seines Herzens entschieden. Das Kapitel 125 des Totenbuches gab zwar Anweisungen zur Leugnung der Sünden, das Gericht fällte aber aufgrund des Wiegevorganges das Urteil. Die zwei Waagschalen, in welche die Hieroglyphe der Wahrheit bzw. des Herzens gelegt wurde, mußten sich das Gleichgewicht halten, sollte der Tote für gerechtfertigt befunden werden.

Die Ägypter hielten das Herz für das Organ des Denkens, das die Taten der Menschen lenkt. Selbst die Magie mußte hinzugezogen werden, damit das Herz die Worte des Toten nicht widerlegte und keine ungünstigen Aussagen machte. Das ist der Grund dafür, daß der Herzskarabäus auf die Mumien gelegt wurde (Abb. 31).[402] Als Aufschrift wurde oft das Kapitel 30 B[403] des Totenbuches eingemeißelt:

„Spruch, das Herz des N. N. sich nicht ihm widersetzen zu lassen im Totenreich.

Mein Herz meiner Mutter, mein Herz meiner Mutter, mein Herz meiner wechselnden Formen — stehe nicht auf gegen mich als Zeuge, tritt mir nicht entgegen im Gerichtshof, mache keine Beugung wider mich vor dem Wägemeister!

Du bist mein *Ka,* der in meinem Leib ist, mein Schöpfer (Chnum), der meine Glieder heil macht. Mögest du hervorgehen zu dem Guten, das uns dort bereitet ist!

Mache meinen Namen nicht stinkend für die Räte, welche Menschen zu Auferstehenden machen! Gut ist das für uns, gut für den Verhörenden, eine Freude für den, der richtet.

Sinne nicht auf Lüge gegen mich zur Seite Gottes vor dem Größten Gott, dem Herrn des Westens! Siehe, erhoben bist du, so daß du gerechtfertigt bist!

(Nachschrift:) Zu sprechen über einem Käfer aus grünem Stein, eingefaßt mit Weißgold, sein Ring aus Silber. Werde gegeben dem Verstorbenen *(Ach)* an seinen Hals ..."

(Übersetzt von E. Hornung)

„Siehe erhoben bist du, so daß du gerechtfertigt bist", das bedeutet, daß das Geständnis des Toten vom Jenseitsgericht für wahr gehalten wird.[404]

Das Herz bewahrt das Leben, der Skarabäus versinnbildlicht die aufsteigende Sonne, die Auferstehung, das Sein.[405] So konnten sich diese zwei Symbole vereinigen, und so konnte das Herz auch durch den Skarabäus ersetzt werden. Der Zauberspruch sollte das Herz zwingen, nicht gegen den Toten auszusagen.

Die Herzskarabäen sind verhältnismäßig groß, ihre Länge beträgt 6—7 cm. Durch ihre Form unterscheiden sie sich von den die Hieroglyphe des Herzens darstellenden Amuletten.

Bei den Ausgrabungen kamen auch sehr viele kleine Skarabäen zum Vorschein[406], auf denen die Namen von Königen, Glückwünsche oder Lobpreisungen auf verschiedene Götter zu lesen sind. Wenigstens ein Teil von ihnen kann zu den Amuletten gezählt werden. Sie wurden auch an Ringen oder am Hals getragen. Da die Antikensammler auch heute noch Skarabäen mit Vorliebe kaufen, werden diese massenhaft gefälscht. Die Mehrzahl der antiken Skarabäen wurde aus Stein oder aus ägyptischer Fayence hergestellt.

Unter dem Pharao Amenophis III. war die Herstellung von Gedenkskarabäen verbreitet. Auf ihnen wurden wichtige Ereignisse aus dem Leben des Königs verewigt.

Magische Statuen

Ende der dreißiger Jahre wurde südlich von Almaza unweit von Kairo in der östlichen Wüste eine interessante Statue gefunden, deren Kopf mit einem Skarabäus geschmückt war. Die Statue stellte den Pharao Ramses III. zusammen mit einer weiblichen Figur dar, deren Oberkörper jedoch nicht erhalten ist, so daß sich nicht feststellen läßt, ob es sich um eine Königin oder um eine Göttin handelt.[407]

Die Statue ist mit Zaubertexten, mit Beschwörungen gegen Skorpione und Schlangen bedeckt:

„Ein anderer Zauberspruch. Komm, göttliche Neunheit, komm auf meine Stimme! Schlage diese böse Schlange, den Feind des Horus, nieder, die bewirkt, daß sich der Soldat schlaff hinsetzt, daß ihm Tränen in den Augen stehen und sein Herz erschlafft. So komm zu mir, Iaschheres, Gattin des Horus. Ich bin der Arzt, der den Gott befriedigt."[408]

Der König, der hier als Gottheit erscheint, wurde nach einem anderen Spruch mit Re und Chepre, der aufsteigenden Sonne, eins.[409] Der Skarabäus umgab seinen Kopf symbolhaft mit der Glorie der aufsteigenden Sonne. Diese

Statue[410], deren Aufgabe es war, kraft ihrer Zaubersprüche die in der Wüste marschierenden Soldaten zu beschützen, befand sich in einer kleinen Kapelle, nach dem Wortlaut des Textes auf der „Beobachtungsstelle“ des Königs.

Aus dem Fundmaterial der dritten Zwischenzeit sind keine magischen Statuen dieser Art bekannt, erst im 4. Jahrhundert v. Chr. kommen sie wieder zum Vorschein. Ähnlich wie die Horustafeln wurden auch sie mit Wasser begossen, und auch sie gewährten Schutz gegen gefährliche Tiere. Manche dieser magischen Statuen halten Horusstelen vor sich. Eine wichtige Eigenschaft trennt sie jedoch von Horusstelen: Die Hersteller der Horusstelen *erwarten* von diesen Gegenständen *Hilfe,* die heilbringenden Statuen dagegen stellen stets den vergöttlichten Stifter dar, und *leisteten* denjenigen *Hilfe,* die sich an sie wandten.

Diese Statuen wurden „Retter“ genannt und auf öffentlichen Plätzen aufgestellt, wahrscheinlich deshalb, damit der Name der dargestellten Person möglichst oft ausgesprochen werde. Vom Gesichtspunkt der Unsterblichkeit her besaß dieser Umstand eine große Bedeutung. Die heilenden Statuen wurden natürlich von mehr Personen besucht als diejenigen, die nur biographische Daten enthielten, unabhängig davon, wie bedeutend die dargestellte Person im Leben gewesen war.

Die heilende Statue des Djedhor[411], die 1918 in der Nähe von Tell-Atrib (Athribis) gefunden wurde, vereinigt beide Elemente. Auf der Statue erwähnt Djedhor stolz, daß er für die Beerdigung der Mumien der heiligen Falken gesorgt und an ihren Tempeln gebaut hat. Der biographische Teil[412] weist auf die chaotischen Verhältnisse zur Zeit der zweiten Perserherrschaft hin, und er erwähnt auch die im Tempel lagernden Soldaten.

Unter den Zaubertexten ist eine mythische Episode erwähnenswert, die berichtet, wie sich Re während seines Kampfes gegen Apophis in ein 46 Ellen langes Ichneumon verwandelte.[413] Der auf der Metternichstele angebrachte Zauberspruch von der heiligen Katze, die von einem Skorpion gebissen wurde, ist auf der Statue ebenfalls zu finden.[414]

Unter den magischen Statuen ist die eines Priesters in der ägyptischen Sammlung des Louvre künstlerisch besonders wertvoll.[415] Von der Begabung des Bildhauers zeugt vor allem die Gestaltung des Gesichts. Der ganze Körper ist mit magischen Texten bedeckt, die Brust des Priesters ist mit dem vierköpfigen Widder geschmückt, und er hält eine prachtvolle Horusstele in der Hand (Abb. 32). Da auf der Statue mehrere Namen vorkommen, ist nicht sicher, wer hier dargestellt ist.

Die Bezeichnung des Kranken im Text („der Mensch, der dieses Wasser trinkt")[416] ist ein Beweis dafür, daß nach der am meisten angewandten Heilmethode der Patient das auf die Statue gegossene Wasser trinken mußte. Es gibt aber auch Beispiele dafür, daß das Wasser anders verwendet wurde. Im sogenannten „Sanatorium von Dendera"[417] wurde zum Beispiel das heilige Wasser nicht getrunken, sondern man badete in ihm. Dieser Bau, wo das Wasser einst von der Basis einer Statue in die Bäder hinabfloß, wurde neben dem großen Tempel der Göttin Hathor entdeckt. Die Zaubersprüche weichen aber von den Texten der Horusstelen und der heilenden Statuen ab. Aus ihnen ist zu folgern, daß auf dem Sockel keine Horusstele, sondern eine Statue des Osiris stand. Skorpione und Schlangen sind nicht erwähnt, das Bad wurde offensichtlich von Kranken besucht. Der Schutz wurde von Osiris gewährt, den die Priester in diesem Text anscheinend mit Thot identifiziert haben.[418] In einer Passage wird der Gott folgendermaßen charakterisiert:

„Der die Lebenden geschaffen hat, öffnet seinen Mund: ‚Habe keine Angst, Isis. Nichts Böses geschieht deinem Sohn Horus. Ich habe denjenigen gefunden, der gegen ihn gehandelt hat. Ich umgab ihn (Horus) mit Speichel, der aus meinem Mund kommt, mit der Feuchtigkeit, die von meinen Lippen stammt. Nichts Böses geschieht ihm. Ich belebte den, der mich liebt. Ich bin das Wasser, ich bin der Himmel, ich bin die Erde, ich bin die Luft! . . .'"[419]

Der Sprechende ist hier nicht einfach Osiris, sondern der Allgott, der mit den Elementen und mit dem ganzen Universum identisch ist. Das heilende Wasser ist sein Speichel, dessen Kraft bestimmt viele Kranke zum Tempel zog, wo die Priesterschaft in den Innenräumen und in den Kapellen auf dem Dach regelmäßig die Feste des Osiris feierte und seine Mysterien veranstaltete.

Zauberringe

Skarabäen und *Udjat*-Augen wurden im Zeitalter der Pharaonen häufig auf Ringen getragen. So wurde vielleicht auch das Siegel auf einen Ring gesetzt, in das man ein Krokodil und eine Hand zu zeichnen hatte. Es gewährte gegen die Geister der Toten und gegen Krankheiten Schutz.[420]

Die ersten ausführlichen Angaben über die ägyptischen Zauberringe stehen uns jedoch erst aus römischer Zeit zur Verfügung.

Der große demotische Zauberpapyrus erwähnt Zauberringe[421], in die man bestimmte Körperteile der Spitzmaus legen sollte. Mit Hilfe von Zaubersprüchen halfen diese, die Liebe einer Frau zu gewinnen, und sie bewirkten Respekt gegenüber dem Träger des Ringes.

Ein Leidener Zauberpapyrus in griechischer Sprache, der aus Ägypten stammt, gibt Anweisungen, wie man einen Ring anfertigen kann, den selbst Könige begehren. Auf blauem Jaspis soll man eine sich in den Schwanz beißende Schlange *(Uroboros)* einmeißeln, in ihre Mitte die griechische Mondgöttin Selene mit zwei Sternen, über diese die Sonne mit der Aufschrift Abrasax. Auf die Rückseite wurde ebenfalls der Name Abrasax geschrieben, auf den Kreis Iao-Sabaoth. Hier vermischen sich also ägyptische, griechische, gnostische und jüdische Elemente. Bei der Einweihung des Ringes wurde ein aus Geflügel, Gewürzen und Weihrauch bestehendes Opfer dargebracht und dabei ein langes Gebet gesprochen. Der Träger des in einen goldenen Rahmen eingefaßten Steines kann alles erreichen, was er will.[422]

Galen, der berühmte Arzt, erwähnt in seinem Werk Jaspisringe, die mit Darstellungen der Sonne geschmückt seien und angeblich nach Vorschriften von Nechepso, dem legendären ägyptischen Astrologenkönig, angefertigt wurden.[423]

Ferner sind Ringe bekannt, auf denen ein Skarabäus und die Gestalt der Isis eingemeißelt waren.[424] Aus dem Zauberspruch, der Drohungen gegen die Götter enthält, erfahren wir, daß auch dieser Ring wunderbare Kräfte besitzt: Mit seiner Hilfe kann man erfahren, was in der menschlichen Seele verborgen ist, und sogar versiegelte Briefe lesen (griechischer Papyrus aus dem 4. Jahrhundert n. Chr., Britisches Museum).

Magische Zeichen

In manchen Fällen werden die Zaubertexte von magischen Skizzen und Zeichen begleitet. Besonders häufig kommen sie auf den Zauberpapyri und Amuletten der Spätantike vor. Meistens sind die Skizzen sehr primitiv, sie illustrieren lediglich den Text. Viel komplizierter ist es, die aus geraden oder krummen Linien bestehenden abstrakten Zeichen zu interpretieren, unter denen einige an die alten Hieroglyphen erinnern. Leider erklären die Papyri ihre Bedeutung meistens nicht. Da einige von ihnen in mehreren Texten vorkommen, scheint es, daß sie eine Art Geheimschrift der Zauberer bildeten, dessen Schlüssel aber für uns verloren gegangen ist. Viele wurden nur vereinzelt hingezeichnet und beabsichtigten wohl lediglich, den geheimnisvollen Charakter des Textes zu erhöhen.[425]

Manche Zeichen enden in kleinen Kreisen (Abb. 33)[426] („Brillenbuchstaben"). Ihren charakteristischen Formen begegnen wir wieder in der koptischen und später in der arabischen und europäischen Magie des Mittelalters.[427]

In Ägypten wurden bei den Ausgrabungen mehr Amulette und sonstige Zeugnisse der Magie gefunden als in sämtlichen anderen Ländern der antiken Welt. In manchen Kreisen hat sich der Glaube an die Wirksamkeit der

Amulette und der Magie bis heute auch in Europa gehalten, und die okkultistische Literatur beruft sich oft auf ägyptische Traditionen.

In den Augen der Fremden war Ägypten schon im Altertum die Heimat der Zauberei. Ein heidnischer Philosoph namens Kelsos (Celsus) stellte in seiner Streitschrift gegen die Christen fest, daß Jesus, den — nach Kelsos — seine Armut zwang, in Ägypten zu dienen, dort gewisse Kräfte kennengelernt hatte, die den Ägyptern besonderen Ruhm eingebracht hatten. Später kehrte Jesus in seine Heimat zurück und schätzte diese Kräfte so hoch, daß er sich in ihrem Besitz als Gott ausgab.[428]

Der Talmud behauptet, daß die Welt zehn Teile von der Zauberei erhielt, neun davon Ägypten und nur ein Teil die übrige Welt.[429]

Die Magie gehörte zu den Schattenseiten der ägyptischen Kultur. Es darf aber nicht vergessen werden, daß die in den Tiegeln der Zauberer gebrauchten Mittel die Chemie, die Medizin und Botanik häufig vorwärtsbrachten. Der Aberglaube und die Zauberei dürfen nicht unseren Blick verstellen für die großartigen Meisterwerke der ägyptischen Wissenschaft und Kunst sowie für die Meisterwerke der Literatur. Zu diesen Werken gehört auch der Setnaroman, dessen Rahmenhandlung sich mit der Magie befaßt, der jedoch einen tiefsinnigen philosophischen Inhalt aufweist, der dieses Werk weit über die gewöhnlichen Zaubergeschichten hinaushebt und es auch für den modernen Leser interessant macht.

Anhang

Chronologie der ägyptischen Geschichte*

Herausbildung des ägyptischen Staates	um 3000 v. Chr.
Thinitenzeit (1.—2. Dynastie)	ungefähr bis 2700 v. Chr.
Altes Reich (3.—6. Dynastie)	ungefähr 2700—2200 v. Chr.
Erste Zwischenzeit (7.—10. Dynastie)	2200—2040 v. Chr.
Mittleres Reich (11.—12. Dynastie)	2040—1785 v. Chr.
Zweite Zwischenzeit, Hyksosherrschaft (13.—17. Dynastie)	1785—1550 v. Chr.
Neues Reich (18.—20. Dynastie)	1550—1070 v. Chr.

Die ägyptische Chronologie ist bis heute umstritten, die meisten Daten sind unsicher.

Dritte Zwischenzeit und Spätzeit. Libysche, äthiopische, assyrische und persische Herrschaft (21.—30. Dynastie)	1070—332 v. Chr.
Alexander der Große erobert Ägypten	332 v. Chr.
Ptolemäerzeit	323—30 v. Chr.
Römische, später byzantinische Herrschaft	30 v. Chr. — 640 n. Chr.
Beginn der arabischen Herrschaft	640 n. Chr.

Abkürzungen

ANET	J. B. Pritchard, Ancient Near Eastern Texts, 2. Aufl. Princeton 1955
ASAE	Annales du Service des Antiquités de l'Égypte
Barguet	J. Barguet, Le Livre des Morts des anciens Égyptiens, Paris 1967
BIFAO	Bulletin de l'Institut Français d'Archéologie Orientale
Bonnet	H. Bonnet, Reallexikon der ägyptischen Religionsgeschichte, Berlin 1952
BSFE	Bulletin de la Société Française d'Égyptologie
Budge	E. A. W. Budge, The Book of the Dead. Books on Egypt and Chaldaea. The Chapters of Coming forth by Day of the Theban Recension, London 1910, Bd. I—III (Hieroglyphentranskription)
CdÉ	Chronique d'Égypte
CT	A. De Buck, Egyptian Coffin Texts, Bd. I—VII, Chicago 1935 ff.
Daressy, Textes	G. Daressy, Textes et dessins magiques. Catalogue général des antiquités du Musée du Caire, Le Caire 1903
ÉPRO	Études préliminaires aux religions orientales dans l'Empire Romain
Erman	A. Erman, Die Religion der Ägypter, Berlin—Leipzig 1934

GM	Göttinger Miszellen
G.—T.	F. Ll. Griffith—H. Thompson, The Demotic Magical Papyrus of London and Leiden, Bd. I—III, London 1904—9
Gr.	H. Grapow—H. v. Deines—W. Westendorf, Grundriß der Medizin der alten Ägypter, Bd. I—IX, Berlin 1954 ff.
Hopfner, Fontes	Th. Hopfner, Fontes historiae religionis Aegyptiacae, Bonn 1922 ff.
HP	A. H. Gardiner, Hieratic Papyri in the British Museum. Third Series, Bd. I—II, London 1935
JEA	The Journal of Egyptian Archaeology
Jelinková	E. Jelinková—Reymond, Les inscriptions de la statue guérisseuse de Djed-Her-le-Sauveur, Le Caire 1956
JNES	Journal of Near Eastern Studies
LÄ	Lexikon der Ägyptologie, Wiesbaden 1975 ff.
LES	A. H. Gardiner, Late Egyptian Stories. Bibliotheca Aegyptiaca, Bd. I, Bruxelles 1932
MÄS	Münchner Ägyptologische Studien
MDAIK	Mitteilungen des Deutschen Archäologischen Instituts, Abteilung Kairo
OMRO	Oudheidkundige Mededelingen uit het Rijksmuseum van Oudheden te Leiden
OZ	Th. Hopfner, Griechisch-ägyptischer Offenbarungszauber, Bd. I—II. Studien zur Paläographie und Papyruskunde, Nr. 21, Leipzig 1921, 1924
PGM	K. Preisendanz, Papyri Graecae Magicae, Bd. I—II, Leipzig 1928—1931. Zweite Auflage: Stuttgart 1973—1974. (Im Unterschied zu anderen Arbeiten wird hier das Werk immer nach Bänden und Seiten, nicht nach den Nummern der Papyri zitiert!)
Porter—Moss	B. Porter—R. Moss, Topographical Bibliography of Ancient Egyptian Hieroglyphic Texts, Reliefs and Paintings, Bd. I—VII, Oxford 1927 ff.

PSBA	Proceedings of the Society of Biblical Archaeology
PWRE	Pauly—Wissowa, Real-Encyclopädie der classischen Altertumswissenschaft
Pyr	K. Sethe, Die altägyptischen Pyramidentexte, Leipzig 1908 ff. (Die Texte werden nach der international üblichen Numerierung zitiert.)
RdÉ	Revue d'Égyptologie
rto	recto (Vorderseite des Papyrus)
Sander-Hansen	C. E. Sander-Hansen, Die Texte der Metternichstele. Analecta Aegyptiaca, Bd. VII, København 1956
Urk.	Urkunden des Ägyptischen Altertums, Bd. I—VIII, 1904 ff.
vso	verso (Rückseite des Papyrus)
Zaubersprüche	A. Erman: Zaubersprüche für Mutter und Kind. Abhandlungen der Königl. Preußischen Akademie, 1901
ZÄS	Zeitschrift für ägyptische Sprache und Altertumskunde

Anmerkungen

Wichtige zusammenfassende Werke zur ägyptischen Religion und Magie:

J. Assmann, Ägypten. Theologie und Frömmigkeit einer frühen Hochkultur, Stuttgart 1984.
H. Bonnet, Reallexion der ägyptischen Religionsgeschichte, Berlin 1952.
J. F. Borghouts, Ancient Egyptian Magical Texts, Leiden 1978.
R. Brier, Zauber und Magie in Ägypten, München 1984.
H. Brunner, Grundzüge der altägyptischen Religion, Darmstadt 1983.
A. Erman, Die Religion der Ägypter, Berlin 1934.
E. Hornung, Der Eine und die Vielen, Darmstadt 1971.
E. Hornung, Das Totenbuch der Ägypter, Zürich — München 1979.
Chr. Jacq, Le monde magique de l'Égypte Ancienne, Monaco 1983.
Fr. Lexa, La magie dans l'Égypte Ancienne, Bd. I—III, Paris 1925.
La magia in Egitto ai tempi dei faraoni, hrsg. von A. Roccati und A. Siliotti, Verona 1987.
M. E. Matje, Drewneegipetskie mify, Moskau 1956.
S. Morenz, Ägyptische Religion, Stuttgart 1960.
S. Morenz, Gott und Mensch im Alten Ägypten, Leipzig 1964.
G. Roeder, Die ägyptische Religion in Texten und Bildern (Bd. I: Die ägyptische Götterwelt; Bd. II: Mythen und Legenden um ägyptische Gottheiten und Pharaonen; Bd. III: Kulte, Orakel und Naturverehrung im alten Ägypten; Bd. IV: Ausklang der ägyptischen Religion mit Reformation, Zauberei und Jenseitsglauben.) Zürich 1959—61.

Zu den literarischen Texten vgl.:

E. Brunner-Traut, Altägyptische Märchen, Düsseldorf 1963.
A. Erman, Die Literatur der Aegypter, Leipzig 1923.

[1] Geogr. 17, I. 31 (Übersetzung des Verfassers)

[2] XV. Satire, Zeilen 1—10

[3] Ausnahmsweise kann auch die skarabäenförmige Gottheit die Abendsonne darstellen (Pyr. 888).

[4] Odyssee XI, 489

[5] Die Erklärung dieses Gegenstandes ist noch umstritten.

[6] S. auch Erman, 225 ff.

[7] Auf den Osiris-Mythos wird auch in der altägyptischen Literatur oft hingewiesen, eine ausführliche Version des gesamten Mythos bietet aber erst Plutarch (1.—2. Jahrhundert n. Chr.): „Peri Isidos kai Osiridos". Gewöhnlich wird das Werk unter dem lateinischen Titel „De Iside" zitiert.

[8] Pfortenbuch, Teil VII, unteres Register. E. Hornung, Ägyptische Unterweltsbücher, Zürich—München 1972, 256

[9] L. Kákosy, in: Annales Universitatis Scientiarum Budapestinensis, Sectio Historica 4 (1962), 3 ff. Neudruck: Studia Aegyptiaca VII, Budapest 1981, 27 ff.

[10] Neith, Apuit, Udjebten

[11] Zum Wesen des Ka vgl. auch G. Steindorff, in: ZÄS 48 (1911), 152 f.; L. Greven, Der Ka in Theologie und Königskult der Ägypter des Alten Reiches. Ägyptologische Forschungen Nr. 7, Glückstadt — Hamburg — New York 1952; G. Van Der Leeuw, in: ZÄS 54 (1918), 56 ff. Selbst die „Doppelgänger" — Theorie ist in der älteren Fachliteratur zu finden. Zuletzt: LÄ III, 275 ff. (*Ka,* P. Kaplony)

[12] A. H. Gardiner, in: PSBA 38 (1916), 95

[13] Z. B. Totenbuch, Kap. 29 B. Zu den Ba-Vorstellungen: L. V. Žabkar, A Study of the Ba Concept in Ancient Egyptian Texts, Chicago 1968

[14] H. Kees, Der Götterglaube im alten Ägypten, Berlin 1956, 158

[15] R. O. Faulkner, An Egyptian Book of Hours, Oxford 1958, 12, Z. B.: *Ba* der grünen Farbe, der Frische, des Sonnenscheins usw.

[16] Budge, Bd. III, 25

[17] S. Sauneron, in: BIFAO 60 (1960), 111

[18] Die zurückkehrende Seele eines Toten in der Geschichte von Chonsemhab und dem Geist: LES, 89 ff. Übersetzung: G. Lefebvre, Romans et contes égyptiens, Paris 1949, 169 ff. (Als Krankheit verursachender Dämon: Bentresch-Stele; O. Lemm, Ägyptische Le-

sestücke, Leipzig 1883; Lefebvre 221 ff.) Zu Ach-Vorstellungen: G. Englund, Akh-une notion religieuse dans l'Égypte pharaonique. Stockholm 1978

[19] W. Spiegelberg, in: ZÄS 62 (1926), 29; A. Hermann, in: Jahrbuch für Antike und Christentum 7 (1964), 39 ff.

[20] Budge, Bd. II, 124 (Papyrus des Nebseni); B. George, Zu den altägyptischen Vorstellungen vom Schatten als Seele, Bonn 1970

[21] R. O. Faulkner, The Papyrus Bremner-Rhind. Bibliotheca Aegyptiaca, Bruxelles 1933, Bd. III, 60 (Col. 26, Zeile 22)

[22] Zu den Besuchen griechischer Philosophen in Ägypten vgl. Th. Hopfner, Orient und griechische Philosophie. Beihefte zum Alten Orient Nr. 4, Leipzig 1925

[23] L. Kákosy, in: Studia Aegyptiaca VII, Budapest 1981, 81 ff., bes. 93 ff.

[24] E. Hornung, Der ägyptische Mythos von der Himmelskuh. Orbis Biblicus et Orientalis Nr. 46, Göttingen—Freiburg 1982

[25] Sog. „Binsengefilde" und „Opfergefilde"

[26] H. O. Lange—O. Neugebauer, Papyrus Carlsberg No. I., København 1940, Bd. II, 21, 27; O. Neugebauer—R. Parker, Egyptian Astronomical Texts, London 1960, Bd. I, 52

[27] Totenbuch, Kap. 108; K. Sethe, in: ZÄS 59 (1924), 73 ff.

[28] Jenseitsführer, bekannt unter dem Titel Amduat, 7. Stunde; E. Hornung, Das Amduat, Wiesbaden 1963—67, Bd. I, 118 ff., Bd. II, 125 ff.

[29] S. Schott, in: Analecta Biblica 12 (1959), 319 ff.; L. Kákosy, in: Acta Antiqua Hung. 11 (1963), 17 ff. Neudruck: Studia Aegyptiaca VII, Budapest 1981, 55 ff.

[30] LES, 58 (Pap. Chester-Beatty I. rto, Zeile 15, 8)

[31] Das Schicksal von Hektor und Achill wurde durch das Los, nicht aber von Zeus entschieden. Ilias XXII, 209 ff. Vgl. auch D. Müller, Ägypten und die griechischen Isis-Aretalogien. Abhandlungen der Sächs. Akad. der Wiss., Berlin 1961, Bd. 53, Heft I, 75 ff. M. P. Nilsson, Geschichte der griechischen Religion, 2. Aufl. München 1955, Bd. I, 361 ff. Die Aussagen sind mitunter widerspruchsvoll, zweifellos besitzt aber das Schicksal in der griechischen Religion eine viel stärkere Macht gegenüber den Göttern als in Ägypten.

[32] Zum Verhältnis zwischen Gott und Schicksal in Ägypten vgl. S. Morenz—D. Müller, Untersuchungen zur Rolle des Schicksals in der ägyptischen Religion. Abhandl. der Sächsischen Akad. der Wiss., Berlin 1960, Bd. 52, Heft I, 29 ff.; Bonnet, 671. Zum Schicksalsbegriff: J. Quaegebeur, Le dieu égyptien Shaï, Louvain 1975

[33] Müller, Ägypten und die griechischen Isis-Aretalogien, 74

[34] Zur Maat vgl. G. Thausing, in: MDAIK 8 (1938), 46 ff.; LÄ III, 1110 ff. (*Maat,* W. Helck)

[35] R. Anthes, Die Felseninschriften von Hatnub. Untersuchungen zur Geschichte und Altertumskunde Aegyptens, Hildesheim 1964, Bd. 9, 44 f. (Neudruck) (Thot = Stier der Maat)

[36] Thot als Herz des Re: É. Chassinat, Dendérah, Le Caire 1934, Bd. II, 178; Thot als Zunge des Re: A. H. Gardiner, in: PSBA 39 (1917), 139. Zusammenfassend über Thot: M. A. P. Boylan, Thot, the Hermes of Egypt, London 1922

[37] Urk. IV, 53. Rosellini, Monumenti del culto, Taf. VIII

[38] Platon, Philebos 274 C

[39] Boylan, Thot, the Hermes of Egypt, 184

[40] Ebd.

[41] H. Junker, Die Götterlehre von Memphis. Abhandl. der Preuß. Akad. 1939; ders., Die politische Lehre von Memphis. Ebd., 1941

[42] Joh. 1, 1

[43] Pyr. 267 d

[44] J. Zandee, Das Schöpferwort im alten Ägypten, in: Verbum. Essays ... dedicated to Dr. H. W. Obbink, Utrecht 1964, 48

[45] Ebd. 43, CT IV, 229 c—230 b

[46] Th. Hopfner (Orient und griechische Philosophie, vgl. Anm. 22) nimmt negativ Stellung zur Frage der ägyptischen Wirkung.

[47] L. Borchardt, Das Grabdenkmal des Königs Sahure, Leipzig 1913, Bd. II, Taf. 20. Später wurde er auch mit Falkenkopf dargestellt. G. Roeder, Die ägyptische Religion in Texten und Bildern, Bd. IV, Taf. 11 a. Vgl. auch LÄ II, 1109 ff. (*Heka,* L. Kákosy)

[48] CT I, 372 b—374 b (Kap. 75)

[49] CT III, 385—386, 389 (Kap. 261)

[50] H. Kees, in: ZÄS 65 (1930), 83

[51] Pyr. 403, 404

[52] Pyr. 924

[53] CT IV, Kap. 349, 350

[54] Ebd., III, Kap. 261

[55] H. Gauthier, Dictionnaire des noms géographiques ..., Le Caire 1925 ff., Bd. IV, 115

[56] S. Sauneron, Les fêtes religieuses d'Esna (Esna V), Le Caire 1962, 34

[57] Bonnet, 302

[58] Sauneron, Les fêtes religieuses d'Esna, 21

[59] Ebd., 212

[60] Ebd., 35

[61] A. Volten, Zwei altägyptische politische Schriften. Analecta Aegyptiaca, Bd. IV, 75 København 1945, (Zeile 136—137). W. Helck, Die Lehre für Merikare, Wiesbaden 1977, 86, 88. Aufgrund der Version C liest Helck „Gedanken" statt „Zauberei". In Version P steht dagegen *heka*.

[62] M. und R. Wax, in: Világosság 8—9 (1968), 470 ff. (Current Anthropology 1963, 495 ff.) Zur Kritik an den älteren Theorien über die Magie vgl. K. Marót, in: Társadalomtudomány (Gesellschaftswissenschaft) 10 (1930), 125 ff. Zur vorzeitlichen Religion: E. O. James, Religionen der Vorzeit, Köln 1960

[63] J. G. Frazer, The Golden Bough, 3. Aufl. London 1922. Bd. I, 52 ff.

[64] P. Lacau, in: ZÄS 51 (1913), 1 ff.

[65] Z. B. Bonnet, 875. Er betrachtet die Zauberei als die bei den harmlosen Angelegenheiten des Alltagslebens angewandte Magie.

[66] II, 28—29

[67] Philopseudes 34

[68] LÄ I, 783 ff. (V. Wessetzky); E. Chassinat, Le temple d'Edfou, III, 347 f., 351

[69] Papyrus Ebers: W. Wreszinski, Der Papyrus Ebers. Medizin der alten Ägypter, Leipzig 1913, Bd. III. Gr., Bd. V. Papyrus London: Ders., Der Londoner medizinische Papyrus (und Papyrus Hearst). Medizin der alten Ägypter, Leipzig 1912, Bd. II: Mutter und Kind: Erman, Zaubersprüche

[70] G—T. Die eine Hälfte des Papyrus wird im Britischen Museum, die andere im Leidener Museum aufbewahrt.

[71] Sander-Hansen

[72] PGM, Bd. I, 64 ff.

[73] S. Schott, in: MDAIK 14 (1956), 181 ff.

[74] E. Hornung, Der ägyptische Mythos von der Himmelskuh, 18 f., 44

[75] G. Komoróczy, Zur Deutung der altbabylonischen Epen, Adapa und Etana. Neue Beiträge zur Geschichte der alten Welt, Berlin 1964, 35 f.

[76] Z. B. bei Wahrsagungen mit dem Würfel: PGM, Bd. II, 1 ff. Vergil als Zauberer: D. Comparetti, Virgil im Mittelalter, Leipzig 1875

[77] W. Erichsen, Eine neue demotische Erzählung. Abhandl. der Akad. der Wissenschaften und der Literatur, Mainz. Abhandlungen 1956, Nr. 2

[78] G. Goyon, Le Papyrus du Louvre N° 3279, Le Caire 1966, 84; S. Schott, in: ZÄS 99 (1972), 20 ff.

[79] Barguet, 240

[80] Sander-Hansen, 47 (Zeile 87)

[81] Gr., Bd. V, 274 (Col. 8, Zeile 11 ff.) Vgl. Gr., Bd. IV/1, 156

[82] Pap. Chester-Beatty VIII, rto, 4, 3 HP. II, Taf. 40.

[83] S. Schott, in: Nachrichten d. Akad. d. Wiss. in Göttingen 3 (Phil.-Hist. Kl., 1957), 57

[84] Diodor, I, 87

[85] Budge, Bd. I, 131; Barguet, 76

[86] Londoner und Leidener demotischer Papyrus IV, 1. Zu Imhotep: D. Wildung, Imhotep und Amenhotep (MÄS 36), München—Berlin 1977. G.—T., Bd. II, 38

[87] Vgl. besonders Kap. IV

[88] K. Sethe, Die Ächtung feindlicher Fürsten ... Abhandl. der Preuß. Akad. der Wiss., Phil.-Hist. Kl. 1926, Nr. 5

[89] G. Posener, Princes et pays d'Asie et de Nubie, Bruxelles 1940, 49. Vgl. zuletzt Posener, Une nouvelle statuette d'envoûtement, in: Studien zur Sprache und Religion Ägyptens. Festschr. Westendorf 1, Göttingen 1984, 613 ff. G. Posener, Cinq figurines d'envoûtement, Le Caire 1987

[90] H. Junker, Giza VIII, Wien 1947, 30 ff., Taf. 66, 67. Zerbrechen roter Gefäße: Pyr. 249

[91] A. Vila, in: Journal des Savants 1963, 135 ff.; G. Posener, in: Syria 43 (1966), 277 ff. Y. Koenig, in: La magia in Egitto, Verona 1987, 301 ff.

[92] Pseudo-Kallisthenes, Alexanderroman (Vita Alex., ed. Mueller ap. Duebner.: Arriani Anab. et. Ind. I, 1)

[93] S. Schott, in: ZÄS 65 (1930), 35 ff.

[94] Faulkner, The Papyrus Bremner-Rhind, 68 f. (Col. 28, Zeilen 16 ff.)

[95] J. Vandier, Le Papyrus Jumilhac, Paris o. J. [1962], Col. XVII—XVIII. Auch ein Zaubertext des Pap. Salt 825 hebt den Schutz des Königs hervor. Ph. Derchain, Le Papyrus Salt 825 . . . Académie royale de Belgique, tome 58. Bruxelles 1965, Bd. I, 138, 140; Bd. II, 6 (V, 6), 10 (VIII, 3)

[96] J. Capart, in: CdÉ 29 (1940), 21 ff.

[97] H. Goedicke, in: JEA 49 (1963), Taf. X—XI. Seine Erklärung ist nicht überzeugend. Vgl. auch G. Posener, in: Annuaire du Collège de France 76 (1976—77), 435 ff. Wachs in Ägypten: M. J. Raven, in: OMRO 64 (1983), 7 ff.

[98] Sauneron, Les fêtes religieuses d'Esna, 25.

[99] Über die Ursachen von Krankheiten: Gr., Bd. III, 26 ff.

[100] Ebd., 92

[101] Inschrift des Udjahorresnet: A. Tulli, Il naoforo Vaticano, in: Miscellanea Gregoriana, Roma 1941, 211 ff.; G. Posener, La première domination perse en Egypte, Le Caire 1936, 1 ff.

[102] Gr., Bd. V, 530 ff., Bd IV/1, 308 (Col. I, Zeile 1)

[103] K. Sethe, Erläuterungen zu den ägyptischen Lesestücken (Nachdruck), Hildesheim 1959, 68

[104] Gr., Bd. V, 86 f., Bd. IV/1, 50 (Col. 57, Zeile 17 ff.)

[105] Gr., Bd. IV/1, 259 f.

[106] Pap. Chester-Beatty VI, (vso Col. 2, Zeile 2 ff.). Gr., Bd. V, 273, IV, 31, 155. Auf einem Amulett aus Deir el-Medine wurde eine merkwürdige Beschwörung gegen Schnupfen entdeckt. Der Text hat die Form eines königlichen Dekrets, herausgegeben von Osiris: S. Sauneron, in: Kêmi 20 (1970), 7 ff.

[107] Ebd., vso 2, 5 ff; Gr., Bd. V, 273, Bd. IV/1, 156

[108] A. Erman, Zaubersprüche, 11 f. (Col. 1, Zeile 9 ff); K. Sethe, Aegyptische Lesestücke, Leipzig 1924, Bd. I, 51 f. Vgl. Y. Koenig, in: BIFAO 79 (1979), 103 ff. Einige Krankheiten wurden dem Einfluß der Götter zugeschrieben (Pap. Deir el-Medine I, 1, 3 ff. J. Černý—G. Posener, Papyrus hiératiques de Deir el-Médineh, Le Caire 1978, 5 ff.).

[109] Pyr. 286 und 470. Dämonen in Ägypten: D. Meeks, Génies, anges, démons en Egypte, in: Sources Orientales 8, Paris 1971, 19 ff; LÄ I, 980 ff. (*Dämonen*, H. Te Velde)

[110] Budge, Bd. II, 126

[111] E. Naville, Das aegyptische Totenbuch, Berlin 1886, Taf. CLV ff.; Barguet, 192 ff.

[112] Vgl. beispielsweise A. M. Blackmann, in: JEA 5 (1918), 24 ff., Taf. III, V

[113] O. Firchow, Die Boten der Götter, in: Ägyptolog. Studien, hrsg. von O. Firchow, Berlin 1955, 85 ff. Am Anfang des demotischen Petubastis-Romans schickt Osiris Dämonen („Kräfte") aus, um zwischen zwei adligen Familien Streitigkeiten anzustiften. E. Bresciani, Der Kampf um den Panzer des Inaros. Mitteilungen aus der Papyrussammlung der österreichischen Nationalbibliothek, Wien 1964, Bd. VIII, 18 f. Bresciani führt diese Episode auf griechischen Einfluß zurück (S. 14).

[114] E. Suys, in: Egyptian Religion 2 (1934), 136

[115] Budge, Bd. I, 125 f.; Barguet, 74

[116] Pap. Chester-Beatty, I. Col. 15, Zeile 5 f; LES, 58. Dämonen des Amun: Y. Koenig, Le Papyrus Boulaq 6, Le Caire 1981, 93 f.

[117] Zu dem „großen Mann" vgl. auch H. Brugsch, Die Aegyptologie, Leipzig 1891, 51.; W. Erichsen, Demotisches Glossar, København 1954, 247.; W. Spiegelberg, in: ZÄS 50 (1912), 32 ff.; 51 (1913), 137 f. G. Botti, in: Aegyptus 35 (1955), 39 ff. Zu den *weret*-Dämonen: I. E. S. Edwards, Hieratic Papyri in the British Museum. Fourth Series. Oracular and Amuletic Decrees of the Late New Kingdom, London 1960, Bd. I, XXII. Zu den Dämonen des Volksglaubens in der Ptolemäerzeit vgl. H. Thompson, in: JEA 26 (1941), 76 ff.

[118] Papyrus Oxyrhynchos 1381. J. Leipoldt, Von Übersetzungen und Übersetzern. Aus Antike und Orient. Festschrift Schubart, Leipzig 1950, 56 ff.

[119] Urk. IV, 499

[120] W. Spiegelberg—K. Dyroff—B. Pörtner, Aegyptische Grabsteine und Denksteine aus süddeutschen Sammlungen, Straßburg 1904, Bd. I, Taf. II, 4

[121] E. Otto, Die biographischen Inschriften der ägyptischen Spätzeit, Leiden 1954, 58

[122] Mastaba des Chentika: A. H. Gardiner—K. Sethe, Egyptian Letters to the Dead, London 1928, Taf. X

[123] E. Edel, in: MDAIK 13 (1944), Heft I, 87

[124] Pap. Leiden 371. A. H. Gardiner—K. Sethe, Egyptian Letters to the Dead, 8 f., Taf. VII; Erman, 240 f.

[125] Amons Dekret für Nesi-Chons; B. Gunn, in: JEA 31 (1955), 83 ff., bes. 85; G. Roeder, Zauberei und Jenseitsglauben im alten Ägypten, Zürich 1961, 305

[126] G. Posener, in: RdÉ 12 (1960), 75 ff.; vgl. ferner die Geschichte von Chonsemhab und dem Geist (Literatur dazu in Anm. 18)

[127] E. Brunner-Traut, Altägyptische Märchen, Düsseldorf—Köln 1963, 172

[128] PGM, Bd. I, 132

[129] I. Samuel, 28. Vgl. I. Trencsényi-Waldapfel, in: Acta Orientalia Hung. 12 (1961), 201 ff.

[130] VI, 14, 15

[131] Col. IX, Zeile 21. G.—T. Bd. II, 70

[132] O. Guéraud, Mélanges Maspero II, 2. fasc., Le Caire 1935/37, 206 ff.; K. Preisendanz, in: Archiv f. Papyrusforschung 9 (1928), 147, 155, 160

[133] M. Chaîne, Le manuscrit de la version copte en dialecte sahidique des „Apophthegmata patrum", Le Caire 1960, 66 (N° 277)

[134] Ebd., 65 f. (N° 255)

[135] E. Amélineau, Un évêque de Keft au VIIe siècle. Mémoires de l'Institut Égyptien, Bd. II, Le Caire 1889, 402 ff.

[136] Mumien als Medikament: A. Wiedemann, in: Zeitschrift des Vereins f. rheinische und westfälische Volkskunde 3 (1906), 1 ff.

[137] PGM, Bd. I, 4 ff. Zur Schlange vgl. Anm. 390

[138] J. Černý, Catalogue des ostraca non littéraires de Deir el-Médineh, Le Caire 1939, Bd. IV, No. 251. Zur Vorstellung vom helfenden Geist bei den Griechen vgl. das „Daimonion" des Sokrates („Apologie")

[139] Pap. Turin, 1984, Zeilen 84—85. I. E. S. Edwards, Hieratic Papyri in the British Museum, Bd. I, 71, Bd. II, Taf. XXVI

[140] PGM, Bd. I, 2 ff.

[141] Ebd., 34 ff.

[142] Col. VI, Zeile 7. — G.—T., Bd. II, 50, L. Kákosy, in: Studia Aegyptiaca II, Budapest 1976, 197 f.

[143] British Museum, Pap. 10 251, vso Zeilen 4—5; Edwards, Hieratic Papyri in the British Museum, Bd. II, Taf. V

[144] G. Wiet, L'Égypte de Murtadi, fils du Gaphiphe, Paris 1953, 240 f.

[145] Philopseudes 30, 31

[146] J. Capart, Memphis, Bruxelles 1930, Abb. 224

[147] G. Lefebvre, Le tombeau de Petosiris, Le Caire 1924, Bd. III, Taf. 46

[148] Pyr. 429

[149] Pyr. 424

[150] Pyr. 434—5. Schlangenzauber im Mittleren Reich: A. Roccati, Papiro Ieratico n. 54003, Torino 1970, 25 f.

[151] A. H. Gardiner, Die Erzählung des Sinuhe und die Hirtengeschichte. Literarische Texte des Mittleren Reiches, Leipzig 1909, Bd. II, Taf. 16 a—17 a; G. Lefebvre, Romans et contes égyptiens, Paris 1949, 26 ff. H. Goedicke, in: CdÉ XIV (1970), 244 ff; M. Gilula, in: GM 29 (1978), 21; J. R. Ogdon, in: GM 58 (1982) 59 ff.

[152] Col. VI, Zeilen 10—12; H. O. Lange, Der magische Papyrus Harris, København 1926. Det. kgl. Danske Videnskabernes Selskab, Histor. — Filol. Meddelelser XIV/ 2, 53

[153] Col. VI, Zeilen 4—6 (Lange, 50)

[154] S. Sauneron, Le monde du magicien égyptien, 33 (Sources orientales 7: Le monde du sorcier, Paris 1966). Eine Inschrift gegen Skorpione in den Steinbrüchen des Wadi Hammamat: G. Vittmann, in: Grammata Demotica (Festschr. E. Lüddeckens), Würzburg 1984, 284 ff.

[155] G. Posener, Ostraca littéraires de Deir el-Médineh, Le Caire 1952, Bd. II, N° 1057

[156] Die Ergänzung steht aufgrund eines Turiner Papyrus fest: P. Smither, in: JEA 27 (1941), 131 f.

[157] E. Drioton, in: BIFAO 41 (1942), 75 ff.

[158] PGM, Bd. I, 120 ff.

[159] Col. XV, Zeilen 1 ff.; G. — T. Bd. II, 104

[160] PGM, Bd. II, 82 ff. Im Louvre wird eine Frauenstatuette aus Ton mit eingestochenen Nadeln aufbewahrt. Sie wurde in Ägypten in einem Gefäß zusammen mit einer Platte aus Blei mit einer magischen Inschrift gefunden: P. du Bourguet, in: Revue du Louvre 25 (1975), 255 ff.

[161] D. Wortmann, in: Bonner Jahrbücher 168 (1968), 85 ff.

[162] A. H. Gardiner, The Library of A. Chester Beatty. The Chester Beatty Papyri, No I, London 1931, Taf. XXV, XXVI (vso Zeile C 46 ff.)

[163] L. Borchardt, Denkmäler des Alten Reiches, Bd. I (Catalogue général des antiquités du Musée du Caire), Berlin 1937, Taf. 5, No 1330; A. Mariette, Monuments divers, Paris 1872, Taf. 94; H. Junker, in: Archiv Orientální 20 (1952), 185 ff.

[164] W. M. Fl. Petrie, Lahun, London 1923, Bd. II, Taf. XXV—XXVI; W. Ch. Hayes, The Scepter of Egypt, Cambridge 1960, Bd. I, Abb. 214

[165] J. de Morgan, Fouilles à Dahchour, Vienne 1895, Bd. I. 90, Abb. 210

[166] III. Könige, 17 (I. Könige, 17)

[167] Herodot, III, 17—18. Unter Äthiopien versteht er den heutigen Sudan und Nubien.

[168] „Picatrix". Das Ziel der Weisen (Übersetzt von H. Ritter—M. Plessner), London 1962, 287

[169] Philostratos, Vita Apollonii IV, 25

[170] PGM, Bd. I, 8. Zum Motiv des scheinbaren Reichtums vgl. auch Origenes, Contra Cels. I, 68

[171] II, 121

[172] Zoega, Catalogus codicum Copticorum, Roma 1810, 50 f.; L. Kákosy, A Christian Interpretation of the Sun-Disk. Studies in Egyptian Religion dedicated to Prof. J. Zandee, Leiden 1982, 72 ff.

[173] Rufinus, Hist. eccles. (ed. Mommsen) XI, 23; Th. Hopfner, Fontes, 628

[174] A. Mallon, Grammaire Copte, Beyrouth 1956, Chrest. 89 f.

[175] A. Bey Kamal, Livre des perles enfouies et du mystère précieux, Le Caire 1907

[176] Ebd., 39, § 84

[177] Ebd., 35, § 75

[178] Ebd., 2, § 1

[179] W. S. Blackman, The Fellāhīn of Upper Egypt, London 1927, 189

[180] CT VI, 208 (Kap. 586)

[181] Pyr. 393

[182] Pyr. 1439

[183] Pap. Turin. 135, 8—9. A. Massart, The Leiden Magical Papyrus I 343 + I 345, OMRO Suppl. 34, Leiden 1954, 98; A. Massart, in: MDAIK 15 (1957), Festschrift Junker, 176, Taf. XXVII (Pap. Genf MAH 15274 rto, Col. III, Zeilen 4—6). Letztere Drohung wird im

Namen der Isis ausgesprochen. Vgl. D. Kurth—H.-J. Thissen—M. Weber, Kölner ägyptische Papyri, Bd. 1, Köln 1980, 21

[184] Sander-Hansen, 64 f. (Zeilen 204—221)

[185] Ebd., 67 f. (Zeilen 235—244)

[186] Josua 10, 12—13

[187] Migne, Patrologia Graeca, Bd. LXV, 452; A. J. Festugière, Historia monachorum in Aegypto, Bruxelles 1961, 80

[188] Zoega, Catalogus codicum Copticorum, 337

[189] J. G. Frazer, The Golden Bough, 3. Aufl. Bd. I, 55, 316 ff.

[190] XXIII, 241 ff. Im ungarischen Volksglauben: Magyarság Néprajza (Ethnographie des Ungartums), 3. Aufl., Bd. III, 271

[191] S. R. K. Glanville, The Instructions of Onchsheshonqy, London 1955, 27 (Col. 10, Zeile 24)

[192] Fr. Boll, Kleine Schriften zur Sternkunde des Altertums, Leipzig 1950, Taf. IV, Abb. 9

[193] Pyr. 1437 a

[194] Pyr. 299

[195] Pap. Chester-Beatty, Col. I, Zeile 3, 2—3, LES, 40

[196] Pyr. 305

[197] Pap. Chester-Beatty V, vso Col. 5, Zeile 7, vso Col. 6, Zeile 1; HP I, 51; II, 28—9

[198] Genfer Papyrus MAH 15274 rto Col. II, Zeile 8; A. Massart, in: MDAIK 15 (1957), Taf. XXV

[199] A. H. Gardiner, The Ramesseum Papyri, Oxford 1955, Taf. XXXII, 11

[200] Papyrus des Nu. Budge, Bd. II, 57 f.

[201] G. Posener, Catalogue des ostraca littéraires de Deir el-Médineh, Le Caire 1936, Bd. I, Taf. 36 (No. 1066)

[202] Pap. Chester-Beatty, Col. V. vso Zeile 6, 1—2; HP I, 51, II, Taf. 29

[203] Pap. Harris, Col. VII, Zeilen 1—4 (H. O. Lange, Der magische Papyrus Harris, 57)

[204] IV, 18 ff., A. H. Gardiner, in: ZÄS 42 (1905), 33 f.; J. Zandee, in: OMRO 28 (1947), 75

[205] M. Korostovtsev, in: BIFAO 45 (1947), 158, Zeile 17

[206] PGM, Bd. I, 80

[207] De natura deorum III. XXII, 56

[208] Budge, Bd. I, 122; Barguet, 71

[209] Pyr. 394 c

[210] W. Pleyte—F. Rossi, Papyrus de Turin, Leyden 1869—1874. Taf. CXXXI: Zeile 12 — Taf. CXXXIII: Zeile 14, Taf. LXXVII, XXXI: Zeilen 1—5; Erman, 301 ff.; ANET², 12 ff (Übersetzt von S. A. Wilson)

[211] VI, 5—7. Zweisprachige Ausgabe von Iamblichos: Jamblique, Les mystères d'Égypte (Places S. J.), Paris 1966

[212] VII, 4—5

[213] Barguet, 234 ff.

[214] Pap. Harris, Col. XII

[215] W. Wreszinski, Der Londoner medizinische Papyrus, 192, No. 32, vgl. 191, No. 27

[216] OZ, Bd. I, § 747

[217] OZ, Bd. I, § 731, § 189, 190, 191

[218] Es handelt sich um ein Palindrom.

[219] Gr., Bd. II, 88, 90

[220] Ebd., 88

[221] Ebd., 11 f.

[222] Ebd., 95

[223] E. Hornung, Das Amduat, Wiesbaden 1963—67, Bd. I—III

[224] Ebd., Bd. I, Taf. XIII

[225] LÄ II 1230 ff. (E. Hornung)

[226] R. A. Parker, A Saite Oracle Papyrus from Thebes, Providence/Rhode Island 1962, 44 (Kapitel von J. Černý)

[227] Urk. IV, 1344

[228] Porter-Moss, Bd. III, 205

[229] L. Borchardt, in: ZÄS 44 (1907—8), 97. Leider ist nicht sicher festzustellen, mit welcher Richtung der gelehrte Amenophis, Sohn des Hapu, sympathisierte.

[230] A. H. Gardiner, Egypt of the Pharaohs, Oxford 1961, 212 f.

[231] Vgl. etwa M. Sandmann, Texts from the Time of Akhenaten. Bibliotheca Aegyptiaca, VIII, Bruxelles 1938, 177

[232] Auf dem berühmten, mit Goldblech überzogenen Thron des Tutanchamun ist es noch Aton, der seine Strahlenarme nach dem königlichen Paar ausstreckt: Chr. Desroches-Noblecourt, Tutankhamen, London 1963, Taf. X

[233] L. Kákosy, in: Acta Antiqua Hung. 15 (1967), 369 ff; L. Habachi, Features of the Deification of Ramesses II., Glückstadt 1969

[234] Porter-Moss, Bd. III, 206; H. Kees, Das alte Ägypten, Berlin 1955, 98; F. Gomaà, Chaemwese, Sohn Ramses'II. und Hoherpriester von Memphis, Wiesbaden 1973, 39 ff.

[235] Châaban, in: ASAE 18 (1919), 193 ff.; G. Daressy, ebd., 196 ff.

[236] W. Spiegelberg, Sitzungsber. der Bayer. Akad. d. Wiss. 1928, 14 ff.

[237] G. Daressy, Textes, 35

[238] E. Drioton, in: ASAE 39 (1939), 57 ff.

[239] I. E. Edwards, in: JEA 54 (1968), 155 ff.; A. Massart, in: MDAIK 15 (1957), 182

[240] Turiner Streikpapyrus; A. H. Gardiner, Ramesside Administrative Documents, Oxford 1948, 45 ff.

[241] L. Kákosy, in: Acta Antiqua Hung. 16 (1967), 347 ff.

[242] S. z. B. Amuns Dekrete für Pinodjem und Nesichons: G. Roeder, Der Ausklang der ägyptischen Religion mit Reformation, Zauberei und Jenseitsglauben, 288 ff.

[243] A. H. Gardiner, Die Erzählung des Sinuhe und die Hirtengeschichte; E. Brunner-Traut, Altägyptische Märchen, 10 f.

[244] Edwards, Hieratic Papyri in the British Museum IV. Oracular and Amuletic Decrees, Bd. I—II, London 1960

[245] M. P. Nilsson, Geschichte der griechischen Religion, 2. Aufl. München 1961, Bd. II, 535 ff.; M. Wellmann, Die Physika des Bolos, Abhandl. d. Preuß. Akad. d. Wiss. 1928

[246] Inventarnummer: 51.961. L. Kákosy, in: Acta Antiqua Hung. 19 (1971), 159 ff., Neudruck: Studia Aegyptiaca VII (Budapest 1981), 239 ff.

[247] Vgl. die Erklärung des einleitenden Zauberspruchs des Papyrus Ebers auf S. 62

[248] Dazu Fr. Daumas, in: BIFAO 56 (1957), 59 ff.; Gr., Bd. VI, 214 ff. Nach Daumas ist *matet* die Pflanze Calotropis Procera. Der Begriff *matet net sut* bezeichnet entweder eine von ihren Unterarten, oder — vorausgesetzt, daß der Schreiber fehlerhaft *matet* statt *mat* geschrieben hat — es wäre auch die Übersetzung „Halm des Schilfgrases" *(sut)* möglich (Vgl. Papyrus Ebers, Col. 49, Zeile 14).

[249] Die wichtigsten Stellen: A. Massart, The Leiden Magical Papyrus I 343 + I 345. OMRO Suppl. 34 (1954), 98

[250] Nr. 10826. Erman, S. 311, Abb. 128

[251] *Ra.* Ursprüngliche Bedeutung: „Mund, Spruch", später „Zauberspruch". Zahlreiche Sprüche gegen Kopfkrankheiten enthält Pap. Leiden I 348, der auch sonst Ähnlichkeiten mit dem Budapester Papyrus aufweist. J. F. Borghouts, in: OMRO 51 (1970)

[252] An dieser Stelle ist der Text schwer verständlich. Es ist möglich, daß auf die feuerspeiende Uräusschlange hingewiesen wird, warscheinlicher ist aber, daß der Schreiber einige Wörter ausgelassen hat.

[253] Dazu vgl. G. van der Leeuw, in: Zeitschrift f. Religionspsychologie 3 (1933), 161 ff.

[254] Charon 7; van der Leeuw, a. a. 0., 161

[255] Magyarság Néprajza, 2. Aufl. Bd. IV, 203 (Ákos Szendrey)

[256] ANET², 1955 f.; A. David, in: Revue d'Assyriologie 25 (1928), 95 ff.

[257] Sander-Hansen. Darstellungen: Lexa, Bd. III, Taf. XIX—XX

[258] B. H. Stricker, De grote Zeeslang. Mededelingen en Verhandelingen No. 10 van het Vooraziatisch-Egyptisch Genootschap „Ex Oriente Lux", Leiden 1953, 5. Haroëris: Ein Pantheos im Louvre in Paris; J. Festugière — J. Vandier, in: RdÉ 8 (1951), 63 ff. Den unveröffentlichten Text der Statue habe ich mit der freundlichen Genehmigung von J. Vandier studiert. Vgl. S. Sauneron, Le Papyrus magique illustré de Brooklyn, Brooklyn 1970, 23 (Pantheos als Bes)

[259] G. Lefebvre, Tableau des parties du corps humain mentionnées par les Égyptiens, Le Caire 1952, 2 f.

[260] Der Text weist darauf hin, daß die Skorpione zwischen Reichen und Armen nicht unterscheiden sollen.

[261] Bonnet, 723

[262] Zu ähnlichen spätantiken bzw. frühmittelalterlichen Motiven vgl. A. A. Barb, in: Mitteilungen der Anthropologischen Gesellschaft Wien 72 (1953), 1 ff.

[263] Horus ist *der Erbe* des Osiris.

[264] Bonnet, 317 ff.; K. C. Seele, in: JNES 6 (1947), 43 ff.; Daressy, Textes, passim. H. Jacquet-Gordon, The Brooklyn Museum Annual 7 (1965—66), 53 ff. J. Quaegebeur, in: L'animal, l'homme et le Dieu (Les Cahiers du CEPOA 2), Louvain 1982, 131 ff.

[265] A. Erman — H. Grapow, Wörterbuch der ägyptischen Sprache, Bd. I, 291

[266] Daressy, Textes, 35 (No. 9427)

[267] Bonnet, 676 f.; Gr. Loukianoff, in: Bulletin de l'Institut d'Egypte 12—13 (1929—30), 67 ff. LÄ V 347 ff. (*Sched,* H. Brunner)

[268] Zu den zwei Darstellungen vgl. T. E. Peet — C. L. Woolley, The City of Akhenaten, London 1923, Bd. I, 96 f.

[269] Wahrscheinlich ist hier das Heiligtum der Triphis gemeint (Bonnet, 838 f.).

[270] M. N. Tod, in: JEA 25 (1939), 56

[271] W. v. Bissing, in: Egyptian Religion 2 (1934), 141

[272] S. Donadoni, Studi Rosellini, Pisa 1955, Bd. II, 59 ff.

[273] P. Montet, Byblos et l'Égypte, Paris 1928/29, Bd. I, 249 ff., Bd. II, Taf. CLII

[274] Porter-Moss, Bd. VII, 236; J. Garstang, Meroë, The City of the Ethiopians, Oxford 1911, Taf. XI

[275] J. Leclant, in: BSFE 21 (juin 1956), 35

[276] Daressy, Textes, 3 ff.

[277] W. Fl. Petrie, Tanis, London 1885, Bd. I, 42 (2. Jh. v. Chr.). Vgl. auch P. Bucher, in: Kêmi 5 (1935—37), 67 (Horusstele in der Nähe von Häusern aus der Ptolemäerzeit)

[278] A. Badawi, in: ASAE 54 (1956), 177, Taf. 15 c

[279] Bereits in einem Pyramidentext (Pyr. 663—664) wird der Tote, den eine Schlange bedroht, mit dem Horuskind, das den Finger auf den Mund legt, identifiziert.

[280] A. A. Barb, in: Journal of the Warburg and Courtauld Institutes 27 (1964), 10 ff., Taf. 2 a-b

[281] Ebd., 14

[282] Übrigens ist das Salomonsiegel meistens ein fünfzackiger Stern (Pentagramm), der spätere Davidstern hingegen ist sechszackig, vgl. L. Röhrich, in: Die Religion in Geschichte und Gegenwart, 3. Aufl., Tübingen 1961, Bd. V, 209 f.; E. R. Goodenough, Jewish Symbols in the Greco-Roman Period. Bollingen Series XXXVII, New York 1958, Bd. 7, 198 f. (mit Belegen für das frühe Auftreten von Sternsymbolen)

[283] J. Drescher, Apa Mena, Le Caire 1946, 142, Anm. I; K. M. Kaufmann, Die heilige Stadt der Wüste, 4. Aufl. München 1924, 207

[284] W. Godlewski, Some Comments on the Wall Painting of Christ from Old Dongola, in: Nubian Studies..., ed. by J. M. Plumley. Warminster 1982, 95 ff.

[285] B. H. Stricker, in: OMRO 24 (1943), 25 ff.

[286] L. Kákosy, in: Acta Antiqua Hung. 14 (1966), 185 ff. Neudruck: Studia Aegyptiaca VII, Budapest 1981, 119 ff.; L. Kákosy, Das Ende des Heidentums in Ägypten, in: Graeco-Coptica. Griechen und Kopten im byzantinischen Ägypten, Halle (Saale) 1984, 61 ff.

[287] A. Erman, Aegyptische Urkunden aus den königlichen Museen zu Berlin: Koptische Urkunden, Berlin 1904, Bd. I, 2 f.; A Kropp, Ausgewählte koptische Zaubertexte, Bruxelles 1931, Bd. II, 9 ff.; V. Wessetzky, in: Acta Orientalia Hung. 1 (1950), 26 ff.; L. Kákosy, Studia Aegyptiaca VII, Budapest 1981, 15 ff. W. Beltz, AfP 29 (1983), 65 f. Das Motiv des verdorbenen Magens des Horus ist schon früher bekannt. Im Pap. Leiden I 348 rto 12, 11—13,3 ist davon die Rede, daß Horus erkrankte, nachdem er den goldenen Abdu-Fisch des Re gegessen hatte. Dazu vgl. J. F. Borghouts, in: OMRO 51 (1970), 26

[288] V. Wessetzky, in: Acta Orientalia Hung. 1 (1950), 28

[289] L. Kákosy, ebd., 13 (1961)

[290] De natura animalium (ed. Hercher), VI. 33; Hopfner, Fontes, 416

[291] F. Ll. Griffith, Stories of the High Priests of Memphis, Oxford 1900, 200

[292] Col. 98, 2 ff. (No. 848). Gr., Bd. V, 527 f.

[293] Nach der monophysitischen Lehre der Kopten verliert in Christus die menschliche Natur neben der göttlichen ihre Selbständigkeit, was dem offiziellen kirchlichen Standpunkt widersprach, der an der Zweinaturenlehre festhielt.

[294] Die sich den Byzantinern widersetzende koptische Bevölkerung empfing die Araber als Befreier.

[295] A. Kropp, Ausgewählte koptische Zaubertexte; L. Kákosy, in: Acta Antiqua Hung. 14 (1966), 185 ff.; W. H. Worrell, in: Orientalia 4 (1935), 184 ff.

[296] Louvre, N° 853; J. Vandier, Manuel d'archéologie égyptienne, Bd. III: Les grandes époques. La statuaire, Paris 1958, Taf. LXXVI, Abb. 1, Bezeichnungen von Zauberern: LÄ III, 1146 (*Magie*, J. F. Borghouts)

[297] A. Erman, Die Märchen des Papyrus Westcar, Berlin 1890

[298] H. Goedicke, in: JEA 41 (1955), 31 ff.

[299] Porter-Moss, Bd. III, 147, 149 ff.; der Name Djadja-em-anch kann manchmal auch als Tep-em-anch gelesen werden.

[300] II, 124

[301] Nach einer anderen Hypothese herrschte er zwischen 361 und 344 oder 360 und 343: Fr. Kienitz, Die politische Geschichte Ägyptens vom 7. bis zum 4. Jahrhundert vor der Zeitwende, Berlin 1953, 175

[302] Textausgabe: W. Spiegelberg, Die sogenannte demotische Chronik. Demotische Studien, Heft 7, Leipzig 1914

[303] G. Daressy, in: ASAE 11 (1911), 186 ff.

[304] S. Schott, in: ZÄS 65 (1930) 35 ff.; ders., in: MDAIK 14 (1956), 181

[305] U. Wilcken, Urkunden der Ptolemäerzeit, Berlin 1922 ff., Bd. I, 369 ff. (No. 81); F. Festugière, La révélation d'Hermès Trismégiste, 2. Aufl. Paris 1950, Bd. I, 55 f.; Les songes et leur interprétation. Sources Orientales 2, Paris 1959, 20 f. (S. Sauneron)

[306] Fr. Kienitz, Die politische Geschichte Ägyptens vom 7. bis zum 4. Jahrhundert vor der Zeitwende, 219

[307] B. P. Grenfell—A. S. Hunt, The Oxyrhynchus Papyri, London 1915, Bd. XI, 225 ff. (No. 1381)

[308] O. Weinreich, Der Trug des Nektanebos, Leipzig—Berlin 1911

[309] Hatschepsut: Urk. IV, 216 ff., Amenophis III.: Urk. IV, 1713 ff.

[310] Josephus Flavius, Antiquitates XVIII, 3, 4

[311] Apuleius, Metamorphoses XI, 11

[312] J. Yoyotte, in: Kêmi 15 (1959), 70 ff.

[313] H. de Meulenaere, in: CdÉ 35 (1960), 92 ff.

[314] I, 34. F. Pfister, Alexander der Große in den Offenbarungen der Griechen, Juden, Mohammedaner und Christen, Berlin 1956, 14

[315] Jelinková

[316] F. Ll. Griffith, Stories of the High Priests of Memphis, Oxford 1900

[317] Vgl. Anm. 234 und L. Kákosy, in: Acta Antiqua Hung. 15 (1967), 372

[318] Philopseudes, 33—36. Der Zauberer Pankrates ist vielleicht mit dem zur gleichen Zeit lebenden Dichter identisch, den Hadrian während seines Aufenthaltes in Ägypten empfing und der über die Löwenjagd des Kaisers und des Antinous Gedichte schrieb.

[319] Cassius Dio LXXI, 8, 4

[320] Le monde du Sorcier. Sources orientales 7, Paris 1966, 55

[321] Zu der Inschrift vgl. M.-Chr. Budischovsky, La diffusion des cultes Isiaques autour de la Mer Adriatique I (ÉPRO 61), Leiden 1977,

124, Taf. LXIV a.; J. Guey, in: Revue de Philologie 22 (1948), 16 ff., Zu Regenwundern in Ägypten und zu Hermes-Areios vgl. auch G. Posener, ebd., 25 (1951), 162 ff.

[322] Antonius 33

[323] Cassius Dio LIX, 29

[324] PGM, Bd. I, 149

[325] Cassius Dio LXXVIII, 4

[326] 2. Timotheus 3, 8. Vgl. auch Plinius: Naturalis Historia XXX, 1, 11

[327] Migne, Patrologia Graeca XXXIV, 1051, 1052, 1053 (Historia Lausiaca)

[328] Exodus 7, 10 ff.

[329] Migne, Patrologia Graeca XXXIV, 1046, 1047

[330] Eusebius, Historia Ecclesiastica VII, 10

[331] Eusebius, Vita Constantini II, 4.; Hopfner, Fontes, 479

[332] XVI, 8, 1

[333] XIX, 12, 14—15

[334] XIX, 12, 3, 4. Bereits Augustus und Tiberius haben Anfragen dieser Art mit der Androhung der Verbannung unter Strafe gestellt. Dazu und zu früheren Maßnahmen gegen die Magie überhaupt vgl. Kleinfellers Artikel über die Magie in: PWRE; s. ebd., Hopfners „Mageia"-Artikel; vgl. außerdem § 2 des Codex Hammurapi

[335] Zu Cyprian vgl. A. J. Festugière, La révélation d'Hermès Trismégiste, Bd. I, 369 ff. (mit ausführlicher Bibliographie); L. Kákosy, in: Mélanges Adolphe Gutbub, Montpellier 1984, 109 ff.

[336] Hippolyt, Refutatio IV, 28—42; J. Burckhardt, Die Zeit Constantins des Großen, Leipzig o. J., 166 f.

[337] G. Wiet, L'Égypte de Murtadi, Paris 1953, Kap. 9 und 10 (Übersetzung)

[338] Apuleius, Der goldene Esel (Metamorphoses); vgl. ferner Heliodor, Aithiopika; Antonios Diogenes, Über die unglaublichen Dinge jenseits von Thule

[339] H. Brugsch, Thesaurus inscriptionum Aegyptiacarum 1402

[340] Die „ägyptische Fayence" ist mit der späteren Fayence nicht identisch. Ihr Grundstoff ist Quarz, wozu ein wenig Bindematerial gemischt wurde. Die Fayencegegenstände wurden meistens mit farbiger Glasur überzogen.

[341] Zaubersprüche, 30 (Col. 8, Zeile 2 f.). Zu den ägyptischen Amuletten im allgemeinen vgl. G. A. Reisner, Amulets (Cat. gén.), Le Caire 1907, 1959, Bd. I—II; W. M. Fl. Petrie, Amulets, London 1914. Saitische Steinamulette: S. Aufrère, in: Hommages à Fr. Daumas, Montpellier 1986, 33 ff. Zu den im Altertum und auch heute verwendeten orientalischen Amuletten kann ferner trotz mancher Irrtümer mit Vorbehalt herangezogen werden: E. A. W. Budge, Amulets and Talismans, New York 1961.

[342] Zaubersprüche, 34 (Col. 9, Zeile 6 f.)

[343] Plutarch, De Iside 65

[344] E. Chassinat, Dendérah, Le Caire 1935, Bd. III, 191

[345] Pap. Salt No. 825, Col. XIV, Zeile 8—9; Ph. Derchain, Le Papyrus Salt 825. Académie royale de Belgique. Mémoires, tome 58, Bruxelles 1965, Bd. I, 142; Bd II, 16

[346] Bonnet, 149 ff.; LÄ I, 1100 ff. (*Djed-Pfeiler,* H. Altenmüller)

[347] Zaki Youssef Saad, Royal Excavations at Saqqara and Helwan (1941—1945), Cairo 1947, 27, Taf. XIV b, XV

[348] Seine Verehrung war wahrscheinlich bereits zur Zeit der 1. Dynastie verbreitet. Für die Herleitung des Osiriskultes aus dem Delta gibt es jedoch keine ernsthaften Anhaltspunkte.

[349] Bonnet, 152

[350] H. Goedicke, in: JEA 41 (1955), 31

[351] Pyr. 719 a

[352] Pyr. 389, 390

[353] Papyrus des Iuiu. Budge, Bd. III, 15

[354] Ebd., 14 f.

[355] LÄ I, 1100 (H. Altenmüller)

[356] Papyrus des Nu. Budge, Bd. III, 16 f.

[357] Bonnet, 322

[358] Ebd., 583

[359] Ebd., 854 f.

[360] W. Spiegelberg, Der ägyptische Mythos vom Sonnenauge nach dem Leidner Papyrus, Bd. I, Straßburg 1917, 384

[361] Papyrus des Nebseni. Budge, Bd. III, 34

[362] LÄ I, 1082 ff. (*Sonnenauge,* M. J. Smith); E. Brunner-Traut, Altägyptische Märchen, Düsseldorf 1963, 120 ff.

[363] Kap. 18. F. Ll. Griffith, in: JEA 12 (1926), 228; P. Montet, Das alte Ägypten und die Bibel, Zürich 1960, 201

[364] Pap. Chester-Beatty I. rto Col. 10, Zeile 4, 5; LES, 50

[365] J. Vandier, Le Papyrus Jumilhac, Paris 1962, 125 f. (Col. XIII, Zeilen 15 ff.)

[366] Vgl. etwa V. Schmidt, Choix de monuments égyptiens. Glyptothèque Ny-Carlsberg, Bruxelles 1910, Taf. XXIX, Abb. 75

[367] Col. VI, Zeile 7 f. (W. Spiegelberg, Der ägyptische Mythos vom Sonnenauge nach dem Leidner Papyrus, 22 f.)

[368] Vgl. beispielsweise L. Borchardt, Das Grabdenkmal des Königs Sahure, Leipzig 1913, Bd. II, Taf. 9, 11, 12

[369] S. Seligmann, Der Böse Blick, Berlin 1910; W. Deonna, Le symbolisme de l'oeil. École Française d'Athènes. Travaux et mémoires, fasc. XV, Paris 1965. Zu Ägypten vgl. W. Spiegelberg, in: ZÄS 59 (1924), 149 ff.; L. Kákosy, in: Bulletin du Musée Hongrois des Beaux Arts 20 (1962), 3 ff.; J. F. Borghouts, in: JEA 59 (1973), 114 ff.

[370] S. Schott, in: ZÄS 67 (1931), 106 ff.

[371] S. Seligmann, Der Böse Blick, Bd. I, 126 ff.

[372] Plutarch, De Iside 17

[373] Pyr. 1266 c

[374] Pyr. 253

[375] É. Chassinat, Le temple d'Edfou, Le Caire 1928, Bd. III, 351

[376] W. Spiegelberg, in: ZÄS 59 (1924), 152

[377] M. Guentch-Ogloueff, in: BIFAO 40 (1941), 119 ff.

[378] H. Jacoby, in: Archiv für Religionswissenschaft, Bd. 16 (1913), 122 ff., Bd. 18 (1915) 585 ff. (Pap. London Col. XLVI, Zeile 71, 72)

[379] Kap. 27—29

[380] Bonnet, 29

[381] Ebd., 418 ff.

[382] F. Ballod, Prolegomena zur Geschichte der zwerghaften Götter in Ägypten, München 1912

[383] Vgl. den Artikel von H. Kees in PWRE

[384] PGM, Bd. I, 108

[385] Plutarch, Sulla 29

[386] Apologia 61, 63—65

[387] Ammianus Marcellinus XXII, 13, 3

[388] C. Bonner, Studies in Magical Amulets chiefly Graeco-Egyptian, Ann Arbor 1950; A Delatte—Ph. Derchain, Les intailles magiques gréco-égyptiennes, Paris 1964

[389] Zum Uroboros vgl. Stricker, De grote Zeeslang. Mededelingen en Verhandelingen No. 10 van het Vooraziatisch-Egyptisch Genootschap „Ex Oriente Lux", Leiden 1953; L. Kákosy, in: Oriens Antiquus 3 (1964), 15 ff.

[390] C. Bonner, Studies in Magical Amulets chiefly Graeco-Egyptian, 123 ff.; A. Delatte—Derchain, Les intailles magiques gréco-égyptiennes, 23 ff. Die Schlangenbeine der Gottheit wurden wahrscheinlich von den Giganten übernommen. Der Darstellungstyp ist aber auch schon früher nachweisbar. In einer Darstellung im Grab Ramses'VI. ist eine sonnenköpfige Figur zu sehen, deren zwei Beine in Schlangen enden. B. H. Stricker, De geboorte van Horus, Leiden 1968, Bd. II, 120, Abb. 22

[391] C. Bonner, Studies in Magical Amulets chiefly Graeco-Egyptian, 134

[392] F. Eckstein—J. H. Waszink, Amulett, in: Reallexikon für Antike und Christentum, Bd. I, Stuttgart 1950, 409

[393] „Diejenigen, die Gott verlassen und sich den Amuletten zugewendet haben, sind vom Teufel besiegt worden" (Augustin, Serm. IV, 36)

[394] Gegenwärtig im Besitz von Alexander Fodor, der es 1966 in Kairo gekauft hat.

[395] Chr. Desroches-Noblecourt, Tutenkhamen, London 1963, 229 ff.

[396] R. Engelbach, Introduction to Egyptian Archeology, 2. Aufl. Cairo 1961, 276

[397] A. M. Bisi, in: Rivista degli Studi Orientali 40 (1965), 177 ff. Vgl. auch Bonnet, 880 f. H. Altenmüller, in: Studien zur altägyptischen Kultur 13 (1986), 1 ff.

[398] E. Varga, in: Acta Orientalia Hung. 12 (1961), 235 ff.

[399] Eine Statue aus dem Grab des Tutanchamun zeigt den Kopf des als Kind dargestellten Königs, der aus dem Lotus herauswächst: Desroches-Noblecourt, Tutenkhamen, Taf. II

[400] H. D. Schneider, Shabtis, Leiden 1977

[401] Kap. 110

[402] M. Malaise, Les scarabées de coeur dans l'Égypte ancienne, Bruxelles 1978

[403] E. Naville, Das aegyptische Totenbuch, Berlin 1886, Kap. 30 B

[404] Vgl. auch Malaise, a. a. O., 28 f.

[405] V. Wessetzky, Herz und Skarabäus. Mahler Ede Emlékkönyv (Festschrift für Eduard Mahler), Budapest 1937, 465 ff. Neudruck in: Studia Aegyptiaca VI (1981), 1 ff.

[406] LÄ V, 968 ff. (*Skarabäus*, R. Giveon); E. Staehelin, Aegyptens heilige Pillendreher, Basel 1982.

[407] E. Drioton, in: ASAE 39 (1939), 57 ff. Zusammenfassung zu den magischen Statuen: L. Kákosy, in: La magia in Egitto, Verona 1987, 171 ff.

[408] Ebd., 73 f.

[409] Ebd., 77

[410] Ebd., 84

[411] Jelinková

[412] Jelinková, 96 ff.

[413] Ebd., 7

[414] Ebd., 78 ff.

[415] G. Lefebvre, in: BIFAO 30 (1930), 89 ff.

[416] Ebd., 91

[417] F. Daumas, in: BIFAO 56 (1957), 35 ff.

[418] Ebd., 43, Anm. 7

[419] Zeilen 2 ff.; Daumas, 42

[420] Zaubersprüche, 38 f. (vso Col. 2, Zeilen 4 ff.). Gemäß der Vorschrift sollte es an einer Halskette befestigt werden, entweder in Form eines Ringes oder als durchbohrtes Siegel.

[421] Col. 13

[422] PGM, Bd. II, 72 ff.

[423] OZ, Bd. I, § 579, S. 148

[424] PGM, Bd. I, 188 ff.

[425] OZ, Bd. I, § 819 ff., S. 222 f.

[426] Z. B. PGM, Bd. II, 26

[427] Vgl. z. B. „Picatrix" ... Studies of the Warburg Institute 27, London 1962, 85, 111 f.

[428] Origenes, Contra Celsum I, 28. Vgl. ferner Arnobius, Adversus nationes I, 43

[429] OZ, Bd. II, § 8, 17

Verzeichnis der Abbildungen

Ich spreche den Institutionen und Museen meinen Dank aus, die mir ihre Erlaubnis zur Veröffentlichung der Fotos gegeben haben.

10. Magische Darstellung zur Abwehr von Krokodilen
(J. Capart, Memphis, Bruxelles 1930, Abb. 224)

11. Opfertafel des Setju
(Kairo, Ägyptisches Museum)

12. Vorderseite der Metternichstele
(New York, Metropolitan Museum)
Alle Rechte beim Metropolitan Museum

13. Rückseite der Metternichstele
(New York, Metropolitan Museum)
Alle Rechte beim Metropolitan Museum

14. Magische Krüge des Königs Au-ib-Re (Hor)
(Kairo, Ägyptisches Museum)

15. Horusstele
(Budapest, Museum der Bildenden Künste)

16. Amulett mit der Darstellung von Christus und Horus
(British Museum)

17. Hotepi, Vorsteher der Zauberer
(Paris, Louvre)

18. König Nektanebos II. unter dem Schutz des Horus
(New York, Metropolitan Museum)
Alle Rechte beim Metropolitan Museum

19. a) Anch-Amulett
b) Sema-Amulett
c) Isis-Knoten
d) Djed-Pfeiler
e) Uadj-Säule
(Budapest, Museum der Bildenden Künste)

20. Udjat-Auge
(Budapest, Museum der Bildenden Künste)

21. Thot in Affengestalt mit dem Udjat-Auge
(Budge a. a. O., 44)
22. Taxi in Kairo mit Darstellung eines Auges, das den bösen Blick symbolisiert
23. Bes
(Paris, Louvre)
24. Thoëris-Amulett
(Budapest, Museum der Bildenden Künste)
25. Gemme mit hahnenköpfiger Gottheit
(University of Michigan, Museum of Archaeology)
Nachdruck von Campbell Bonner, Studies in Magical Amulets, Ann Arbor 1950, mit Genehmigung der University of Michigan Press
26. Heutiges ägyptisches Amulett gegen den bösen Blick und Neid
(Budapest, Privatbesitz)
27. Sogenannte Zauberstäbe
(Chicago, Oriental Institute)
28. Kopftafel
(British Museum)
29. Uschebti
(Budapest, Museum der Bildenden Künste)
30. Dienerfigur: Sackträger
(Budapest, Museum der Bildenden künste)
31. Herzskarabäus
(Budapest, Museum der Bildenden Künste)
32. Magische Statue
(Paris, Louvre)
33. Zauberzeichen
(PGM, Bd. II, 18, 26)

Inhaltsverzeichnis

1. Der Sonnengott als Skarabäus, als Sonnenscheibe und als widderköpfiger Mann (Grab Sethos' II.)

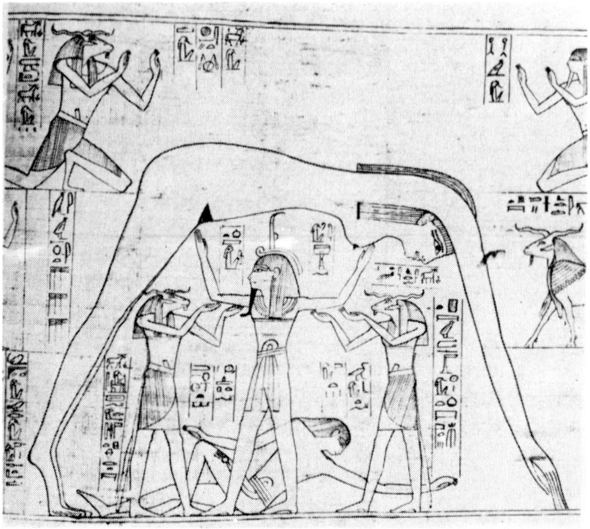

2. Das ägyptische Weltbild

3. Heka (Zauber) im Totentempel des Sahure

4. Figur, die zur Vernichtung von Feinden dienen sollte

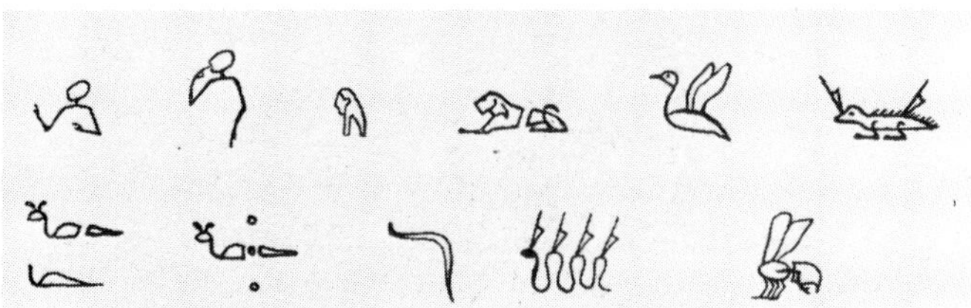

5. Verstümmelte, unschädlich gemachte Hieroglyphen

6. Die Göttin Sachmet

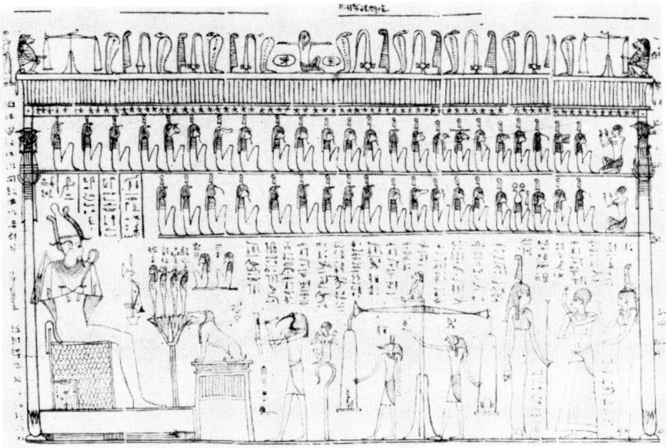

7. Das Totengericht (Papyrus des Nesmin)

8. Jenseitsdämonen als Türhüter

α	ω ω ω ω ω ω ω
ε ε	υ υ υ υ υ υ
η η η	ο ο ο ο ο
ι ι ι ι	ι ι ι ι
ο ο ο ο ο	η η η
υ υ υ υ υ υ	ε ε
ω ω ω ω ω ω ω	α

9. Buchstabendreiecke (ergänzt)

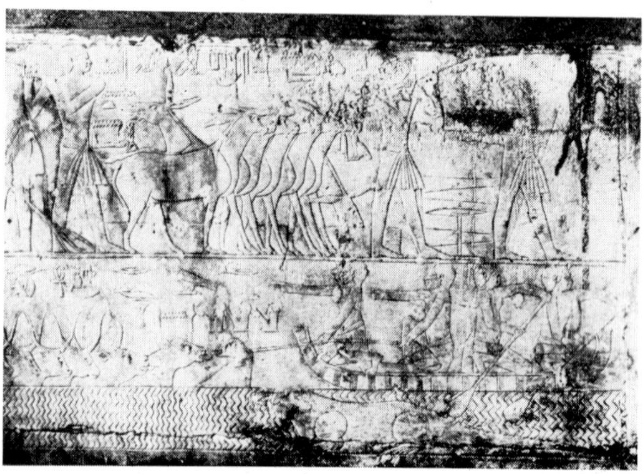

10. Magische Darstellung zur Abwehr von Krokodilen

11. Opfertafel des Setju

12. Vorderseite der Metternichstele

13. Rückseite der Metternichstele

14. Magische Krüge des Königs Au-ib-Re (Hor)

15. Horusstele

16. Amulett mit der Darstellung von Christus und Horus

17. Hotepi, Vorsteher der Zauberer

18. König Nektanebos II. unter dem Schutz des Horus

19. a) Anch-Amulett
b) Sema-Amulett
c) Isis-Knoten
d) Djed-Pfeiler
e) Uadj-Säule

20. Udjat-Auge

21. Thot in Affengestalt mit dem Udjat-Auge

22. Taxi in Kairo mit Darstellung eines Auges, das den bösen Blick symbolisiert

23. Bes

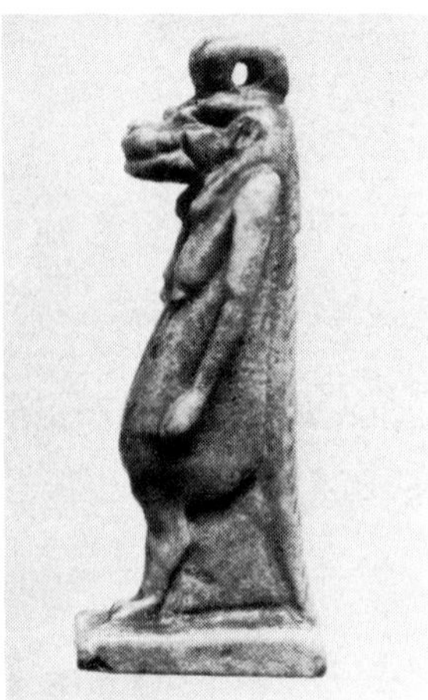

24. Thoëris-Amulett

25. Gemme mit hahnenköpfiger Gottheit

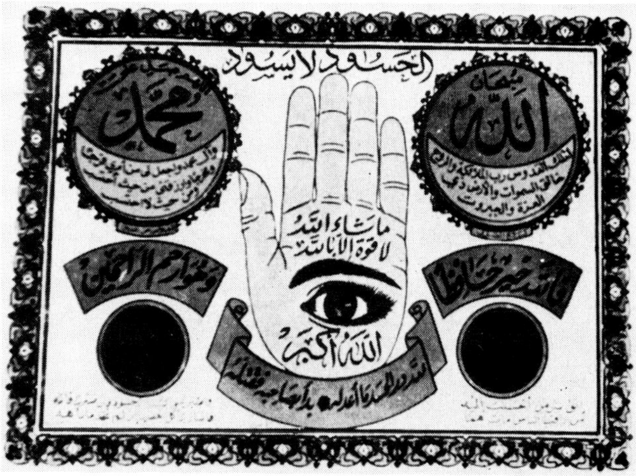

26. Heutiges ägyptisches Amulett gegen den bösen Blick und Neid

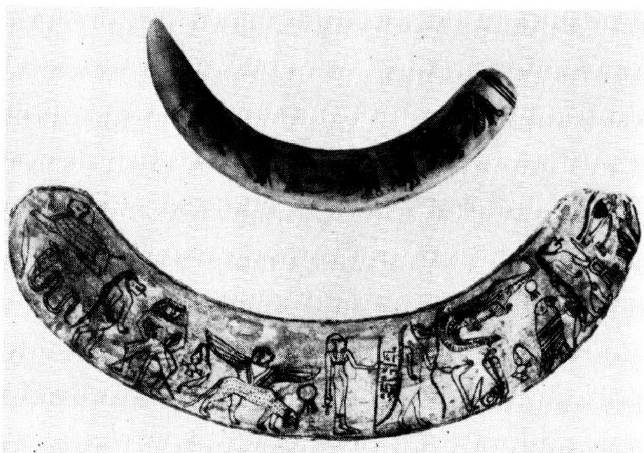

27. Sogenannte Zauberstäbe

28. Kopftafel

29. Uschebti

30. Dienerfigur: Sackträger

31. Herzskarabäus

32. Magische Statue

33. Zauberzeichen